▶ 동영상 강의
www.eduwill.net

Verwaltungsrecht

제2판
2024년 공무원 시험 대비

시험직전에 보는
행정법총론
필수 기출지문
요약노트

변호사 강성민 편저

서문 PREFACE

행정법의 시작과 끝은 기출문제입니다.

**그러나 무작정 기출문제를 암기만 한다고 해서
고득점을 할 수는 없습니다.
기본서를 읽듯이 논리적 순서에 따라 기출 지문을 읽어나가야지만
내용을 이해하고 정확하게 풀 수 있습니다.
그러나 우리에겐 시간이 부족합니다.**

공무원 시험을 강의 하다보면 학생들에게 정말 많은 질문을 받습니다.

❓ 교수님 마지막엔 어떤 교재를 봐야 하나요?
❓ 교수님 시간이 부족한데 기본기가 부족한거 같은데 기본서를 봐야하나요?
❓ 교수님 기출문제를 풀어도 잘 이해가 안되는데 이 시점엔 어떻게 공부해야하나요?

이 책은 이 질문들에 대한 대답으로 내어놓는 책입니다.

본 교재에는 최근 기출되었던 공무원 시험의 기출 지문 중 중요한 지문들을 모두 모아두었습니다.
특히 이 교재는 여러분들이 시험 직전 가장 짧은 시간에 가장 많은 양을 볼 수 있도록 최대한 효율적으로 작성하였습니다.
한정된 시간 안에서 최대한의 학습효과를 내기 위해 여러분들이 단어만 읽어도 알 수 있는 부분들은 '단어'만을 나열했으며, 판례 지문 전부를 이해해야 하는 부분들은 판례 전부를 수록하였습니다.

제2판 2024년 공무원 시험 대비
시험직전에 보는 행정법총론 필수 기출지문 요약노트

모든 지문이 중요 기출 지문이라 따로 기출 표시를 하지는 않았지만, 2022, 2023년에 시행된 국가직 9급, 지방직 9급, 국가직 7급, 지방직 7급의 경우에는 최근 기출 경향을 파악하실 수 있도록 기출표시를 하였습니다. (2023년 국가직9급의 경우【23국9】, 2022년 지방직 7급의 경우【22지7】로 표시하였습니다.)

이 교재로 공부하는 여러분들께 감사한 마음을 전합니다. 수험생분들에게 꼭 도움이 되어야 한다는 마음에 늘 두렵고 떨리는 마음으로 교재작업을 하고 강의를 진행하고 있습니다. 저 역시도 변호사시험이라는 시험의 수험생 생활을 해본 사람으로서, 힘든 길을 걸어가고 계신 모든 수험생분들에게 진심으로 격려와 박수를 보냅니다. 지금 이 고통은 언젠가는 끝이 납니다. 여러분들의 노력은 시험장에서 그 빛을 발하게 될 것입니다. 자신감을 가지고 끝까지 성실하게 이 시기를 잘 견뎌내시기를 응원하겠습니다.

교재에 대한 질문이나 의견은 언제든지 gangseongmin@naver.com 으로 보내주십시오.

강의가 필요하신 분들은 "에듀윌 9급 공무원"에서 2023년 1~2월에 진행하는 전범위 문제풀이 강의와 함께 학습하실 수 있습니다.

합격의 기쁨을 맛보시고 세상에 꼭 필요한 사람이 되시기를 진심으로 응원합니다.

2024. 1. 1.

강성민 변호사 드림

차례 CONTENTS

제1편 행정법통론

제1장 행 정   3
    제1절 행정의 의의   3
    제2절 통치행위   3

제2장 행정법   6
    제1절 행정법의 의의   6
    제2절 법치행정의 원리   9
    제3절 행정법의 일반원칙   13

제3장 행정상의 법률관계   22
    제1절 개 설   22
    제2절 행정상의 법률관계의 당사자   23
    제3절 행정상의 법률관계의 내용   25
    제4절 행정상의 법률요건과 법률사실   29

제2편 행정작용법

제1장 행정입법   37
    제1절 법규명령   37
    제2절 행정규칙   46

제2장 행정행위   49
    제1절 행정행위의 개념   49
    제2절 행정행위의 종류   50
    제3절 행정행위의 부관   62
    제4절 행정행위의 적법요건 및 효력발생요건   67
    제5절 행정행위의 효력   69
    제6절 행정행위의 하자   74

제7절 행정행위의 취소·철회 및 실효　　　　　　　　　83

제3장 그밖의 행정의 주요행위형식　　　　　　　　　**89**

제3편 행정절차·행정정보공개·개인정보보호

제1장 행정절차　　　　　　　　　**101**

제2장 정보공개　　　　　　　　　**115**

제3장 개인정보보호　　　　　　　　　**122**

제4편 행정상의 의무이행확보수단

제1장 행정강제　　　　　　　　　**129**
제1절 행정상 강제집행　　　　　　　　　129
제2절 행정상 즉시강제　　　　　　　　　138
제3절 행정조사　　　　　　　　　140

제2장 행정벌　　　　　　　　　**143**

제3장 새로운 의무이행확보수단　　　　　　　　　**150**

제5편 행정구제법

제1장 행정상 손해전보　　　　　　　　　**157**
제1절 국가배상　　　　　　　　　157
제2절 손실보상　　　　　　　　　169
제3절 부당이득반환청구권　　　　　　　　　177
제4절 결과제거청구권　　　　　　　　　177

제2장 행정쟁송　　　　　　　　　**179**
제1절 행정심판　　　　　　　　　179
제2절 행정소송　　　　　　　　　189

2024 공무원 시험 대비

제1편
행정법통론

제1장 행정

제2장 행정법

제3장 행정상의 법률관계

제1장 | 행 정

- 행정은 적극적 미래지향적 형성작용이다.
- 국가행정과 자치행정은 행정주체를 기준으로 행정을 구분한 것이다.
- 행정은 그 법 형식을 기준으로 하여 공법형식의 행정과 사법형식의 행정으로 구분할 수 있다.
- 행정법의 대상이 되는 행정은 실질적 행정 뿐만 아니라 형식적 행정도 포함된다.

제1절 행정의 의의

행정의 행위형식
- 행정행위 / 행정입법 / 공법상 계약 / 사실행위 / 행정계획 등

제2절 통치행위

1. 의 의
- 통치행위란 고도의 정치적 결단에 의한 국가행위로서 사법적 심사의 대상으로 삼기에 적절하지 못한 행위라고 일반적으로 정의되고 있다.
- 통치행위는 정부에 의해 이루어지는 것이 일반적이며, 국회에 의해 이루어질 수도 있다.
- 기본권 보장의 최후 보루인 법원으로서는 사법심사권을 행사함으로써, 대통령의 긴급조치권 행사로 인하여 우리나라 헌법의 근본이념인 자유민주적 기본질서가 부정되는 사태가 발생하지 않도록 그 책무를 다하여야 한다.
- 통치행위를 포함하여 모든 국가작용은 국민의 기본권적 가치를 실현하기 위한 수단이라는 한계를 반드시 지켜야 한다.

2. 대법원 판례

① ㉠ 남북정상회담의 개최는 고도의 정치적 성격을 지니고 있는 행위라 할 것이므로 특별한 사정이 없는 한 그 당부를 심판하는 것은 사법권의 내재적·본질적 한계를 넘어서는 것이 되어 적절하지 못하지만, ㉡ 남북정상회담의 개최과정에서 재정경제부장관에게 신고하지 아니하거나 통일부장관의 협력사업 승인을 얻지 아니한 채 북한측에 사업권의 대가 명목으로 송금한 행위 자체는 헌법상 법치국가의 원리와 법 앞에 평등원칙 등에 비추어 볼 때 사법심사의 대상이 된다.

② ㉠ 대통령의 비상계엄의 선포나 확대 행위는 고도의 정치적·군사적 성격을 지니고 있는 행위라 할 것이므로, 그것이 누구에게도 일견하여 헌법이나 법률에 위반되는 것으로서 명백하게 인정될 수 있는 등 특별한 사정이 있는 경우라면 몰라도, 그러하지 아니한 이상 그 계엄선포의 요건 구비 여부나 선포의 당·부당을 판단할 권한이 사법부에는 없다고 할 것이나, ㉡ 비상계엄의 선포나 확대가 국헌문란의 목적을 달성하기 위하여 행하여진 경우에는 법원은 그 자체가 범죄행위에 해당하는지의 여부에 관하여 심사할 수 있다.

③ 서훈취소는 서훈수여의 경우와는 달리 이미 발생된 서훈대상자 등의 권리 등에 영향을 미치는 행위로서 관련 당사자에게 미치는 불이익의 내용과 정도 등을 고려하면 사법심사의 필요성이 크다. 따라서 기본권의 보장 및 법치주의의 이념에 비추어 보면, 비록 서훈취소가 대통령이 국가원수로서 행하는 행위라고 하더라도 법원이 사법심사를 자제하여야 할 고도의 정치성을 띤 행위라고 볼 수는 없다. [23국9]

- 서훈은 서훈대상자의 특별한 공적에 의하여 수여되는 고도의 일신전속적 성격을 가지는 것이므로 유족이라고 하더라도 처분의 상대방이 될 수 없다. [23국9]
- 건국훈장 독립장이 수여된 망인에 대한 서훈취소를 국무회의에서 의결하고 대통령이 결재함으로써 서훈취소가 결정된 후에 국가보훈처장이 망인의 유족에게 독립유공자 서훈취소결정 통보를 한 경우, 서훈취소처분취소소송에서의 피고적격은 대통령(국가보훈처장 ✕)에게 있다. [23국9]
- 서훈취소 처분의 통지가 처분권한자인 대통령이 아니라 국가보훈처장에 의하여 이루어졌다고 하더라도, 그 처분이 대통령의 인식과 의사에 기초하여 이루어졌으므로, 서훈취소 처분의 외부적 표시의 방법으로서 위 통지의 주체나 형식에 어떤 하자가 있다고 보기도 어렵다.
- 국가보훈처장이 서훈추천 신청자에 대한 서훈추천을 하여 주어야 할 헌법적 작위의무가 있다고 할 수는 없으므로, 서훈추천을 거부한 것에 대하여 행정권력의 부작위에 대한 헌법소원으로서 다툴 수 없다. [23국9]

④ 대통령의 사면권 행사(하급심 판례)

⑤ 군사시설보호구역의 설정·변경 또는 해제

⑥ 국회의 자율권

3. 헌법재판소 결정례

① **이라크파병사건** : <u>통치행위 + 사법심사 불가능</u>
② **긴급재정경제명령**(금융실명제) : <u>통치행위 + 사법심사 가능</u>(국민의 기본권 관련성)
③ **2007년 전시증원연습** : 통치행위 ✘ (연례적으로 실시)
④ **신행정수도건설이나 수도이전의 문제** : <u>정치적 성격 인정 + 사법심사의 대상은 됨</u>
⑤ **신행정수도건설이나 수도이전을 국민투표에 붙일지 여부** : 사법심사 자제가 바람직 하지만 국민의 기본권침해와 관련된 경우에는 헌법재판 심판대상이 될 수 있음.

제2장 | 행정법

제1절 행정법의 의의

1. 공법관계

1) 행정처분
- 행정재산의 사용수익 허가 [23국9]
- 국유재산 무단점유자에 대한 변상금 부과 [23국9] [23지9]
- 국가계약법에 따른 입찰참가자격제한 [23국9]
- 나라장터 종합쇼핑몰 거래정지조치
- 사립학교 교원에 대한 징계에 대해 교원소청심사가 제기되어 그에 대한 결정이 있는 경우
- 공무원연금관리공단의 급여결정
- 국가나 지방자치단체에서 근무하는 청원경찰에게 행한 해임
- 행정청의 지급결정에 의해 비로소 급부청구권이 발생하는 경우 지급거부처분(예 민주화보상법)
- 법무사의 사무원 채용승인 신청에 대한 소속 지방법무사회의 '채용승인 거부' 또는 '채용승인 취소'(법무사가 사무원을 채용할 때 소속 지방법무사회로부터 승인을 받아야 할 의무는 공법상 의무이다. [22국9])

2) 그 밖에 공법상 법률관계
- 시립합창단원의 위촉
- 사립중학교에 대한 중학교 의무교육의 위탁관계
- 미지급된 공무원 퇴직연금 지급청구
- 도시및주거환경정비법상 관리처분계획안에 대한 조합 총회결의의 효력을 다투는 소송
- 공립유치원의 임용기간을 정한 전임강사의 근무관계
- 법령에 의해 이미 급부청구권이 발생한 경우 해당 급부의 청구(예 518민주화보상법)
- 「공익사업을 위한 토지등의 취득 및 보상에 관한 법률」에 따른 사업폐지 등에 대한 보상청구권 (손실보상)
- 국가에 대한 납세의무자의 부가가치세 환급세액 지급청구

> - 간이하고 특별한 구제절차가 마련된 경우, 해당방법을 사용해야 함
>   예 국세징수법에 따른 징수가 가능하다면 민사소송으로 지급청구 불가

2. 사법관계

- 「국가를 당사자로 하는 계약에 관한 법률」에 의해 체결된 국가와 사인간의 계약

- 지방자치단체가 체결하는 이른바 '공공계약'이 사경제의 주체로서 상대방과 대등한 위치에서 체결하는 사법상 계약에 해당하는 경우, 그 계약에는 법령에 특별한 정함이 있는 경우 외에는 사적 자치와 계약자유의 원칙 등 사법의 원리가 그대로 적용된다. [22지9] [23지17]
    (「국가를 당사자로 하는 계약에 관한 법률」에 따라 국가가 당사자가 되는 이른바 공공계약에 관한 법적 분쟁은 원칙적으로 행정법원의 관할 사항이다. ✘ (민사법원 ○) [22국9])
- 국가가 사인과 계약을 체결할 때에는 국가계약법령에 따른 계약서를 따로 작성하는 등 요건과 절차를 이행하여야 할 것이고, 설령 국가와 사인 사이에 계약이 체결되었더라도 이러한 법령상 요건과 절차를 거치지 아니한 계약은 효력이 없다.

- 지방자치단체가 사인과 체결한 자원회수시설에 대한 위탁운영협약은 사법상 계약에 해당하므로 그에 관한 다툼은 민사소송의 대상이 된다.
- 지방자치단체가 A 주식회사를 자원회수시설과 부대시설의 운영·유지관리 등을 위탁할 민간사업자로 선정하고 A 주식회사와 체결한 위 시설에 관한 위·수탁 운영 협약은 사법상 계약에 해당한다. [22지9]
- 국·공유 일반재산의 대부, 매각, 교환, 양여행위

- 「국유재산법」상 일반재산의 대부는 행정처분이 아니며 그 계약은 사법상 계약이다. [23지9]
- 다만 일반재산의 경우에도 사용료, 대부료를 납부하지 않은 경우, 국세징수법상 체납처분에 따라 징수할 수 있다. [23지9]

- 국유임야대부·매각행위 및 대부계약에 근거한 대부료 부과조치는 사법관계이므로 민사소송의 대상이 된다. (행정처분 ✘) [23국9]
- 부당이득반환청구권
- 이미 존재와 범위가 확정되어 있는 과오납부액이나 환급세액은 납세자가 부당이득의 반환을 구하는 민사소송으로 그 환급을 청구할 수 있다.

- 재결에 대하여 불복절차를 취하지 아니함으로써 그 재결에 대하여 더 이상 다툴 수 없게 된 경우에는 기업자는 그 재결이 당연무효이거나 취소되지 않는 한, 이미 보상금을 지급받은 자에 대하여 민사소송으로 그 보상금을 부당이득이라 하여 반환을 구할 수 없다.

- 입찰보증금 국고귀속 조치에 관한 분쟁 [23국9]
- 「공익사업을 위한 토지 등의 취득 및 보상에 관한 법률」상 협의취득계약은 공법상 계약이 아니라 사법상 매매계약에 해당한다.

- 구 「도시계획법」상 도시계획사업의 시행자가 그 사업에 필요한 토지를 협의 취득하는 행위는 사경제주체로서 행하는 사법상의 법률행위이므로 행정소송의 대상이 되지 않는다.
  (= 구 「공공용지의 취득 및 손실보상에 관한 특례법」에 의한 협의취득 또는 보상합의는 공공기관이 사경제주체로서 행하는 사법상 매매 내지 사법상 계약의 실질을 가진다.)
- 「공익사업을 위한 토지 등의 취득 및 보상에 관한 법률」상 환매권의 존부에 관한 확인 및 환매금액의 증감을 구하는 소송 [22국9]
- 사립학교 교원에 대한 징계
- 종합유선방송위원회 직원의 근무관계
- 사용수익허가를 받은 행정재산의 전대행위(=사법상 임대차)
- 서울특별시지하철공사의 임원과 직원의 근무관계(특별권력관계 ✘)
- 한국공항공단이 무상사용허가를 받은 행정재산에 대하여 하는 전대행위 [23국9]

제2절 법치행정의 원리

1. 법치행정의 원리
- 법치행정원리의 현대적 의미는 형식적 법치주의에서 실질적 법치주의로의 전환이다.
- 행정청은 처분 단계에서 처분의 근거가 되는 법률이 위헌이라 판단하여 그 적용을 거부할 수 없다.

> **행정기본법 제8조(법치행정의 원칙)** 행정작용은 법률에 위반되어서는 아니 되며, 국민의 권리를 제한하거나 의무를 부과하는 경우와 그 밖에 국민생활에 중요한 영향을 미치는 경우에는 법률에 근거하여야 한다. [23지9]

2. 법률유보의 원칙

1) 의의 및 성질
- 일정한 행정활동은 법률에 근거가 있어야 한다는 원칙. (법률에 의한 ✗. 법률에 근거한 ○)
- 법률유보의 원칙은 행정권의 발동에 있어서 작용규범(조직규범 ✗)이 필요하다는 것을 말한다. (조직법적 근거는 당연히 요구된다.)

2) '법률'의 의미
- 법률유보원칙에서 '법률의 유보'라고 하는 경우의 '법률'에는 원칙적으로 국회에서 법률제정의 절차에 따라 만들어진 형식적 의미의 법률을 의미한다.
- 그러나 국회의 의결을 거치지 않은 명령이나 불문법원으로서의 관습법이나 판례법은 이에 포함되지 않는다.
- 예산은 일종의 법규범이고 법률과 마찬가지로 국회의 의결을 거쳐 제정되지만 법률유보원칙에서 말하는 법률에는 포함되지 않는다.

3) '법률에 근거한' 규율
- 법률유보의 원칙은 '법률에 의한 규율'만을 요청하는 것이 아니라 '법률에 근거한 규율'을 요청하는 것이기 때문에 기본권의 제한에는 법률의 근거가 필요할 뿐이고 기본권제한의 형식이 반드시 법률의 형식일 필요는 없다. [23지9]
- 법률에 근거를 두고 위임의 구체성과 명확성을 구비한다면 대통령령, 총리령, 부령, 행정규칙의 형식으로도 기본권 제한이 가능하다.
- 다만 법률의 시행령은 법률에 의한 위임 없이 법률이 규정한 개인의 권리·의무에 관한 내용을 변경·보충하거나 법률에 규정되지 아니한 새로운 내용을 규정할 수는 없다. [23지9]

4) 적용범위

- **학 설** : 침해유보설 / 급부유보설 / 전부유보설(=행정의 자유영역 부정)
- **판 례** : '중요사항 유보설'(법률의 근거가 필요한 영역 뿐만 아니라 규율 정도도 규율)
- 오늘날 법률유보원칙은 단순히 행정작용이 법률에 근거를 두기만 하면 충분한 것이 아니라, 국가공동체와 그 구성원에게 기본적이고도 중요한 의미를 갖는 영역, 특히 국민의 기본권실현과 관련된 영역에 있어서는 국민의 대표자인 입법자가 그 본질적 사항에 대해서 스스로 결정하여야 한다는 요구까지 내포하고 있다(의회유보원칙).
- 규율대상이 국민의 기본권 및 기본적 의무와 관련한 중요성을 가질수록 그리고 그에 관한 공개적 토론의 필요성 또는 상충하는 이익 사이의 조정 필요성이 클수록, 그것이 국회의 법률에 의해 직접 규율될 필요성은 더 증대된다고 보아야 한다. [23지19]

※ **법률유보원칙의 적용 O**
- 지방의회의원의 유급보좌인력을 두는 것은 지방의원의 신분, 지위, 처우에 관한 중대한 변경을 초래하므로 국회의 법률(조례 ✕)로 규정하여야 한다.
- 토지등소유자가 도시환경정비사업을 시행하는 경우 사업시행인가 신청시 필요한 토지등소유자의 동의는 개발사업의 주체 및 정비구역 내 토지등소유자를 상대로 수용권을 행사하고 각종 행정처분을 발할 수 있는 행정주체로서의 지위를 가지는 사업시행자를 지정하는 문제로서 그 동의요건을 정하는 것은 국민의 권리와 의무의 형성에 관한 기본적이고 본질적인 사항이므로 국회가 스스로 행하여야 하는 사항에 속하는 것임에도 불구하고 사업시행인가 신청에 필요한 동의정족수를 토지등소유자가 자치적으로 정하여 운영하는 규약에 정하도록 한 것은 법률유보원칙에 위반된다.
- 납세의무자에게 조세의 납부의무 뿐만 아니라 스스로 과세표준과 세액을 계산하여 신고하여야 하는 의무까지 부과하는 경우, 신고의무불이행시 납세의무자가 입게 될 불이익은 법률로 정하여야 한다.
- 자격이나 신분 등을 취득 또는 부여할 수 없거나 인가, 허가, 지정, 승인, 영업등록, 신고수리 등을 필요로 하는 영업 또는 사업 등을 할 수 없는 사유는 법률로 정하여야 한다.
- 텔레비전방송수신료금액의 결정은 수신료에 관한 본질적인 중요한 사항이므로 국회가 스스로 결정하여야 한다. (국화가 스스로 결정할 필요는 없다. ✕)

※ **법률유보원칙의 적용 ✕**
- "중대한 공익상의 필요"가 있는 경우에는 명문 규정이 없더라도 산림훼손허가를 거부할 수 있다.
- 비권력적 사실행위에는 법률유보원칙이 적용되지 않는다.
- 행정지도는 비권력적 사실행위이므로 개별법에 근거규정 없이도 가능하다.

- 수익적 행정행위의 직권취소(+철회)에는 법적 근거 필요하지 않다.

3. 법률우위의 원칙

- 행정은 법률에 위반될수 없다는 원칙(소극적 의미의 법률적합성)
- 침익적·수익적 작용 등 모든 행정작용에 적용됨
- 법률우위의 원칙에서 법률이란 헌법, 형식적 의미의 법률, 법규명령, 불문법(행정법의 일반원칙, 관습법)을 모두 포함하는 법규범을 의미한다.
- 다만 행정규칙은 법률우위의 원칙에서 말하는 법률의 범위에 포함되지 않는다.

4. 행정법의 법원

1) 성문법원

(1) 헌 법
- 헌법은 행정법의 법원이 된다.
  (인간다운 생활을 할 권리와 같은 헌법상의 추상적인 기본권에 관한 규정은 행정법의 법원이 되지 못한다. ✗)

(2) 법 률
- 처분적 법률도 형식적 의미의 법률에 해당한다.

(3) 조약과 국제법규
- "헌법에 의하여 체결·공포된 조약과 일반적으로 승인된 국제법규는 국내법과 같은 효력을 가진다."(헌법 제6조 제1항)
- 조례가 위 조약에 위반되는 경우 조례는 효력이 없다.
- 특정 지방자치단체의 초·중·고등학교에서 실시하는 학교급식을 위해 위 지방자치단체에서 생산되는 우수농산물을 우선적으로 사용하도록 하고 그러한 우수농산물을 사용하는 자를 선별하여 식재료나 식재료 구입비의 일부를 지원하며 지원을 받은 학교는 지원금을 반드시 우수농산물을 구입하는 데 사용하도록 하는 것을 내용으로 하는 위 지방자치단체의 조례안은 내국민대우원칙을 규정한 '1994년 관세 및 무역에 관한 일반협정'(General Agreement on Tariffs and Trade 1994)에 위반되어 그 효력이 없다.
- 남북 사이의 화해와 불가침 및 교류협력에 관한 합의서는 남북한 당국이 각기 정치적인 책임을 지고 상호간에 그 성의 있는 이행을 약속한 것이기는 하나 법적 구속력이 있는 것은 아니어서 이를 국가 간의 조약 또는 이에 준하는 것으로 볼 수 없고, 따라서 국내법과 동일한 효력이 인정되는 것도 아니다.
- 회원국 정부의 반덤핑부과처분이 WTO 협정 위반이라는 이유만으로 사인(私人)이 직접 국내 법원에 그 처분의 취소를 구하는 소를 제기하거나 협정 위반을 처분의 독립된 취소사유로 주장할 수 없다.

(4) 명 령
- 법규명령
    - 대통령령, 총리령, 부령
    - 중앙선거관리위원회규칙, 국회규칙, 헌법재판소 규칙, 대법원규칙 [중국헌법]
    - 감사원규칙
- 행정규칙도 법규성을 가지는 경우에는 법원성이 인정된다.

(5) 자치법규
- 조례, 규칙, 교육규칙도 행정법의 법원이 된다. (예 학생인권조례)

2) 불문법원

(1) 관습법
- 사회의 거듭된 관행으로 생성한 사회생활규범이 사회의 법적 확신과 인식에 의하여 법적 규범으로 승인 강행되기에 이른 것을 말한다.
- 관습법은 성문법을 보충하는 효력을 가진다. (개폐적 효력 ✗)

(2) 판 례
- 상급법원 판결의 하급심에 대한 구속력은 당해 사건에 한해서만 인정되고 동종의 다른 사건(유사한 사건)에는 인정되지 않는다. (선례로서의 구속력 ✗)
- 판례가 성문법보다 우선하지 않는다.

(3) 조 리
- 최후의 보충적 법원

제3절 행정법의 일반원칙

1. 평등의 원칙
- 합리적 근거 없는 차별을 배제하는 상대적 평등(절대적 평등 ✗)을 의미한다.
- 평등의 원칙은 본질적으로 같은 것은 같게, 본질적으로 다른 것은 다르게 취급할 것을 요구하고, 합리적 근거가 있는 차별은 평등의 원칙에 반하는 것이 아니다.
  (= 평등원칙은 동일한 것 사이에서의 평등이므로 상이한 것에 대한 차별의 정도에서의 평등을 포함하지 않는다. ✗)
- 불법의 평등은 인정되지 않는다.
  (= 평등의 원칙은 본질적으로 같은 것을 자의적으로 다르게 취급함을 금지하는 것이므로, 위법한 행정처분이 수차례에 걸쳐 반복적으로 행하여졌다면 행정청에 대하여 자기구속력을 갖게 된다. ✗ [22지9])
- 지방의회 감사 또는 조사를 위해 출석요구 받은 증인의 과태료를 5급 이상 공무원인 경우 450~500만원, 그 이하인 경우 350~400만원 등으로 차등하도록 한 조례는 평등원칙에 위반된다.
- 같은 정도의 비위를 저질렀다 하더라도 개전의 정이 있는지 여부에 따라 징계종류 및 양정을 달리하더라도 평등원칙에 위반되지 않는다.
- 연구단지 내 녹지구역에서 주유소는 허용하면서 LPG 충전소만 금지하더라도 평등원칙에 위반되지 않는다.
- 「의료법」등 관련 법령이 정신병원 등의 개설에 관하여는 허가제로, 정신과의원 개설에 관하여는 신고제로 각 규정하고 있는 것은 합리적 차별로서 평등의 원칙에 반하지 않는다. [23지7]

2. 자기구속의 원칙
- 재량권 행사의 준칙인 행정규칙이 그 정한 바에 따라 되풀이 시행되어 행정관행이 이루어지게 되면 평등의 원칙이나 신뢰보호의 원칙에 따라 행정기관은 그 상대방에 대한 관계에서 그 규칙에 따라야 할 자기구속을 받게 되므로, 이러한 경우에는 특별한 사정이 없는 한 그를 위반하는 처분은 평등의 원칙이나 신뢰보호의 원칙에 위배되어 재량권을 일탈·남용한 위법한 처분이 된다.
- 자기구속의 원칙은 법적으로 동일한 사실관계, 즉 동종의 사안에서 적용이 문제되는 것으로 주로 재량의 통제법리와 관련된다. 즉 반복된 행정규칙에 위반한 처분을 했다면 해당 처분은 재량의 일탈 남용에 해당한다.
- 재량준칙이 공표된 것만으로는 행정의 자기구속의 원칙이 적용될 수 없고, 재량준칙이 되풀이 시행되어 행정관행이 성립한 경우에 행정의 자기구속의 원칙이 적용될 수 있다. [23지7]
- 위법한 처분은 반복되더라도 자기구속이 발생하지 않는다.
  (=행정처분이 수차례에 걸쳐 반복적으로 행하여졌다면 그 처분이 위법한 것인 때에도 행정청에 대하여 자기구속력을 갖게 된다. ✗ [22국가])

- 행정의 자기구속의 원칙은 처분청에만 적용될 뿐, 제3자 행정청에 대해서는 적용되지 않는다.

3. 비례의 원칙

1) 의 의
- 과잉금지원칙이라고도 한다.
- 비례의 원칙은 법치국가원리에서 당연히 파생되는 헌법상의 기본원리이다. [22지9]
- 「행정기본법」은 비례의 원칙을 명문으로 규정하고 있다. [22국7]
- 행정청의 재량권을 통제하는 원칙으로서 행정의 전 영역에 걸쳐서 적용된다.
- 비례의 원칙은 모든 국가작용에 적용되는 헌법상 원칙이다.(행정에만 적용되는 원칙이므로 입법에는 적용될 여지가 없다. ✕)
- 비례의 원칙을 위반한 행정작용은 위헌인 동시에 위법이 된다.

2) 판단기준

(1) 적합성의 원칙

(2) 필요성의 원칙
- 노후된 건축물을 개수하여 붕괴위험을 충분히 방지할 수 있다면 스스로 원하지 않는다는 한도에서 철거명령을 내려서는 안되는데, 이는 필요성 원칙이 적용된 결과이다.

(3) 상당성의 원칙(=협의의 비례)
- 행정지도를 할때도 필요한 최소한도에서 하여야 한다. (즉 비례원칙을 준수하도록 행정절차법 규정 O)
- 행정계획과 관련해서는 계획재량을 제한하는 형량명령이론으로 발전하였다.

3) 구체적 사례
- 택시운송사업자가 차고지와 운송부대시설을 증설하는 내용의 자동차운송사업계획 변경인가를 신청한데 대하여, 교통행정 및 주거환경 등 공익을 이유로 한 거부처분은 적법하다.
- 수입 녹용 중 일부가 허용기준치함량 0.5%를 초과한 경우, 전부에 대한 전량 폐기 처리는 적법하다.
- 사법시험 제2차 시험에 과락제도를 적용하고 있는 구 사법시험령 제15조 제2항은 비례의 원칙, 과잉금지의 원칙, 평등의 원칙에 위반되지 않는다.
- 원고가 단지 1회 훈령에 위반하여 요정출입을 하다가 적발된 정도라면, 면직처분보다 가벼운 징계처분으로서도 능히 위 훈령의 목적을 달성할 수 있다고 볼 수 있는 점에서 파면처분은 이른바 비례의 원칙에 어긋난 것으로 위법하다.
- 청소년유해매체물로 결정·고시된 만화인 사실을 모르고 있던 도서대여업자가 그 고시일로부터 8일 후에 청소년에게 그 만화를 대여한 것을 사유로 그 도서대여업자에게 금 700만원의 과

징금이 부과된 경우, 그 과징금부과처분은 재량권을 일탈·남용한 것으로서 위법하다.
- 지방자치단체가 골프장사업계획승인과 관련하여 사업자로부터 기부금을 지급받기로 한 증여계약은 공무수행과 결부된 금전적 대가로서 그 조건이나 동기가 사회질서에 반하므로 민법 제103조에 위반하여 무효이다.
- 옥외집회 사전신고의무를 규정한 집시법 조항은 과잉금지원칙 위반되지 않으므로 집회의 자유를 침해하지 않는다.
- 변호사법상 개업지 제한규정(판검사 재직기간이 15년 미달시, 퇴직한날부터 3년간은 개업 전 2년내 근무지가 속한 법원의 관할 구역에 개업 금지)은 직업의 자유 침해 O
- 국가유공자의 가족에게 공무원 임용시험 등에서 만점의 10%를 가산해 주는 것은 다른 일반 응시자의 공무담임권 등을 침해하여 위헌이다.
- 국가유공자 본인에게 공무원 시험에서 가산점 10%를 주는 것은 헌법에 위반되지 않는다.

4. 신뢰보호의 원칙

> **행정기본법 제12조(신뢰보호의 원칙)** ① 행정청은 공익 또는 제3자의 이익을 현저히 해칠 우려가 있는 경우를 제외하고는 행정에 대한 국민의 정당하고 합리적인 신뢰를 보호하여야 한다. [23국기]
> ② 행정청은 권한 행사의 기회가 있음에도 불구하고 장기간 권한을 행사하지 아니하여 국민이 그 권한이 행사되지 아니할 것으로 믿을 만한 정당한 사유가 있는 경우에는 그 권한을 행사해서는 아니 된다. 다만, 공익 또는 제3자의 이익을 현저히 해칠 우려가 있는 경우는 예외로 한다. [23국기]

1) 의의 및 근거
- 신뢰보호의 원칙은, 국민이 법률적 규율이나 제도가 장래에 지속할 것이라는 합리적인 신뢰를 바탕으로 개인의 법적 지위를 형성해 왔을 때에는 국가에게 그 국민의 신뢰를 되도록 보호할 것을 요구하는 법치국가원리의 파생원칙으로서, '법적안정성'(사회국가원리 ✗)이 그 이론적 근거가 된다.
- 행정절차법과 국세기본법에서는 법령 등의 해석 또는 행정청의 관행이 일반적으로 국민에게 받아들여졌을 때와 관련하여 신뢰보호의 원칙을 규정하고 있다.

2) 요 건

(1) 공적 견해표명
- 행정청의 공적 견해표명이 있었는지의 여부를 판단하는 데 있어 반드시 행정조직상의 형식적인 권한분장에 구애될 것은 아니고 담당자의 조직상의 지위와 임무, 당해 언동을 하게 된 구체적인 경위 및 그에 대한 상대방의 신뢰가능성에 비추어 실질에 의하여 판단하여야 한다.

- 위와 같은 공적 견해나 의사는 명시적 또는 묵시적으로 표시되어야 하지만 묵시적 표시가 있다고 하기 위하여는 단순한 과세누락과는 달리 과세관청이 상당기간의 불과세 상태에 대하여 과세하지 않겠다는 의사표시를 한 것으로 볼 수 있는 사정이 있어야 한다.
  (신뢰보호의 원칙이 적용되기 위한 요건인 행정권의 행사에 관하여 신뢰를 주는 선행조치가 되기 위해서는 반드시 처분청 자신의 적극적인 언동이 있어야만 한다. ✘)
- 반드시 문서에 의할 필요는 없다.
- 선행조치는 반드시 적법할 필요가 없다.
- 신뢰보호원칙의 요건은 행정청의 적법한 선행조치(✘), 보호가치가 있는 사인의 신뢰, 신뢰에 기한 사인의 처리, 인과관계, 선행행위에 반하는 후행처분이다.
- 신뢰보호의 대상이 되는 선행조치는 법적행위 뿐만 아니라 법령이나 비권력적 사실행위인 행정지도 등도 포함될 수 있다.
- 공적견해표명은 처분청이 아닌 다른 기관에 의해 행해질 수도 있다.
- 과세대상임을 알고도 공익적 차원에서 비과세를 해온 관행이 존재한다면 신뢰를 보호하여야 한다.
- 면허세의 근거법령이 제정되어 폐지될 때까지의 4년 동안 과세관청이 면허세를 부과할 수 있음을 알면서도 수출확대라는 공익상 필요에서 한 건도 부과한 일이 없었다면 비과세의 관행이 이루어졌다고 보아도 무방하다.
- 그러나 단순한 착오, 단순한 과세누락은 공적 견해표명에 포함되지 않는다.
- 운전면허취소사유에 해당하는 음주운전 적발 후, 사무착오로 운전면허 정지처분을 한 상태에서, 이후 다시 운전면허취소처분을 하게 되면 당사자의 신뢰 및 법적안정성을 저해하므로 허용되지 않는다.

※ 공적 견해표명에 해당하는지 여부
- 민원팀장의 민원봉사차원에서 상담 ✘
- 민원예비심사 ✘
- 병무청 담당부서의 담당공무원에게 공적 견해의 표명을 구하지 아니한 채 민원봉사 담당공무원이 상담에 응하여 안내한 것을 신뢰한 경우, 신뢰보호의 원칙이 적용되지 않는다. [22국9]
- 개발이익환수에관한법률에 정한 개발상벌을 시행하기 전에, 행정청이 민원예비심사에 대하여 관련부서의 의견으로 '저촉사항 없음'이라고 기재한 것은 공적인 견해표명에 해당하지 않는다.
- 헌법재판소의 위헌결정은 행정청이 개인에 대하여 신뢰의 대상이 되는 공적인 견해를 표명한 것이라고 할 수 없으므로 그 결정에 관련한 개인의 행위에 대하여는 신뢰보호의 원칙이 적용되지 않음 [23국7]

- 정구장시설에 대한 도시계획결정을 하였다가 그 대신 청소년수련시설을 설치한다는 도시계획변경결정을 한 경우, 도시계획사업의 시행자 지정을 받게된다는 공적 견해표명 ✘
- 부가가치세 면세사업자용 사업자 등록증을 교부하거나 고유번호를 부여하였다고 하더라도 그가 영위하는 사업에 관하여 부가가치세를 과세하지 않겠다는 언동이나 공적 견해를 표명한 것으로 볼 수 없음.
- 지구단위계획을 수립하면서 그 권장용도를 판매, 위락, 숙박시설로 결정하여 고시하였다 하더라도, 언제든지 숙박시설에 대한 건축허가가 가능하다는 공적견해표명 한 것으로 볼 수 없음.
- 입법예고를 통해 법령안의 내용을 국민에게 예고한 적이 있다고 하더라도 그것이 법령으로 확정되지 아니한 이상 국가가 이해관계자들에게 그 법령안에 관련된 사항을 약속하였다고 볼 수 없으며, 이러한 사정만으로 어떠한 신뢰를 부여하였다고 볼 수도 없다.
- 과세관청이 질의회신 등을 통하여 어떤 견해를 대외적으로 표명하였더라도 그것이 중요한 사실관계와 법적인 쟁점을 제대로 드러내지 아니한 채 질의한 데 따른 것이라면, 공적인 견해표명에 의하여 정당한 기대를 가지게 할 만한 신뢰가 부여된 경우로 볼 수 없다.
- 법원이 질서위반행위규제법에 따라서 하는 과태료재판은 원칙적으로 행정소송에서와 같은 신뢰보호의 원칙 위반 여부가 문제되지 아니한다. [22지9]
- 법원이 비송사건절차법에 따라서 하는 과태료 재판은 관할 관청이 부과한 과태료처분에 대한 당부를 심판하는 행정소송절차가 아니라 법원이 직권으로 개시·결정하는 것이므로, 원칙적으로 과태료 재판에서는 행정소송에서와 같은 신뢰보호의 원칙 위반 여부가 문제로 되지 않는다.
- 폐기물처리업사업계획적정통보
    - → 국토이용계획변경신청불허(견해표명 ✘) [23지7]
        폐기물처리업 사업계획에 대한 적합통보와 국토이용계획변경은 각기 그 제도적 취지와 결정단계에서 고려해야 할 사항들이 다르다. [23지7]
    - → 토지형질변경(견해표명 ✘)
    - → 폐기물처리업불허가(견해표명 ○) (청소업자 난립이유로 거부시 위법)

(2) **귀책 사유 없이 신뢰**
- 귀책사유란 행정청의 견해표명의 하자가 당사자의 사실은폐 등 부정행위에 기인한 것이거나, 하자가 있음을 알았거나 중대한 과실로 알지 못한 것을 말한다.
- 귀책사유 유무는 상대방과 그로부터 신청행위를 위임받은 수임인 등 관계자 모두를 기준으로 판단한다. [23지7]

- 건축주와 그로부터 건축설계를 위임받은 건축사가 관계 법령에서 정하고 있는 건축한계선의 제한이 있다는 사실을 간과한 채 건축설계를 하고 이를 토대로 건축물의 신축 및 증축허가를 받은 경우, 그 신축 및 증축허가가 정당하다고 신뢰한 데에는 귀책사유가 있다. [22국9]

(3) 신뢰에 따른 행동
- 개인이 행정청의 견해표명을 신뢰하고 이에 상응하는 어떠한 행위를 하였어야 한다.

(4) 신뢰에 반하는 행정처분

3) 한 계
- 공익 또는 제3자의 이익과, 당사자의 신뢰이익을 <u>비교형량하여야 한다</u>. (법률적합성원칙 vs. 신뢰보호원칙)
- 당사자의 신뢰보호가 공익을 해할 우려가 없어야 하고, 제3자의 정당한 이익을 해할 우려가 없는 경우여야 한다.
- 행정청이 공적인 견해에 반하는 행정처분을 함으로써 달성하려는 공익이 행정청의 공적 견해표명을 신뢰한 개인이 그 행정처분으로 인하여 입게 되는 이익의 침해를 정당화할 수 있을 정도로 강한 경우에는 그 행정처분은 위법하지 않다.

- 신뢰보호의 원칙과 행정의 법률적합성의 원칙이 충돌하는 경우 국민보호를 위해 원칙적으로 신뢰보호의 원칙이 우선한다. ✗
- 제3자의 정당한 이익까지 희생시키면서 신뢰보호원칙이 관철되어야 한다. ✗

- 학생들의 교육환경과 인근주민들의 주거환경 보호라는 공익이 더 큰 경우, 숙박시설 건축허가 신청을 반려하더라도 신뢰보호원칙에 위반되지 않는다.
- 국가에 의하여 유인된 신뢰라면 신뢰보호의 이익이 인정되지만, 단지 <u>법률이 부여한 기회를 반사적으로 활용한 것</u>이라면 신뢰보호이익이 인정되지 않는다.

- 법률에 따른 개인의 행위가 국가에 의하여 일정 방향으로 유인된 신뢰의 행사가 아니라 단지 법률이 부여한 기회를 활용한 것이라 하더라도, 신뢰보호의 이익이 인정된다. ✗

- 사후에 선행조치가 변경될 것을 사인이 예상했거나 중과실로 알지 못한 경우, 사인의 사위나 사실은폐 등이 있는 경우는 보호가치 있는 신뢰가 있다 할 수 없다.
- 수익적 행정처분의 하자가 당사자의 사실은폐에 의한 신청행위에 기인한 것이라면 당사자는 그 처분에 관한 신뢰이익을 원용할 수 없다.

4) 신뢰보호원칙에 위반되는 행위의 효과

- 신뢰보호원칙에 위반하는 경우 그 행정행위는 위법하며, 그 위법성의 정도에 따라 취소사유 또는 무효사유가 된다.
    (= 판례는 이 경우 취소사유로 보지 않고 무효로만 보았다. ✘)
- 신뢰보호원칙 위반은 국가배상법상의 위법개념을 충족시킨다.

5) 공적 견해표명의 실효

- 확약 또는 공적견해표명이 있은 후 사실적·법률적 상태가 변경되면, 그 확약 또는 공적의사표명은 별다른 의사표시를 기다리지 않고 실효된다.
- 행정청이 상대방에게 장차 어떤 처분을 하겠다고 공적 견해표명을 하였더라도 그 후에 그 전제로 된 사실적·법률적 상태가 변경되었다면, 그와 같은 공적 견해표명은 효력을 잃게 된다. [22국9]
- 공적 견해표명 당시의 사정이 사후에 변경된 경우 특별한 사정이 없는 한 행정청이 그 견해표명에 반하는 처분을 하더라도 신뢰보호원칙에 위반된다고 할 수 없다. [22국7]
- 행정청이 상대방에게 장차 어떤 처분을 하겠다고 공적인 의사표명을 하면서 상대방에게 언제까지 처분의 발령을 신청하도록 유효기간을 둔 경우, 그 기간 내에 상대방의 신청이 없었다면 그 공적인 의사표명은 행정청의 별다른 의사표시를 기다리지 않고 실효된다.

5. 실권의 법리

- 신의성실의 원칙에서 파생된 원칙. 공법관계 중 권력관계 뿐 아니라 관리관계에도 적용.
- 처분청이 착오로 행정서사업 허가처분을 한 후 20년이 다 되어서야 취소사유를 알고 취소한 경우라면, 실권의 법리에 저촉되지 않는다. (행정서사업 허가처분 취소 가능)

6. 부당결부금지원칙

- 고속도로 관리청이 고속도로 부지와 접도구역에 송유관 매설을 허가하면서 상대방과 체결한 협약에 따라 송유관 시설을 이전하게 될 경우 그 비용을 상대방에게 부담하도록 한 부관은 부당결부금지원칙에 위반되지 않는다.
- 지방자치단체장이 사업자에게 주택사업계획승인을 하면서 그 주택사업과는 아무런 관련이 없는 토지를 기부채납하도록 하는 부관을 주택사업계획승인에 붙인 경우, 그 부관은 부당결부금지의 원칙에 위반되어 위법하지만, 부관의 하자가 중대하고 명백하여 당연무효라고는 볼 수 없다. [22지9] [22국7]

- 부관이 주된 행정행위와 실질적 관련성을 갖더라도 주된 행정행위의 효과를 무의미하게 만드는 경우라면 그러한 부관은 비례원칙에 반하는 하자있는 부관이 된다.

- 음주운전으로 인한 운전면허취소처분의 재량권 일탈·남용 여부를 판단할 때, 운전면허의 취소로 입게 될 당사자의 불이익보다 음주운전으로 인한 교통사고를 방지하여야 하는 일반예방적 측면이 더 강조되어야 한다. [23지7]
- 1종 보통면허로 운전할 수 있는 차량을 음주운전한 경우 1종 보통면허뿐만 아니라 1종 대형면허와 원동기장치자전거 면허도 취소 가능하다.
- 음주운전 여부에 대한 조사과정에서 운전자 본인의 동의를 받지 아니하고 법원의 영장도 없이 채혈 조사가 행해졌다면, 그 조사결과를 근거로 한 운전면허취소처분은 특별한 사정이 없는 한 위법하다.

7. 신의성실의 원칙
- 지방공무원 임용신청 당시 잘못 기재된 호적상 출생연월일을 생년월일로 기재하고, 이에 근거한 공무원인사기록카드의 생년월일 기재에 대하여 처음 임용된 때부터 약 36년 동안 전혀 이의를 제기하지 않다가, 정년을 1년 3개월 앞두고 호적상 출생연월일을 정정한 후 그 출생연월일을 기준으로 정년의 연장을 요구하는 것은 신의성실의 원칙에 반하지 않는다.

8. 진정소급입법과 부진정소급입법

1) 진정소급입법
- 이미 종료된 사실관계 또는 법률관계에 작용. / 원칙적 금지 + 예외적 허용
- 이미 완성 또는 종결된 것이 아니라면 소급입법금지원칙과 무관하다.
- 법령불소급의 원칙은 법령의 효력발생 전에 완성된 요건사실에 대하여 당해 법령을 적용할 수 없다는 의미일 뿐, 계속중인 사실이나 그 이후에 발생한 요건사실에 대한 법령적용까지를 제한하는 것은 아니다.
- 법률불소급의 원칙은 그 법률의 효력발생 전에 완성된 요건사실 뿐만 아니라 계속중인 사실이나 그 이후에 발생한 요건 사실에 대해서도 그 법률을 소급적용할 수 없다. ✗

- 법령등의 해석 또는 행정청의 관행이 일반적으로 국민들에게 받아들여졌을 때에는 공익 또는 제3자의 정당한 이익을 해칠 우려가 있는 경우를 제외하고는 새로운 해석 또는 관행에 따라 소급하여 불리하게 처리해서는 안된다.
- 법령을 소급적용하더라도 일반국민의 이해에 직접 관계가 없는 경우에는 법령의 소급적용이 허용된다.

- 경과규정 등의 특별 규정 없이 법령이 변경된 경우, 그 변경 전에 발생한 사항에 적용할 법령은 개정 전의 구법 ○(신법 ✗)이 적용된다.

- 개발제한구역의 지정 및 관리에 관한 특별조치법령의 개정으로 허가나 신고 없이 개발제한구역 내 공작물 설치행위를 할 수 있게 되었더라도, 신설 조항들이 시행되기 전에 이미 범하여진 개발제한구역 내 비닐하우스 설치행위에 대한 가벌성이 소멸하는 것은 아니다.

- 제재처분은 원칙적으로 행위시법을 적용하되, 유리하게 개정되면 개정된 신법을 적용하여야 한다.

2) 부진정소급입법

- 현재 진행중인 사실관계 또는 법률관계에 작용. / 원칙적 허용 + 신뢰보호원칙에 따른 제한이 있음
- 신법의 효력발생일까지 진행 중인 사건에 대하여 신법을 적용하는 것은 법률의 소급적용에 해당하므로 원칙적으로 허용될 수 없다. ✗ [23국7]
- 진정소급입법의 경우에는 신뢰보호의 이익을 주장할 수 있으나 부진정소급입법의 경우에는 신뢰보호의 이익을 주장할 수 없다. ✗
- 소득세법이 개정되어 세율이 인상된 경우, 법 개정전부터 개정법이 발효된 후에까지 걸쳐 있는 과세기간(1년)의 전체소득에 대하여 인상된 세율을 적용하는 것은 부진정소급입법으로서 원칙적으로 가능하다. (재산권에 대한 소급적 박탈이 되므로 위법하다 ✗)
- 수강신청 후에 징계요건을 완화하는 학칙개정이 이루어지고 이어 시험이 실시되어 그 개정학칙에 따라 대학이 성적 불량을 이유로 학생에 대하여 징계처분을 한 경우라면 이는 이른바 부진정소급효에 관한 것으로서 특별한 사정이 없는 한 위법이라고 할 수 없다. [22국9]
- 한시법은 유효기간이 경과하면 효력이 소멸한다.

9. 국가의 기본권 보호의무

- 국가가 국민의 생명·신체의 안전에 대한 보호의무를 다하지 않았는지 여부를 헌법재판소가 심사할 때에는 국가가 이를 보호하기 위하여 적어도 적절하고 효율적인 최소한의 보호조치를 취하였는가 하는 과소보호금지원칙의 위반여부를 기준으로 삼는다.

제3장 | 행정상의 법률관계

제1절 개 설

1. 행정법의 효력

- 헌법개정, 법률, 조약, 대통령령, 총리령 및 부령의 공포는 관보에 게재함으로써 함
- 국회의장의 법률공포는 서울특별시에서 발행되는 둘 이상의 일간신문에 게재
- 법령의 공포일은 해당 법령을 게재한 관보 또는 신문이 발행된 날
- 관보의 내용 해석 및 적용 시기 등에 대하여 종이관보와 전자관보는 동일한 효력

- 대통령령·총리령 및 부령은 특별한 규정이 없으면 공포한 날부터 20일이 경과함으로써 효력 발생
- 국민의 권리 제한 또는 의무 부과와 직접 관련되는 법률, 대통령령, 총리령 및 부령은 긴급히 시행하여야 할 특별한 사유가 있는 경우를 제외하고는 공포일부터 적어도 30일이 경과한 날부터 시행되도록 하여야 한다.
- 행정법령은 특별한 규정이 없는 한 시행일로부터 장래에 향하여 효력을 발생하는 것이 원칙이다.

> 행정기본법 제6조(행정에 관한 기간의 계산) ① 행정에 관한 기간의 계산에 관하여는 이 법 또는 다른 법령등에 특별한 규정이 있는 경우를 제외하고는 「민법」을 준용한다. 민법상 원칙 : 초일불산입
> ② 법령등 또는 처분에서 국민의 권익을 제한하거나 의무를 부과하는 경우 권익이 제한되거나 의무가 지속되는 기간의 계산은 다음 각 호의 기준에 따른다. 다만, 다음 각 호의 기준에 따르는 것이 국민에게 불리한 경우에는 그러하지 아니하다.
>   1. 기간을 일, 주, 월 또는 연으로 정한 경우에는 기간의 첫날을 산입한다.
>   2. 기간의 말일이 토요일 또는 공휴일인 경우에도 기간은 그 날로 만료한다.

- 자연인의 공법상 주소지는 원칙적으로 1개소에 한정됨 (이중신고 금지)

제2절 행정상의 법률관계의 당사자

1. 행정주체

1) 국 가
- 국가나 지방자치단체는 당사자소송의 당사자 / 국가배상책임의 주체

2) 공공단체
- 지방자치단체 / 공공조합 / 공법상 재단 / 영조물법인
- 주택재건축정비조합은 공법인으로서 행정주체의 지위를 가짐

3) 공무수탁사인
- 자신의 이름과 책임으로 의사결정을 하여 행정사무를 수행할 수 있는 권한을 부여받은 사인.
- 행정주체이면서 동시에 행정청의 지위를 가짐
- 중앙관서장뿐만 아니라 지자체장도 주민의 권리의무와 직접 관련되지 않는 사무는 개인에게 위탁 가능.
- 국가가 공무수탁사무수행을 감독하는 경우, 합법성+합목적성 감독 가능
- 법인격 없는 단체도 공무수탁사인이 될 수 있음

  예 민영교도소(행정보조인 ✘), 경찰임무를 수행하는 항공기의 기장, 토지보상법상 토지수용권을 행사하는 사인

> ※ 공무수탁사인과의 구별개념
> vs. 행정보조인(아르바이트로 우편업무를 돕는자)
> vs. 사법상 계약에 의해 단순히 경영위탁을 받은자 (주차위반차량 견인업자)
> vs. 소득세 원천징수의무자는 공무수탁사인 ✘
>   원천징수의 국가에 대한 환급청구권자는 원천징수의무자 ○ (원천납세의무자 ✘)

> ※ 행정주체와의 구별개념
> vs. 행정청 : 행정안전부장관, 지방자치단체의 장 등
> vs. 행정객체 : 주로 국민.
>   지방자치단체도 행정권 발동의 상대방이 될 수 있음

2. 특별권력관계
- 특별한 법적 원인에 의해 성립되어, 그 성립목적에 필요한 한도 내에서는 특별권력주체가 상대방을 포괄적으로 지배하고 상대방은 이에 복종함을 내용으로 하는 관계

예 경찰공무원의 근무관계, 전염병환자의 강제수용, 국립대학과 재학생과의 관계, 농지개량조합과 그 직원의 관계

- **성 립** : 1) 직접 법률의 규정에 의하여, 2) 상대방의 ①임의적 동의 또는 ② 강제적 동의
- **종 류** : 1) 공법상 근무관계, 2) 공법상 영조물 이용관계, 3) 공법상 특별감독관계 4) 공법상 사단관계
- **내 용** : <u>명령권, 징계권</u>
  (과세권 ✗, 형벌권 ✗ ⇒ 일반권력관계의 내용 - 국가와 납세자의 관계 등)
- **오늘날의 특별권력관계론** - 법치주의 적용, 법률유보 적용, 기본권 제한에 법률근거 필요함
  <u>사법심사 가능</u> (국립교육대학 학생에 대한 퇴학처분은 행정처분 ○)

제3절 행정상의 법률관계의 내용

1. 개인적 공권(주관적 공권)
1) 성립요건

(1) **강행법규에 의한 의무부과** (재량의 영역에서도 인정됨 - 재량이 0으로 수축하는 경우)
- 개인적 공권은 법률, 법규명령이나 행정행위 또는 공법상계약, 관습법, 조리에 의해서도 발생한다.
  (반드시 성문법에 근거할 필요 ✘)
- 개인의 신체, 생명 등 중요한 법익에 급박하고 현저한 침해의 우려가 있는 경우 재량권이 0으로 수축된다.

(2) **사익보호성**
- 사익보호성의 요건은 무하자재량행사청구권이나 행정개입청구권에도 적용된다.
- 공무원의 직무행위로 인한 국가배상책임이 인정되기 위해서도, 공무원에게 부과된 직무상 의무가 공익만을 보호하기 위한 것이 아니고 전적으로 또는 부수적으로 사회구성원 개인의 안전과 이익을 보호하기 위하여 설정된 것이어야 한다.

(3) **소구가능성**은 주관적 공권의 성립요건이 아니다.

2) 헌법상 기본권도 '개인적 공권'에 해당하는지 여부
- 소극적 방어권인 헌법상의 자유권적 기본권은 법률의 규정이 없다고 하더라도 직접 공권이 성립될 수도 있다.
- 그러나 사회권적 기본권 및 청구권적 기본권은 법률이 제정되어야 비로소 주장 가능하다.
- 사회권적 기본권의 성격을 가지는 연금수급권은 헌법 규정만으로는 개인적 공권이 될 수 없고, 법률에 의한 구체적인 형성이 필요하다.

3) 공권은 포기할 수 없음.
- 당사자 사이에 석탄산업법시행령 제41조 제4항 제5호 소정의 재해위로금에 대한 지급청구권에 관한 부제소합의가 있었다고 하더라도 그러한 합의는 무효라고 할 것이다.

4) 기 타
- 개인적공권으로서의 경찰개입청구권은 주민에 의한 자치경찰제의 도입까지 의미하는 것은 아니다.

2. 무하자 재량행사청구권
- 수익적 행정행위 뿐만 아니라 부담적 행정행위에도 적용될 수 있다.
- 다수의 검사임용신청자 중 일부만을 검사로 임용하는 결정을 함에 있어, 임용신청자들에게 전형의 결과인 임용여부의 응답을 할 것인지는 임용권자의 편의재량(자유재량)이 아니다.
- 검사임용신청자들의 임용신청에 대하여 임용여부의 응답을 받을 권리는 취소소송의 대상적격의 문제가 된다.

3. 영업자 지위승계

1) 의 의
- 처분에 관한 권리 또는 이익을 사실상 양수한 자는 행정청의 승인을 받아 당사자 등의 지위를 승계할 수 있다.
- 형질변경허가를 받지 않고 산림을 형질변경한 자가 사망한 경우, 그 복구의무는 해당 토지 소유권을 승계한 상속인에게 승계된다.

2) 지위승계신고수리의 법적 성격
- 영업양도에 따른 지위승계신고를 수리하는 허가관청의 행위는 단순히 양도·양수인 사이에 이미 발생한 사법상의 사업양도의 법률효과에 의하여 양수인이 그 영업을 승계하였다는 사실의 신고를 접수하는 행위에 그치는 것이 아니라, 영업허가자의 변경이라는 법률효과를 발생시키는 행위라고 할 것이다.
- 식품위생법 상 허가영업자의 지위승계신고수리처분을 하는 경우 행정절차법 규정 소정의 당사자에 해당하는 종전의 영업자에게 행정절차를 실시하여야 한다. [22지9]

- 사실상 영업이 양도·양수되었지만 아직 승계신고 및 그 수리처분이 있기 이전에는 여전히 종전의 영업자인 양도인이 영업허가자이고, 양수인은 영업허가자가 되지 못한다 할 것이어서 행정제재처분의 사유가 있는지 여부 및 그 사유가 있다고 하여 행하는 행정제재처분은 영업허가자인 양도인을 기준으로 판단하여 그 양도인에 대하여 행하여야 할 것이고, 한편 양도인이 그의 의사에 따라 양수인에게 영업을 양도하면서 양수인으로 하여금 영업을 하도록 허락하였다면 그 양수인의 영업 중 발생한 위반행위에 대한 행정적인 책임은 영업허가자인 양도인에게 귀속된다. [22지9]

3) 양도인의 제재사유를 들어 양수인에게 제재처분을 할 수 있는지 여부
- 명문의 규정이 없는 경우에도 대물적 처분의 경우 양수인에게 양도인의 행위에 따른 제재가 가능하다. (대인적 처분은 승계 ✗)

- 공중위생업에 대해 그 영업을 정지할 위법한 사유가 있는 경우 그 영업이 양도·양수되었다 하더라도 양수인에 대하여 영업정지처분을 할 수 있다.
- 양도 전에 존재하는 영업정지 사유를 이유로 양수인에 대해 영업정지 처분이 가능하다.
- 구「공중위생관리법」상 공중위생영업에 대하여 영업을 정지할 위법사유가 있다면, 관할 행정청은 그 영업이 양도·양수 되었다 하더라도 양수인에 대하여 영업정지 처분을 할 수 있다.
- 관할 행정청은 여객자동차운송사업의 양도·양수에 대한 인가를 한 후에도 그 양도·양수 이전에 있었던 양도인에 대한 운송사업면허 취소사유를 들어 양수인의 사업면허를 취소할 수 있다. [22지9] [23지7]

- 식품위생법, 먹는물관리법에서는 책임의 승계를 인정하는 규정이 있다. 다만 양수인이 양도인의 제재처분이나 위반사실을 알지 못하였음을 입증하였을 때에는 책임의 승계를 부인하고 있다.

사례

> 주유소 양도인이 등유가 섞인 유사휘발유를 판매. / 양수인이 이를 모르고 양수한 경우, / 양도인의 위법사유를 들어 사업정지 기간 중 최장기인 6월의 사업정지에 처한 영업정지처분은 위법.

- 양도인이 위법행위를 한 후 제재를 피하기 위하여 영업을 양도한 경우 그 제재사유의 승계에 관하여 명문의 규정이 없는 경우, 위법행위로 인한 제재 사유는 항상 인적 사유이고 경찰책임 중 행위책임의 문제라는 논거는 승계부정설의 논거이다.

4) 원고적격의 문제
- 영업신고수리처분에 대해 종전영업자는 그 처분의 취소를 구할 법률상 이익이 있다.
- 관할 행정청이 양도인의 허가 취소시, 양수인은 이를 다툴 법률상 이익이 있다.

5) 쟁송방법
- 사업양도·양수계약이 무효라면 이에 대한 신고의 수리가 있더라도 사업양도의 효과가 발생하지 않는다.
- 지위승계신고가 수리된 경우 사업의 양도·양수가 무효라면, 양도인은 허가관청을 상대로 막바로 신고수리처분의 무효확인을 구하면 된다.
- 사업의 양도·양수신고가 수리된 경우, 양도인은 민사쟁송으로 양도·양수행위의 무효를 구함이 없이 곧바로 항고소송으로 신고 수리의 무효확인을 구할 법률상 이익이 있다.
- 영업양도행위가 무효임에도 행정청이 승계신고를 수리하였다면 양도자는 민사쟁송이 아닌 행정소송으로 신고수리처분의 무효확인을 구할 수 있다. [22지9]

6) 회사의 합병과 분할

- 회사합병이 있는 경우 피합병회사의 권리·의무는 사법상의 관계나 공법상의 관계를 불문하고 모두 합병으로 인하여 존속하는 회사에 승계되는 것이 원칙이다.
- 합병 이전의 회사에 대한 분식회계를 이유로 감사인 지정제외 처분과 손해배상공동기금의 추가 적립의무를 명한 조치의 효력은 합병 후 존속하는 법인에게 승계될 수 있다.
- 회사분할 시 분할 전 회사에 대한 제재사유가 신설회사에 대하여 승계되지 않으므로 회사의 분할 전 법 위반행위를 이유로 과징금을 부과하는 것은 허용되지 않는다.

사례

> 甲은 구 「주택건설촉진법」상 아파트를 건설하기 위해 관할 행정청인 A 시장으로부터 주택건설사업계획승인을 받았는데, 그 후 乙에게 위 주택건설사업에 관한 일체의 권리를 양도하였다. 乙은 A 시장에 대하여 사업주체가 변경되었음을 이유로 사업계획변경승인신청서를 제출하였는데, A 시장은 사업계획승인을 받은 날로부터 4년여 간 공사에 착수하지 않았다는 이유로 주택건설사업계획승인을 취소한다고 甲과 乙에게 통지하고, 乙의 사업계획변경승인신청을 반려하였다. [22국가]
>
> ① A 시장의 주택건설사업계획승인의 취소는 취소하여야 할 공익상의 필요와 그 취소로 인하여 당사자가 입게 될 기득권의 침해·신뢰보호 등을 비교·교량하였을 때 공익상의 필요가 당사자가 입을 불이익을 정당화할 만큼 강하지 않다면 적법성을 인정받을 수 없다.
> ② 사실상 내지 사법상으로 주택건설사업 등이 양도·양수되었을지라도 아직 변경승인을 받기 이전에는 그 사업계획의 피승인자는 여전히 종전의 사업주체인 甲이다.
> ③ 주택건설사업계획승인취소처분이 甲과 乙에게 같이 통지되었다 하더라도 아직 乙이 사업계획변경승인을 받지 못한 이상 乙로서는 자신에 대한 것이든 甲에 대한 것이든 사업계획승인취소를 다툴 원고적격이 인정되지 않는다. ✗
> (= 양수인은 그 처분 이전에 양도인으로부터 토지와 사업승인권을 사실상 양수받아 사업주체의 변경승인신청을 한 자로서 그 취소를 구할 법률상의 이익을 가진다. ○)
> ④ A 시장이 乙에 대하여 한 주택건설사업계획승인취소의 통지는 항고소송의 대상이 되는 행정처분이 아니다. (사업계획승인취소처분 등의 사유가 있는지의 여부와 취소사유가 있다고 하여 행하는 취소처분은 피승인자인 양도인을 기준으로 판단하여 그 양도인에 대하여 행하여져야 할 것이므로 행정청이 주택건설사업의 양수인에 대하여 양도인에 대한 사업계획승인을 취소하였다는 사실을 통지한 것만으로는 양수인의 법률상 지위에 어떠한 변동을 일으키는 것은 아니므로 위 통지는 항고소송의 대상이 되는 행정처분이라고 할 수는 없다.)

제4절 행정상의 법률요건과 법률사실

1. 시효제도

1) 소멸시효
- 금전의 급부를 목적으로 하는 국가의 권리는 소멸시효 5년. 공법상 뿐만 아니라 사법상 행위에서 발생한 금전채무도 포함. (예 납세자의 과오납금, 관세의 환급청구)
- 소멸시효에 대해 국가재정법은 국가의 국민에 대한 금전채권은 물론, 국민의 국가에 대한 금전채권에도 적용된다.
- 관세법상 납세자의 과오납금 또는 그 밖의 관세의 환급청구권은 그 권리를 행사할 수 있는 날부터 5년간 행사하지 아니하면 소멸시효가 완성된다.
- 한편 민법상 소멸시효는 원칙적으로 10년이므로, 민법상 규정이 그대로 적용되는 것은 아님.

2) 소멸시효의 중단·정지
- 금전급부를 목적으로 하는 국가의 권리에 있어서 소멸시효의 중단, 정지 사유는 민법이 적용된다.
- 세무공무원이 체납자의 가옥 등을 수색하였으나 압류할 목적물을 찾아내지 못하여 압류를 실행하지 못하고 수색조서를 작성하는데 그친 경우에도 소멸시효 중단 효력이 있다.
- 납입고지에 의한 소멸시효의 중단은 그 납입고지에 의한 부과처분이 추후 취소되더라도 효력이 상실되지 않는다.
- 채권자가 동일한 목적을 달성하기 위해 복수의 채권을 가지고 있는 경우 어느 하나의 청구권을 행사하는 것이 다른 채권에 대한 소멸시효 중단의 효력이 있다고 할 수 없다.
- 소멸시효 완성후에 부과된 조세부과처분은 하자가 중대명백하여 당연무효에 해당한다.
- (처분의 상대방인 국민의) 변상금 부과처분에 대한 취소소송이 진행중이더라도, (국민에 대한 국가의) 변상금 부과권의 소멸시효는 진행된다.

3) 취득시효
- 일반재산은 시효취득 대상 O
- 행정재산은 시효취득 대상 ✕

2. 사인의 공법행위
- 특별한 규정이 없는 한, 민법의 법률행위에 관한 규정 중 의사표시의 효력발생시기, 대리행위의 효력, 조건과 기한의 효력 등의 규정은 행정행위에도 적용된다.

- 행위능력에 관한 민법의 규정이 원칙적으로 적용된다.
- 사인의 공법행위는 원칙적으로 도달주의(발신주의 ✗)에 따라 그 효력이 발생한다. [23지9]

1) 민법상 비진의 의사표시 무효규정
- 「민법」상 비진의 의사표시의 무효에 관한 규정은 그 성질상 공무원이 한 사직(일괄사직)의 의사표시와 같은 사인의 공법행위에 적용되지 않는다. [22지7]
- 사직원 제출자의 내심의 의사가 사직할 뜻이 없었더라도 민법상 비진의 의사표시의 무효에 관한 규정이 적용되지 않으므로 그 사직원을 받아들인 의원면직처분을 당연무효라 볼 수는 없다.
- 사인의 공법행위가 행정행위의 단순한 동기에 불과한 경우 그 하자는 행정행위의 효력에 아무런 영향을 미치지 않는다.
- 원고에게 이 사건 공장을 공장의 용도뿐만 아니라 공장 외의 용도로도 활용할 내심의 의사가 있었다고 하더라도 그와 같은 사유만으로는 이 사건 공장등록이 하자 있는 행정행위로서 취소사유가 있다고 할 수 없다.

2) 사인의 공법행위의 철회
- 공무원이 한 사직 의사표시의 철회나 취소는 그에 터잡은 의원면직처분이 있을 때까지 할 수 있는 것이고, 일단 면직처분이 있고 난 이후에는 철회나 취소할 여지가 없다. [23지9] [23국7]

3. 사인의 공법행위로서의 신고

1) 수리를 요하지 않는 신고 (=자체완성적 신고)

(1) 의의 및 근거

> **행정절차법 제40조(신고)** ① 법령등에서 행정청에 일정한 사항을 통지함으로써 의무가 끝나는 신고를 규정하고 있는 경우 신고를 관장하는 행정청은 신고에 필요한 구비서류, 접수기관, 그 밖에 법령등에 따른 신고에 필요한 사항을 게시(인터넷 등을 통한 게시를 포함한다)하거나 이에 대한 편람을 갖추어 두고 누구나 열람할 수 있도록 하여야 한다.
> ② 제1항에 따른 신고가 다음 각 호의 요건을 갖춘 경우에는 신고서가 접수기관에 도달된 때에 신고 의무가 이행된 것으로 본다.
>   1. 신고서의 기재사항에 흠이 없을 것
>   2. 필요한 구비서류가 첨부되어 있을 것
>   3. 그 밖에 법령등에 규정된 **형식상의 요건에 적합할 것**
> ③ 행정청은 제2항 각 호의 요건을 갖추지 못한 신고서가 제출된 경우에는 지체 없이 상당한 기간을 정하여 신고인에게 보완을 요구하여야 한다.
> ④ 행정청은 신고인이 제3항에 따른 기간 내에 보완을 하지 아니하였을 때에는 그 이유를 구체적으로 밝혀 해당 신고서를 되돌려 보내야 한다.

- 신고가 도달(발송 ✗)했을 때 신고의무를 이행한 것이 된다.

- 행정절차법에는 수리를 요하지 않는 신고에 관한 규정이 있다.

(2) 심사방식
- 주로 형식적 요건만 심사
- 자기완결적 신고의 경우 적법한 요건을 갖춘 신고를 하면 신고의 대상이 되는 행위를 적법하게 할 수 있고, 별도로 행정청의 수리를 기다릴 필요가 없다. [23국7]
- 자기완결적 신고의 경우 적법한 신고가 있었다면, 행정청은 법 규정에 정하지 않은 사유를 심사하여 이를 이유로 신고수리를 거부할 수 없다.
- 수리를 요하지 않는 신고의 경우, 부적법한 신고인 경우에는 신고의 효력이 발생 하지 않는다.
- 수리를 요하지 아니한 신고에 있어서 적법한 요건을 갖춘 신고의 경우에는 행정청의 수리처분 등 별단의 조처를 기다릴 필요 없이 그 접수시에 신고로서의 효력이 발생하는 것이므로 그 수리가 거부되었다고 하여 무신고영업이 되는 것은 아니다.

(3) 구체적인 사례

(가) 건축법상 건축신고(원칙)
- 시장, 군수, 구청장은 건축신고를 받은 날부터 5일 이내에 신고수리 여부 또는 민원 처리 관련 법령에 따른 처리기간의 연장 여부를 신고인에게 통지하여야 한다.

(나) 착공신고

(다) 허가대상건축물의 양수인이 형식적 요건을 갖추어 시장, 군수에게 적법하게 건축주의 명의변경을 신고한 때에는 시장, 군수는 그 신고를 수리하여야지 실체적인 이유를 내세워 그 신고의 수리를 거부할 수는 없다.

(라) 가설건축물 존치기간을 연장하려는 건축주 등이 법령에 규정되어 있는 제반 서류와 요건을 갖추어 행정청에 연장신고를 한 경우, 행정청이 법령에서 요구하지 않은 '대지사용승낙서' 등의 서류가 제출되지 아니하였거나, 대지소유권자의 사용승낙이 없다는 등의 사유를 들어 연장신고의 수리를 거부할 수 없다.

(마) 학습비를 받고 실시하는 원격 평생교육시설 신고
- 정보통신매체를 이용하여 학습비를 받고 불특정다수인에게 원격 평생교육을 실시하기 위해 구 평생교육법에서 정한 형식적 요건을 모두 갖추어 신고한 경우, 행정청은 신고대상이 된 교육이나 학습이 공익적 기준에 적합하지 않는다는 등의 실체적 사유를 들어 신고 수리를 거부할 수 없다.

(바) 부가가치세법상 사업자등록은 단순한 사업사실의 신고에 해당하므로, 과세관청이 직권으로 등록을 말소한 행위는 항고소송의 대상인 행정처분에 해당하지 않는다.

(사) 골프장이용료변경신고

(아) 공중위생관리법상 숙박업 신고
- 공중위생관리법상 숙박업을 하려는 사람이 정당한 사용권한을 취득하여 법령에서 정한 요건을 갖추어 신고하였다면, 행정청은 특별한 사정이 없는 한 이를 수리하여야 하고, 기존의 숙박업 신고가 외관상 남아있다는 이유로 거부할 수 없다.

(자) 체육시설법상 '신고' 사항

(4) 기 타
- 식품위생법에 따른 식품접객업(일반음식점영업)의 영업신고의 요건을 갖춘 자라고 하더라도, 그 영업신고를 한 당해 건축물이 건축법 소정의 허가를 받지 아니한 무허가 건물이라면 적법한 신고를 할 수 없다.
- 신고필증의 교부 여부와 신고의 효력발생 여부는 직접적 관련이 없다.

2) 수리를 요하는 신고 (= 행정요건적 신고)

(1) 의의 및 근거

> **행정기본법 제34조(수리 여부에 따른 신고의 효력)** 법령등으로 정하는 바에 따라 행정청에 일정한 사항을 통지하여야 하는 신고로서 법률에 신고의 수리가 필요하다고 명시되어 있는 경우(행정기관의 내부 업무 처리 절차로서 수리를 규정한 경우는 제외한다)에는 행정청이 수리하여야 효력이 발생한다.

- '수리'는 준법률행위적 행정행위

(2) 심사방식
- 형식적 요건 뿐만 아니라 실체적 요건도 함께 심사
- 인허가가 의제되는 건축신고(수리를 요하는 신고)에서, 신고가 부적법한데도 행정청이 수리를 하였다면, 신고가 부적법하더라도 신고에 따른 법적효과가 발생한다.
- 장기요양기관의 폐업신고 자체에 효력이 없음에도 행정청이 이를 수리한 경우, 그 수리행위는 당연무효에 해당한다.

(3) 구체적인 사례

(가) 주민등록법상 전입신고
- 시장 등의 주민등록전입신고 수리 여부에 대한 심사는 「주민등록법」의 입법 목적의 범위 내에서 제한적으로 이루어져야 하는바, 전입신고자가 30일 이상 생활의 근거로서 거주할 목적으로 거주지를 옮기는지 여부가 심사 대상으로 되어야 한다. [23지9]
- 그 이외의 사유(투기목적, 교육목적)로 거부는 위법하다.
- 주민등록의 신고는 행정청에 도달하기만 하면 신고로서의 효력이 발생한다. ✗

(나) 인허가의제 효과를 수반하는 건축신고는 일반적인 건축신고와는 달리, 특별한 사정이 없는 한 행정청이 그 실체적 요건에 관한 심사를 한 후 수리를 하여야 한다. [22지7] [23국기]

- 인허가가 의제되는 건축신고에서 적법한 건축행위를 할 수 있는 시점은 수리 시점(신고 시점 ✕)이다.
- 의제되는 인허가 요건을 충족하지 못한 경우, 행정청은 건축신고수리를 거부할 수 있다.

㈐ <u>납골당설치 신고</u>는 이른바 '수리를 요하는 신고'이므로 납골당설치 신고가 관련 법령 규정의 모든 요건을 충족하는 신고라 하더라도 행정청의 수리처분이 있어야만 그 신고한 대로 납골당을 설치할 수 있다.
- 이행통지는 납골당 설치 신고에 대하여 납골당설치요건을 구비하였음을 확인하고, 구 장사법령상의 납골당설치 기준, 관계 법령상의 허가 또는 신고 내용을 고지하면서 신고한 대로 납골당 시설을 설치하도록 한 것이므로, 이 사건 이행통지를 함으로써 납골당 설치 신고에 대한 수리를 하였다고 봄이 타당하다. 한편 이 사건 이행통지는 피고가 납골당설치 신고를 수리하면서 납골당을 설치하는 데 필요한 각종 인허가 사항, 향후 절차 등에 관한 사항을 알려 준 것에 불과한 것으로, 이로 인하여 새로이 참가인 또는 관계자들의 법률상 지위에 변동을 일으키지 아니하므로, 이 사건 <u>이행통지를 수리처분과는 별도로 항고소송의 대상이 되는 다른 처분으로 볼 수는 없다.</u>
    (이행통지는 납골당 설치 신고에 대하여 납골당을 설치하는 데 필요한 각종 인허가 사항, 향후 절차 등 에 관한 사항을 알려주게 되어 새로이 참가인 또는 관계자들의 법률상 지위에 변동을 일으키므로, 수리처분과는 별도로 이행통지를 항고소송의 대상이 되는 다른 처분으로 볼 수 있다. ✕)

㈑ 구 「유통산업발전법」에 따른 <u>대규모점포의 개설등록</u> 및 구「재래시장 및 상점가 육성을 위한 특별법」에 따른 <u>시장관리자 지정</u> [23국7]

㈒ <u>정신과의원</u>을 개설하려는 자가 법령에 규정되어 있는 요건을 갖추어 <u>개설신고</u>를 한 때에, 행정청은 원칙적으로 이를 수리하여 신고필증을 교부하여야 하고, 법령에서 정한 요건 이외의 사유를 들어 의원급 의료기관 개설신고의 수리를 거부할 수는 없다.

㈓ <u>「수산업법」</u>상 신고어업을 하려면 법령이 정한 바에 따라 관할 행정청에 신고하여야 하고, 행정청의 수리가 있을 때에 비로소 법적 효과가 발생하게 된다. [22지7]

㈔ 체육시설(골프장) 회원모집계획서 제출

㈕ 유료노인복지주택 설치신고

㈖ 장기요양기관의 폐업신고

㈗ 체육시설법상 '등록' 사항

3) 수리 또는 수리거부의 처분성

(1) <u>수리행위의 경우</u> (자체완성적 신고 수리 처분성 ✕ / 행정요건적 신고 수리 처분성 ○)
- 자체완성적 신고의 경우, 수리행위의 처분성이 인정되지 않는다.
- 행정요건적 신고의 경우, 수리행위의 처분성이 인정된다.

⑵ 수리거부의 경우 (처분성 O)
- 행정청의 건축신고 반려행위 또는 수리거부행위는 항고소송의 대상이 된다.

> - 건축주 등은 신고제하에서도 건축신고가 반려될 경우 당해 건축물의 건축을 개시하면 시정명령, 이행강제금, 벌금의 대상이 되거나 당해 건축물을 사용하여 행할 행위의 허가가 거부될 우려가 있어 불안정한 지위에 놓이게 된다. 따라서 건축신고 반려행위가 이루어진 단계에서 당사자로 하여금 반려행위의 적법성을 다투어 그 법적 불안을 해소한 다음 건축행위에 나아가도록 함으로써 장차 있을지도 모르는 위험에서 미리 벗어날 수 있도록 길을 열어 주고, 위법한 건축물의 양산과 그 철거를 둘러싼 분쟁을 조기에 근본적으로 해결할 수 있게 하는 것이 법치행정의 원리에 부합한다. 그러므로 건축신고 반려행위는 항고소송의 대상이 된다고 보는 것이 옳다.

- 건축법상 행정청의 착공신고 반려행위는 항고소송의 대상인 처분에 해당한다.
- 인·허가가 의제되는 건축신고를 거부하는 행위는 항고소송의 대상이 되는 처분이다.

4. 사무관리
- 사무처리의 긴급성으로 인하여 해양경찰의 직접적인 지휘를 받아 보조로 방제작업을 한 경우, 사인은 그 사무를 처리하며 지출한 필요비 내지 유익비의 상환을 국가에 대하여 민사소송으로 청구할 수 있다. [22국9]

2024 공무원 시험 대비

제2편
행정작용법

제1장 행정입법

제2장 행정행위

제3장 그밖의 행정의 주요행위형식

제1장 | 행정입법

제1절 **법규명령**

1. 법규명령

1) 헌법이 인정한 법규명령(명령·규칙)의 형식
- 법규명령은 국회입법의 원칙의 예외에 해당되는 것이므로 일정한 한계 안에서 허용된다.
- 대통령령(~법 시행령, ○○규정, ○○령) / 총리령 / 부령
- 행정각부가 아닌 국무총리 소속의 독립기관은 독립하여 법규명령을 발령할 수 없다.
  (국민안전처장, 인사혁신처장은 부령제정권 ✗)
- 헌법에 근거를 둔 중앙선거관리위원회 규칙, 국회 규칙, 헌법재판소 규칙, 대법원 규칙도 법규명령에 해당한다.
- 감사원 규칙은 헌법에 근거는 없지만 법규명령에 해당한다.
- 헌법이 인정하고 있는 위임입법의 형식은 예시적인 것으로 보아야 하고, 법률이 일정한 사항을 고시 등 행정규칙에 위임하더라도 국회입법의 원칙과 상치되지 않는다.
- 한국표준산업분류는 우리나라의 산업구조를 잘 반영하고 있고, 업종의 분류에 관하여 가장 공신력 있는 자료로 평가받고 있는 점 등을 고려하면, 업종의 분류에 관하여 판단자료와 전문성의 한계가 있는 대통령이나 행정각부의 장에게 위임하기보다는 통계청장이 고시하는 한국표준산업분류에 위임할 필요성이 인정된다.
- 대통령이 헌법에 근거해서 발하는 긴급명령, 긴급재정경제명령은 법률적 효력을 지니는 법규명령에 해당한다.
- 예고된 법령의 제정·개정 또는 폐지의 안에 대하여 누구든지 의견을 제출할 수 있다.

2) 제정절차

	국무회의 심의	법제처 심사
대통령령	○	○
총리령, 부령	× [23국9]	○ (국무회의에 상정될 총리령안과 부령안은 법제처의 심사를 받아야 한다.)
행정규칙	×	×

3) 위임 근거에 따른 분류

(1) 위임명령
- 위임명령의 제정은 상위 법률의 근거가 필요하다.
- 위임명령은 <u>위임 받은 범위 내에서</u> 국민의 권리·의무에 관한 새로운 사항을 규율할 수 있다.
- 위임명령이 위임 내용을 구체화하는 단계를 벗어나 새로운 입법을 한 것으로 평가할 수 있다면, 위임의 한계를 벗어난 것으로서 허용되지 않는다.

(2) 집행명령
- 집행명령은 국민의 권리·의무에 관한 새로운 사항을 규율할 수 없다.
  (긴급한 경우 집행명령으로 새로운 법규사항을 규정할 수 있다. ✘)
- "이 법의 시행에 필요한 사항을 대통령령으로 정한다."는 형식은 집행명령의 형식에 해당한다.
- 집행명령은 상위법령이 개정되더라도 개정법령과 성질상 모순·저촉되지 않고 개정된 상위법령의 시행에 필요한 사항을 규정하고 있는 이상, 개정법령의 시행을 위한 집행명령이 제정·발효될때까지는 여전히 그 효력을 유지한다.

4) 법규명령이 '구체성'을 띄는 경우

- 법규명령이 구체적인 집행행위 없이 직접 개인의 권리의무에 영향을 주는 경우에는 <u>처분적 법규명령</u>에 해당한다.
- <u>처분적 조례</u> 무효확인소송의 피고적격 : <u>지자체장 or 교육감</u>(교육·학예) (지방의회 ✘)

- 의료기관의 명칭표시판에 진료과목을 함께 표시하는 경우 <u>글자크기를 제한</u>하는 의료법 시행규칙은 행정처분이 아니다.
- <u>국립대학의 대학입학고사 주요요강</u>은 행정쟁송의 대상인 행정처분에 해당하지 않지만 헌법소원의 대상인 공권력의 행사에 해당한다.

5) 구체적 사례

(1) 법규성 인정 (=법규명령 O)

(가) 시행령에서 정한 제재적 처분기준
(청소년보호법 시행령의 과징금처분기준은 정액이 아니고 최고한도액)

(나) 「여객자동차운수사업법」의 위임에 따라 시외버스운송사업의 사업계획변경에 관한 절차, 인가기준 등을 구체적으로 규정한 「여객자동차 운수사업법 시행규칙」[23지7]

(다) "경찰공무원의 채용시험 또는 경찰간부후보생 공개경쟁선발시험에서 부정행위를 한 응시자에 대하여는 당해 시험을 정지 또는 무효로 하고, 그로부터 5년간 이 영에 의한 시험에 응시할 수 없게 한다."라고 규정한 「경찰공무원임용령」 제46조 제1항

(라) 고시가 법령의 수권에 의하여 법령을 보충하는 사항을 정하는 경우 위임의 한계를 벗어나지 않는 한 그 근거 법령과 결합하여 대외적으로 구속력이 있는 법규명령으로서의 효력을 가진다. [22지19]

(=중앙행정기관의 장이 정한 훈령·예규 및 고시 등 행정규칙은 상위법령의 위임이 있다고 하더라도 「행정기본법」상의 '법령'에 해당하지 않는다. ✗ [22국7])

(2) 법규성(대외적 구속력) 부정 (=법규명령 X)

(가) 시행규칙에서 정한 제재적 처분기준

- 부령의 형식으로 정해진 제재적 행정처분의 기준은 그 규정의 성질과 내용이 행정청 내부의 사무처리준칙을 정한 것에 불과하므로 대외적으로 국민이나 법원을 구속하는 것은 아니다. [22국9]

(부령 형식으로 정해진 제재적 행정처분의 기준은 법규성이 있어서 대외적으로 국민이나 법원을 기속하는 효력이 있다. ✗ [22지19])

- 부령에서 제재적 행정처분의 기준을 정하였다고 하더라도 이에 관한 처분의 적법 여부는 부령에 적합한 것인가의 여부에 따라 판단할 것이 아니라 처분의 근거 법률의 규정 및 그 취지에 적합한 것인가의 여부에 따라 판단하여야 한다. [22지7]

> **사례**
>
> ① 「도로교통법 시행규칙」이 정한 운전면허행정처분기준,
> ② 「식품위생법」에 따른 행정처분의 기준을 정한 「식품위생법 시행규칙」,
> ③ 「자동차운수사업법」의 규정에 따라 자동차운수사업면허의 취소처분 등에 관한 사무처리 기준과 처분절차 등을 정한 규칙
> ④ 약사법에 근거하여 약사의 의약품 개봉판매행위에 대한 약사법 시행규칙의 행정처분의 기준
> ⑤ 공공기관의 운영에 관한 법률에 따라 입찰참가자격 제한기준을 정하고 있는 구 「공기업, 준정부기관 계약사무규칙」, 「국가를 당사자로 하는 계약에 관한 법률 시행규칙」

⑥ 「식품위생법」이 청소년을 고용한 행위에 대하여 영업허가를 취소하거나 6개월 이내의 기간을 정하여 그 영업의 전부 또는 일부를 정지하거나 영업소 폐쇄를 명할 수 있다고 하면서 행정처분의 세부기준은 총리령으로 위임한다고 정하고 있는 경우에, 총리령에서 정하고 있는 행정처분의 기준은 재판규범이 되지 못한다. [22국9]

(나) 법령의 위임 없이 제정된 경우
- 법령의 위임없이 제정한 2006년 교육공무원 보수업무 등 편람
- 법령의 위임이 없음에도 법령의 처분요건에 해당하는 사항을 부령에서 변경하여 규정한 경우 [23국9] [23국7]
- 한국수력원자력 주식회사가 조달하는 기자재, 용역 및 정비공사, 기기수리의 공급자에 대한 관리업무 절차를 규정함을 목적으로 제정·운용하고 있는 '공급자관리지침' 중 등록취소 및 그에 따른 일정 기간의 거래제한조치에 관한 규정들은 상위 법령의 구체적 위임 없이 정한 것이어서 대외적 구속력이 없는 행정규칙이다. [22국9]

(다) 법령에서 위임한 방식을 위반하거나 위임범위를 벗어난 경우
- 상위법에서 세부사항 등을 시행규칙으로 정하도록 위임했음에도 고시 등 행정규칙으로 정한 경우 [23국7]
- 고시가 비록 법령에 근거를 둔 것이라도 법령의 위임범위를 벗어난 경우 [23지7]
- 법률의 시행령이 형사처벌에 관한 사항을 규정하면서 법률의 명시적인 위임 범위를 벗어나 처벌의 대상을 확장하는 것은 위임입법의 한계를 벗어난 것으로 그 시행령은 무효이다. [22지9]

(라) 내부적인 처리지침을 정한 경우
- 상급행정기관이 하급행정기관에 대하여 업무처리지침이나 법령의 해석적용에 관한 기준을 정하여 발하는 행정규칙
- 서울시가 정한 개인택시운송사업면허지침 (내부의 사무처리준칙)
- 교육부장관이 내신성적산정지침을 시·도 교육감에게 통보한 것은 행정조직 내부에서 내신성적평가에 관한 심사기준을 시달한 것에 불과함.
- 건강보험심사평가원이 보건복지가족부 고시인 '요양급여비용 심사·지급업무 처리기준'에 근거하여 제정한 심사지침인 '방광내압 및 요누출압측정 시 검사방법'은 내부적 업무 처리기준으로서 행정규칙에 불과함.
- "가공품의 원료로 가공품이 사용될 경우 원산지표시는 원료로 사용된 가공품의 원료 농산물의 원산지를 표시하여야 한다."는 농림부고시인 「농산물 원산지 표시요령」
- 총리령으로 제정된 「법인세법 시행규칙」에 따른 '소득금액조정합계표 작성요령'은 행정규칙에 불과함(소득금액조정합계표 작성요령은 법률의 위임을 받은 것이기는 하나 법인세의 부과징수라는 행정

적 편의를 도모하기 위한 절차적 규정으로서 단순히 행정규칙의 성질을 가지는데 불과하여 과세관청이나 일반국민을 기속하는 것이 아님)
- '학교장·교사 초빙제 실시'는 행정조직 내부에서만 효력을 가지는 행정상의 운영지침을 정한것에 불과

6) 하자 있는 법규명령의 효력 : 무효 (하자있는 법령은 당연무효)

- 법률의 시행령이 형사처벌에 관한 사항을 규정하면서 법률의 명시적인 위임범위를 벗어나 처벌의 대상을 확장하는 것은 죄형법정주의에 위반된다.
- 상위법령에 근거를 두고 있지 않은 훈령에만 근거하여 발령된 침익적 처분은 무효인 훈령에 기초한 처분으로서 당연무효에 해당한다.
- 법률이 대통령령으로 정하도록 규정한 사항을 부령으로 정했다면 그 부령은 무효이다.
- 법률의 위임에 따라 효력을 갖는 법규명령이 위임의 근거가 없어 무효였더라도 나중에 법 개정으로 위임의 근거가 부여되면 그때부터(소급하여✖) 유효한 법규명령이 된다.
- 구법의 위임에 의한 유효한 법규명령이 법개정에 따라 위임의 근거가 없어지게 되면 그때부터 (소급하여✖) 법규명령이 무효가 된다.
  (법률의 위임에 의하여 효력을 갖는 법규명령이 법개정으로 위임의 근거가 없어지게 되더라도 효력을 상실하지 않는다.
  ✖ [22국의])

- 법률의 시행령이나 시행규칙의 내용이 모법의 입법취지와 관련 조항 전체를 유기적·체계적으로 살펴보아 모법의 해석상 가능한 것을 명시한 것에 지나지 아니하는 때에는 모법에 이에 관하여 직접 위임하는 규정을 두지 아니하였다고 하더라도 이를 무효라고 볼 수는 없다.
- 하위법령은 그 규정이 상위법령의 규정에 명백히 저촉되어 무효인 경우를 제외하고는 관련법령의 내용과 그 입법취지, 연혁 등을 종합적으로 살펴서 그 의미를 상위법령에 합치되는 것으로 해석해야함.
- 법령의 위임관계는 반드시 하위법령의 개별조항에서 위임의 근거가 되는 상위법령의 해당조항을 구체적으로 명시하고 있어야 하는 것은 아니다.
- 법령의 규정이 특정 행정기관에게 법령의 내용의 구체적 사항을 정할 수 있는 권한을 부여하면서 권한행사의 절차나 방법을 특정하지 않았다면 수임행정기관은 행정규칙이나 규정 형식으로 법령 내용이 될 사항을 구체적으로 정할 수 있다.

7) 위법한 법규명령에 근거한 처분 : 취소사유

8) 법규명령의 통제

(1) 국회에 의한 통제

> **국회법 제98조의2(대통령령 등의 제출 등)** ① 중앙행정기관의 장은 법률에서 위임한 사항이나 법률을 집행하기 위하여 필요한 사항을 규정한 **대통령령·총리령·부령·훈령·예규·고시 등이 제정·개정 또는 폐지되었을 때에는 10일 이내에 이를 국회 소관 상임위원회에 제출하여야 한다.** 다만, 대통령령의 경우에는 입법예고를 할 때(입법예고를 생략하는 경우에는 법제처장에게 심사를 요청할 때를 말한다)에도 그 입법예고안을 10일 이내에 제출하여야 한다.
> ③ 상임위원회는 위원회 또는 상설소위원회를 정기적으로 개회하여 그 소관 중앙행정기관이 제출한 대통령령·총리령 및 부령(이하 이 조에서 "대통령령등"이라 한다)의 법률 위반 여부 등을 검토하여야 한다.
> ⑦ 상임위원회는 제3항에 따른 검토 결과 부령이 법률의 취지 또는 내용에 합치되지 아니한다고 판단되는 경우에는 소관 중앙행정기관의 장에게 그 내용을 통보할 수 있다.

- 법규명령의 성립·발효에 대한 동의 또는 승인권이나 일단 유효하게 성립한 법규명령의 효력을 소멸시키는 권한을 의회에 유보하는 방법에 의한 통제인 직접적 통제, 의회가 법규명령의 성립이나 효력발생에 직접적으로 관여하는 것이 아니라 국정감사권과 같은 방법을 이용한 간접적 통제가 있다.
- 국회는 국정감사 또는 조사권, 국무총리 등에 대한 질문권, 국무총리 또는 국무위원에 대한 해임건의권, 대통령에 대한 탄핵소추권 등을 행사하여 위법·부당한 행정입법을 간접적으로 통제할 수 있다.

(2) 사법부에 의한 통제 - 사후적·구체적 규범통제 (추상적 규범통제 ✗)

> **헌법 제107조** ② 명령·규칙 또는 처분이 헌법이나 법률에 위반되는 여부가 재판의 전제가 된 경우에는 대법원은 이를 최종적으로 심사할 권한을 가진다.

(가) 규범통제의 주체 : 각 급 법원
- 헌법은 대법원이 명령에 대한 심사권한이 있음을 직접 규정하고 있다.
- 대법원 이외의 각급법원도 구체적 규범통제의 방법으로 법규명령 조항에 대한 위헌·위법 판단을 할 수 있다. [23지9]
- 법원이 법률 하위의 법규명령이 위헌·위법인지를 심사하려면 그것이 재판의 전제가 되어야 하는데, 여기에서 재판의 전제란 구체적 사건이 법원에 계속 중이어야 하고, 위헌·위법인지가 문제 된 경우에는 그 법규명령의 특정 조항이 해당 소송사건의 재판에 적용되는 것이어야 하며, 그 조항이 위헌·위법인지에 따라 그 사건을 담당하는 법원이 다른 판단을 하게 되는 경우를 말한다. [23국7]
- 법규명령(명령·규칙) 또는 조례가 재판의 전제가 됨이 없이 직접 개인의 기본권을 침해하는 경우에는 헌법소원의 대상이 된다.

- 대법원은 유신헌법상 긴급조치가 법률이 아니므로 대법원이 심사권을 가진다고 판시하였다.
- 한편 처분적 법규명령은 무효등확인소송 또는 취소소송의 대상이 된다. [23지9]

(나) **규범통제의 대상 : 법규명령**
- 중앙선거관리위원회규칙은 법규명령이므로 구체적 규범통제의 대상이 될 수 있다. [23지9]

(다) **규범통제의 효과 : 개별적 효력** (당해 사건에 한해 적용이 배제됨)
- 명령 등이 헌법이나 법률에 위반되어 대법원에서 무효라고 선언하여도 당해 사건에서만 적용이 배제될 뿐 형식적으로는 존재하므로 판결확정 후 대법원은 행정안전부장관에게 통보하도록 하고 있다.
- 행정소송에 대한 대법원 판결에 의하여 명령·규칙이 헌법 또는 법률에 위반된다는 것이 확정된 경우, 대법원은 지체 없이 그 사유를 행정안전부장관(소관부처의 장 ✗)에게 통보하여야 한다.

(3) 행정부에 의한 통제
- 상급행정청의 하급행정청에 대한 지휘·감독권과 같은 행정감독권에 의한 통제와 일정한 절차를 거쳐 법규명령을 발하도록 하는 절차적 통제가 있다.
- 상급행정청의 감독권의 대상에는 하급행정청의 행정입법권 행사도 포함되지만 상급행정청은 하급행정청의 법규명령을 스스로 폐지할 수는 없다.
- 중앙행정기관의 훈령은 대통령령인 법제업무운영규정에 의해 법제처의 사후평가제가 실시되고 있다(제25조의2).

(4) 언론이나 시민단체활동 등을 통한 국민에 의한 통제

9) 행정입법부작위의 쟁송방법

(1) 헌법소원 제기 가능
- 삼권분립의 원칙, 법치행정의 원칙을 당연한 전제로 하고 있는 우리 「헌법」하에서 행정권의 행정입법등 법집행의무는 「헌법」적 의무라고 보아야 한다.
- 입법부가 법률로써 행정부에게 특정한 사항을 위임했음에도 불구하고 행정부가 정당한 이유 없이 이를 이행하지 않는다면 권력분립원칙과 법치국가 내지 법치행정의 원칙에 위반된다.
- 단, 하위 행정입법 제정 없이 상위법만으로 집행이 이루어질 수 있는 경우, 하위행정 입법 제정의무가 인정되지 않는다.
- 상위법령을 시행하기 위하여 하위법령을 제정하거나 필요한 조치를 함에 있어서는 상당한 기간을 필요로 하므로 합리적인 기간 내의 지체를 위헌적인 부작위로 볼 수 없다.

> **[비교] 부진정입법부작위**
> - 입법의 내용·범위, 절차 등의 결함을 이유로 헌법소원을 제기하려면 결함이 있는 당해 입법규정 그 자체를 대상으로 하여 그것이 평등의 원칙에 위배된다는 등 「헌법」위반을 내세워 적극적인 헌법소원을 제기하여야 하며, 이 경우에는 「헌법재판소법」소정의 제소기간을 준수하여야 한다.

(2) 국가배상청구 가능
- 입법부가 법률로써 행정부에게 특정한 사항을 위임했음에도 불구하고 행정부가 정당한 이유 없이 이를 이행하지 않는다면 권력분립의 원칙과 법치국가 내지 법치행정의 원칙에 위배되는 것으로서 위법함과 동시에 위헌적인 것이 된다.

(3) 행정소송 ✗ (항고소송 ✗, 부작위위법확인소송 ✗) [23지9]
- 부작위위법확인소송의 대상이 될 수 있는 것은 구체적 권리의무에 관한 분쟁이어야 하고 추상적인 법령에 관하여 제정의 여부 등은 그 자체로서 국민의 구체적인 권리의무에 직접적 변동을 초래하는 것이 아니어서 그 소송의 대상이 될 수 없다. [22지7]
- 「특정다목적댐법」에서 댐 건설로 손실을 입으면 국가가 보상해야 하고 그 절차와 방법은 대통령령으로 제정토록 명시되어 있음에도 미제정된 경우, 법령제정의 여부는 「행정소송법」상 부작위위법확인소송의 대상이 될 수 없다. [23국9]

2. 포괄위임금지

1) '구체적으로 범위를 정하여' 위임
- 국회전속적 입법사항이라도 입법자가 법률에서 구체적으로 범위를 정하여 법규명령에 위임하는 것은 가능하다.
- 위임입법에서 요구되는 구체성과 명확성은 침해 행정 영역에서 강하게 요청되고 급부행정 영역에서는 다소 완화될 수 있다.
- 처벌법규나 조세법규는 다른 법규보다 구체성과 명확성의 요구가 강화되어야 한다.
- 다양한 사실관계를 규율하거나 사실관계가 수시로 변화될 것이 예상되는 분야에서는 다른 분야에서는 다른 분야에 비하여 상대적으로 입법위임의 명확성·구체성이 완화된다.

2) 벌칙규정의 경우
- 벌칙규정(처벌규정)/조세법규의 위임은 원칙적으로(절대적으로 ✗) 허용되지 않는다.
- 처벌법규의 위임은 특히 긴급한 필요가 있거나 미리 법률로써 자세히 정할 수 없는 부득이한 사정이 있는 경우에 한정되어야 하고 이러한 경우일지라도 법률에서 범죄의 구성요건은 처벌대상인 행위가 어떠한 것일 것이라고 이를 예측할 수 있을 정도로 구체적으로 정하고 형벌의 종류 및 그 상한과 폭을 명백히 규정하여야 한다.

3) 재위임의 경우

- 법률에서 위임받은 사항을 전혀 규정하지 않고 <u>그대로</u> 재위임 하는 것은 허용되지 않으나, 위임받은 사항에 관하여 <u>대강</u>을 정하고 특정사항을 위임하는 경우에는 재위임이 허용된다.

  (조례가 이를 다시 '규칙'이나 '고시' 등에 재위임하는 경우에도 마찬가지)

4) 자치조례 · 자치정관의 경우

① 자치조례에 대한 법률의 위임은 반드시 구체적으로 범위를 정하여 할 필요가 없으며 포괄적인 것으로 족하다. [22지9]

② 법률이 공법적 단체 등의 정관에 자치법적 사항을 위임한 경우에는 원칙적으로 헌법 제75조가 정하는 포괄적인 위임입법 금지 원칙이 적용되지 않는다. [22지7]

- 다만 정관의 제정주체가 사실상 행정부이거나 권력분립 문제가 발생하는 경우에는 포괄위임금지원칙이 적용된다.
- 그러나 정관의 경우에도 법률유보 내지 의회유보원칙은 적용된다. 따라서 <u>국민의 권리 · 의무에 관한 기본적이고 본질적인 사항은 국회가 정해야 한다.</u> [22지7]

제2절 행정규칙

1. 행정규칙

1) 분류

(1) 형식에 의한 분류 : 훈령, 고시, 예규, 지침, 규정

(2) 내용에 의한 분류 : ① 조직규칙 ② 근무규칙 ③ 영조물규칙 ④ 재량준칙(재량권행사의 기준) 등
- 훈령, 지시, 예규, 일일명령 등 행정기관이 그 하급기관이나 소속 공무원에 대하여 일정한 사항을 지시하는 문서는 지시문서에 해당한다.

2) 효력발생요건
- 행정기관 내부의 사무처리준칙에 불과한 행정규칙은 공포되어야 하는 것은 아니므로 특별한 규정이 없는 한, 수명기관에 도달된 때부터 효력이 발생한다. [22지7]
- 행정규칙의 공표는 행정규칙의 성립요건이나 효력요건은 아니나, 행정절차법에서는 행정청은 필요한 처분기준을 당해 처분의 성질에 비추어 될 수 있는 한 구체적으로 공표하도록 하고 있다.

3) 행정규칙에 위임이 가능한지 여부
- 헌법재판소는 법률이 일정한 사항을 행정규칙에 위임하더라도 그 위임은 전문적·기술적 사항이나 경미한 사항으로서 업무의 성질상 위임이 불가피한 사항에 한정된다고 한다. [23지7]

4) 행정규칙을 위반한 처분의 효력
- 처분이 행정규칙을 위반하였다고 해서 그러한 사정만으로 곧바로 위법하게 되는 것은 아니다. [22국7]
- 행정청 내부에서의 사무처리지침이 단순히 하급행정기관을 지도하고 통일적 법해석을 기하기 위하여 상위법규 해석의 준거기준을 제시하는 규범해석규칙의 성격을 가지는 것에 불과하다면 그러한 해석기준이 상위법규의 해석상 타당하다고 보이는 한 그에 따랐다는 이유만으로 행정처분이 위법하게 되는 것은 아니다.
- 행정처분이 행정규칙에 위반한 것만으로 곧바로 위법하게 되는 것은 아니지만, 재량준칙인 행정규칙에 의해 행정관행이 이루어지면 평등의 원칙이나 신뢰보호의 원칙에 따라 행정기관은 그 상대방과의 관계에서 그 규칙에 따라야 할 자기구속을 받게 되므로, 이러한 경우 특별한 사정이 없는 한 그에 위반하는 처분은 평등의 원칙이나 신뢰보호의 원칙에 위배되어 재량권을 일탈·남용한 위법한 처분이 된다.

5) 하자 있는 행정규칙의 효력 : 무효
- 행정규칙의 내용이 상위법령이나 법의 일반원칙에 반하는 것이라면 행정내부적 효력도 인정될 수 없다. [22국가]
- 행정규칙의 내용이 명백히 위법한 경우에는 공무원은 이의 적용을 거부할 수 있고 거부하더라도 복종의무 위반은 아니지만, 행정규칙의 내용이 명백히 부당한 경우 공무원이 이의 적용을 거부할 수 없고 만약 이를 거부한다면 복종의무위반의 징계책임을 질 수 있다.

6) 행정규칙에 근거한 처분
- 어떠한 처분의 근거나 법적인 효과가 행정규칙에 규정되어 있다고 하더라도, 그 처분이 행정규칙의 내부적 구속력에 의하여 상대방에게 권리의 설정 또는 의무의 부담을 명하거나 기타 법적인 효과를 발생하게 하는 등 그 상대방의 권리 의무에 직접 영향을 미치는 행위라면, 이는 항고소송의 대상이 되는 행정처분에 해당한다. [22국가]

7) 기 타
- 상위법령등의 단순한 집행을 위해 총리령을 제정하려는 경우, 행정상 입법예고를 하지 않을 수 있음(행정절차법 41조 1항)

■ **고시의 경우**
- 어떠한 고시가 일반적·추상적 성격을 가질 때에는 법규명령 또는 행정규칙에 해당할 것이지만, 다른 집행행위의 매개 없이 그 자체로서 직접 국민의 구체적인 권리의무나 법률관계를 규율하는 성격을 가질 때에는 항고소송의 대상이 되는 행정처분에 해당한다.

❶ **일반적·추상적 성격**
1) 원 칙 - 행정규칙
2) 예 외 - 법규명령 : 상위법령과 결합하여 대외적 구속력을 갖는 경우
   (상위법령 내용을 보충하는 법령보충적 규칙)
   - 재량권행사의 준칙인 행정규칙이 그 정한 바에 따라 되풀이 시행되어 행정관행이 이루어지게 되면, 평등의 원칙이나 신뢰보호의 원칙에 따라 행정기관은 그 상대방에 대한 관계에서 그 행정규칙에 따라야 할 자기구속을 받게 되고, 그러한 경우에는 대외적인 구속력을 가지게 된다. [23국가]
   (당해 재량준칙에 반하는 처분은 법규범인 당해 재량준칙을 직접 위반한 것으로서 위법한 처분이 된다. ✗)
   - 법령보충적 행정규칙은 물론이고 재량권 행사의 준칙이 되는 행정규칙이 행정의 자기구속원리에 따라 대외적 구속력을 가지는 경우에는 헌법소원의 대상이 될 수 있다. [23국9]

❷ 구체적인 규율의 성격 - 행정처분
(=다른 집행행위 매개 없이 그 자체로서 직접 국민의 구체적인 권리의무나 법률관계 규율)

예 청소년유해매체물 결정고시, 약제급여·비급여목록 및 급여상한금액표

- 보건복지부 고시가 다른 집행행위의 매개 없이 그 자체로서 요양기관, 국민건강보험공단, 국민건강보험 가입자 등의 법률관계를 직접 규율하고 있다면 항고소송의 대상이 된다.
- 항정신병 치료제의 요양급여 인정기준에 관한 보건복지부 고시가 다른 집행행위의 매개 없이 그 자체로서 직접 국민의 구체적인 권리의무와 법률관계를 규율하는 성격을 가질 때에는 항고소송의 대상이 되는 행정처분에 해당한다. [22국9]

제2장 | 행정행위

제1절 행정행위의 개념

1. 행정행위와 행정처분

1) '행정행위'의 개념
- ① 행정청이 ② 구체적 사실에 관한 법집행으로서 행하는 ③ 외부에 대한 직접적인 법적효과를 발생시키는 ④ 공법상의 ⑤ 권력상의 단독행위
- 행정권한을 위임받은 사인도 행정청으로서 행정행위를 할 수 있다.
- 부하 공무원에 대한 상관의 개별적인 직무명령은 행정행위가 아니다.
- 행정행위가 공법상의 행위라는 것은 그 행위의 근거가 공법적이라는 것이지, 행위의 효과까지 공법적이라는 것을 의미하는 것은 아니다.

2) '처분'의 개념
- "처분등"이라 함은 <u>행정청이 행하는 구체적 사실에 관한 법집행으로서의 공권력의 행사 또는 그 거부와 그 밖에 이에 준하는 행정작용</u>(이하 "처분"이라 한다) 및 행정심판에 대한 재결을 말한다. (행정소송법 제2조 제1항 제1호)
- 상대방의 권리를 제한하는 행위라 하더라도 행정청 또는 그 소속기관이나 권한을 위임받은 공공단체 등의 행위가 아닌 한 이를 행정처분이라고 할 수 없다. [22지7]
- 「행정심판법」이나 「행정소송법」에서 규정하는 처분의 정의인 "행정청이 행하는 구체적 사실에 관한 법집행행위로서 공권력의 행사 ……"에서 '공권력'이란 권력성을 의미하는 것이다.

3) '행정행위'와 '처분'의 관계
- 「행정소송법」상 '처분'의 개념과 강학상 행정행위의 개념이 다르다고 보는 견해(이원설)는 <u>처분의 개념을 강학상 행정행위의 개념보다 넓게 본다.</u>
- 행정행위를 '행정청이 법아래서 구체적 사실에 대한 법집행으로서 행하는 공법행위'로 정의하면, 공법상 계약과 공법상 합동행위도 행정행위의 개념에 포함된다.

제2절 행정행위의 종류

1. 기속행위와 재량행위

1) 기속행위와 재량행위의 구별
- 재량행위의 경우 법원은 독자적인 결론을 도출 함이 없이 당해 행위에 재량권의 일탈·남용이 있는지 여부를 심사하고, 기속행위의 경우 일정한 결론을 도출한 후 그 결론에 비추어 판단의 적법여부를 독자의 입장에서 판정한다.
- 다수설에 따르면 불확정개념의 해석은 법적 문제이기 때문에 일반적으로 전면적인 사법심사의 대상이 되고, 특정한 사실관계와 관련하여서는 원칙적으로 일의적인 해석(하나의 정당한 결론)만이 가능하다고 본다.

2) 기속행위

(1) 심사방법
- 건축법상 건축허가는 위 관계법규에서 정하는 제한사유 이외의 사유를 들어 그 허가신청을 거부할 수 없다. (예 소음공해, 먼지발생, 주변인 집단 민원 등)
- 건축허가는 대물적 성질을 갖는 것이어서 행정청으로서는 허가를 할 때에 건축주 또는 토지 소유자가 누구인지 등 인적 요소에 관하여는 형식적 심사만 한다. [22지9]
- 건축허가는 대물적 허가에 해당하므로, 허가의 효과는 허가대상 건축물에 대한 권리변동에 수반하여 이전되고 별도의 승인처분에 의하여 이전되는 것은 아니다.

(2) 부관의 부가 가능성
- 기속행위나 기속적 재량행위는 법령상 특별한 근거가 없는 한 부관을 붙일 수 없고, 붙였다 하더라도 이는 무효이다.
- 건축허가를 하면서 일정 토지를 기부채납하도록 하는 내용의 허가조건을 붙였다면, 위 허가조건은 무효이다. (취소사유 ✕)

(3) 구체적인 사례
- 국유재산의 무단점유에 대한 변상금 징수의 요건은 국유재산법에 명백히 규정되어 있으므로 변상금을 징수할 것인가는 처분청의 재량을 허용하지 않는 기속행위이다. [22지9]
- 육아휴직 중 「국가공무원법」 제73조제2항에서 정한 복직 요건인 '휴직사유가 없어진 때'에 하는 복직명령은 기속행위이므로 휴직사유가 소멸하였음을 이유로 복직을 신청하는 경우 임용권자는 지체 없이 복직명령을 하여야 한다. [22지9] [23국7]

3) 재량행위

(1) 의의 및 심사방법
- 재량권의 남용이란 재량권의 내적 한계를 벗어난 것을 말하고 재량권의 일탈이란 재량권의 외적 한계를 벗어난 것을 말한다.
- 판례는 재량권의 일탈과 남용을 명확히 구분하고 있지 않다.
- 행정청의 재량에 속하는 처분이라도 재량권의 한계를 넘거나 그 남용이 있는 때에는 법원은 이를 취소할 수 있다.
  (재량행위에 대한 법원의 심사는 재량권의 일탈 또는 남용 및 재량권의 한계 내에서의 행정청의 판단, 즉 합목적성 내지 공익성의 판단 등을 대상으로 한다. ✗ (∵합목적성 내지 공익성의 판단 등은 법원의 심사범위에 해당하지 않음)) [23국7]
- 재량행위가 위법하다는 이유로 소송이 제기된 경우에 법원은 각하할 것이 아니라 그 일탈·남용 여부를 심사하여 그에 해당하지 않으면 청구를 기각하여야 한다.

(2) 구체적인 사례
- 「국토의 계획 및 이용에 관한 법률」상 토지의 형질변경허가는 그 금지요건이 불확정개념으로 규정되어 있으므로, 동법상 지정된 도시지역 안에서 토지의 형질변경행위를 수반하는 「건축법」상의 건축허가는 재량행위에 해당한다.
- 산림형질변경허가시 법령상의 금지 또는 제한지역에 해당하지 않더라도 국토 및 자연의 유지와 상수원 수질과 같은 환경의 보전 등을 위한 중대한 공익상의 필요가 있을 경우 그 허가를 거부할 수 있다.
- 「도로교통법」상 운전면허의 취소·정지는 재량행위이지만, 경찰의 음주측정을 거부한 자에 대한 면허취소는 기속행위이다.
- 여객자동차 운수사업법 상 개인택시운송사업면허 : 재량행위 [22지9]
- 구 수도권대기환경특별법 상 대기오염물질 총량관리 사업장 설치허가 : 재량행위 [22지9]
- 「가축분뇨의 관리 및 이용에 관한 법률」에 따른 가축분뇨 처리방법 변경허가는 허가권자의 재량행위에 해당한다. [23지7]
- 출입국관리법 상 체류자격 변경허가 : 재량행위 [22지9]
- 재외동포에 대한 사증발급은 행정청의 재량행위에 해당한다. [23국7]
- 구 「주택건설촉진법」 제33조에 의한 주택건설사업계획의 승인은 재량행위에 해당한다. [23국7]

(3) 재량권의 불행사
- 처분의 근거 법령이 행정청에 처분의 요건과 효과 판단에 관하여 일정한 재량을 부여하였는데도, 행정청이 자신에게 재량권이 없다고 오인하여 전혀 비교형량하지 않은 채 처분을 하였다면, 이는 재량권 불행사로서 그 자체로 재량권 일탈·남용에 해당한다. [23지7]
- 재량권을 충분히 행사하지 않은 것도 재량권의 불행사에 해당한다.

- 법령상 침익적 처분의 임의적 감경사유가 있음에도 관할 행정청이 이를 전혀 고려하지 않았거나 감경사유에 해당하지 않는다고 오인하여 영업정지 3개월 처분을 한 경우, 재량권의 일탈 남용으로 위법하다.
- 법이 과징금 부과처분에 대한 임의적 감경규정을 두었다면 감경 여부는 행정청의 재량에 속한다고 할 것이나, 행정청이 감경사유가 있음에도 이를 전혀 고려하지 않았거나 감경사유에 해당하지 않는다고 오인한 나머지 과징금을 감경하지 않았다면 그 과징금 부과처분은 재량권을 일탈하거나 남용한 위법한 처분으로 보아야 한다.

(4) 재량권을 일탈 또는 남용하여 위법하게 되는 경우
- 법률에서 정한 액수 이상의 과태료를 부과한 처분은 위법(부당 ✘)한 처분
- 평등원칙에 위반한 처분은 위법(부당 ✘)한 처분
- 재량권을 수권한 법률상의 목적을 위반한 처분은 위법한 처분
- 고려해야할 구체적 사정을 고려하지 않고 재량권을 행사한 처분은 위법한 처분

(5) 재량행위의 일부취소 가능성
- 대법원은 처분을 할 것인지 여부와 처분의 정도에 관하여 재량이 인정되는 과징금 납부명령에 대하여 그 명령이 재량권을 일탈하였을 경우, 법원으로서는 재량권의 일탈 여부만 판단할 수 있을 뿐이지 재량권의 범위 내에서 어느 정도가 적정한 것인지에 관하여는 판단할 수 없어 그 전부를 취소할 수 밖에 없고, 법원이 적정하다고 인정하는 부분을 초과한 부분만 취소할 수는 없다고 한다.

2. 판단여지

- 불확정개념을 해석·적용함에 있어 일정한 경우 행정청에게 재량과는 성질이 다른 판단여지가 인정될 수 있고, 이 경우 법원은 행정청의 판단을 존중해주어야 한다는 견해를 말한다.
- 판단여지를 긍정하는 학설은 판단여지는 법률요건에 대한 인식의 문제이고, 재량은 법률효과에 대한 선택의 문제라는 점에서 구별하는 것이 타당하다고 본다.
- 판단여지를 부정하는 학설은 법규성의 일체성에 의해 요건 판단과 효과 선택의 문제를 구별하기 어렵다고 본다.
- 판례는 판단여지를 부정하고 이를 재량의 문제로 보고 있다.

- 공무원 임용을 위한 면접전형에서 임용신청자의 능력이나 적격성 등에 관한 판단은 면접위원의 고도의 교양과 학식, 경험에 기초한 자율적 판단에 의존하는 것으로서 면접위원의 자유재량에 속하고, 그와 같은 판단이 현저하게 재량권을 일탈·남용하지 않은 한 이를 위법하다고 할 수 없다. [23지7]

3. 명령적 행정행위

1) 하 명
- 작위·부작위·급부·수인 등 의무를 부과하거나 해제하는 내용의 행정행위를 말한다.
- 하명은 사실행위(불법광고물의 철거)뿐만 아니라 법적행위도 대상이 될 수 있다.

2) 허 가

(1) 의 의
- 예방적 금지의 해제.
- 허가의 효과는 일반적 금지를 해제함에 그치고 배타적이거나 독점적 권리 또는 능력을 설정하는 것은 아니다.
- 허가는 반드시 신청을 전제로 하지 않는다.

> ※ **허가의 예**
> - 주거지역 내의 건축허가
> - 상가지역 내의 유흥주점업 허가
> - 운전면허
> - 한의사면허

(2) 허가의 효과
- 허가는 행위의 적법요건이므로 허가를 받아야할 행위를 허가받지 않고 행한 경우, 그 행위는 행정강제나 행정벌의 대상은 되지만 행위 자체의 법률적 효력은 부인되지는 않는다.
- 허가는 그 근거가 된 법령에 의한 금지를 해제할 뿐이고 타법에 의한 금지까지 해제하는 효과를 가지지 않음이 일반적이다.
- 공무원인 甲이 강학상 허가에 해당하는「식품위생법」상 영업허가를 신청하여 허가를 받으면 이는 식품위생법상 금지를 해제할 뿐이지,「국가공무원법」상의 영리업무금지까지 해제하여 주는 효과가 있는 것은 아니다.
- 허가의 효과는 당해 허가 행정청의 관할구역 내에서만 미치는 것이 원칙이지만 법령의 규정이 있거나 허가의 성질상 관할구역에 국한시킬 것이 아닌 경우에는 관할 구역 외에까지 그 효과가 미치게 된다.

(3) 법 적용의 기준시
- 허가신청후 허가기준이 변경되었다 하더라도 허가관청이 허가신청을 수리하고도 정당한 이유 없이 그 처리를 늦추어 그 사이에 허가기준이 변경된 것이 아닌 이상, 허가관청은 변경된 허가기준에 따라서 처분을 하여야 한다.

- 행정처분은 원칙으로 처분시의 법령에 준거하여 행하여져야 하는 것이므로 법령의 개정(시의 조례개정 포함)으로 허가기준이 변경된 경우에는 그 법령에 특단의 정함이 없는 한 <u>신청시의 법령이 아닌 처분시의 개정법령에 의한 변경된 새로운 허가기준이 적용되어야 한다.</u>
  (= 건축허가 신청 후 건축허가기준에 관한 관계 법령 및 조례의 규정이 신청인에게 불리하게 개정된 경우, 당사자의 신뢰를 보호하기 위해 처분시가 아닌 신청시 법령에서 정한 기준에 의하여 건축허가 여부를 결정하는 것이 원칙이다. ✘)

(4) 허가권자의 영업상 이익
- 허가로 인하여 받는 이익은 법적으로 보호되는 이익이 아니라 <u>반사적 이익</u>이라는 견해가 다수설이다. (이견은 있음)
- 허가권자에게 허가가 부여된 이후 새로운 사업자에게 신규허가가 행해진 경우, 기존허가권자는 특별한 규정이 없는 한 신규허가를 다툴 수 있는 원고적격이 인정되지 않는다.

(5) 허가의 기간
- 일반적으로 행정처분에 효력기간이 정하여져 있는 경우에는 그 기간의 경과로 그 행정처분의 효력은 상실되고, 다만 허가에 붙은 기한이 그 허가된 사업의 성질상 부당하게 짧은 경우에는 이를 그 허가 자체의 존속기간이 아니라 그 <u>허가조건의 존속기간</u>으로 볼 수 있다. 이에 따라 기한이 도래함으로써 그 조건의 개정을 고려한다는 뜻으로 해석할 수 있다.
- 허가의 갱신은 허가취득자에게 종전의 지위를 계속 유지시키는 효과를 갖게 하는 것으로 <u>갱신 후라도 갱신 전 법위반 사실을 근거로 허가를 취소할 수 있다.</u>
- 허가기간이 연장되기 위하여는 그 종기가 도래하기 전에 그 허가기간의 연장에 관한 신청이 있어야 하며, 만일 그러한 <u>연장신청이 없는 상태에서 허가기간이 만료하였다면 그 허가의 효력은 상실된다.</u>
- 허가의 유효기간이 지난 후에 그 허가의 연장이 신청된 경우, 이는 <u>새로운 허가의 신청</u>일 뿐이므로 행정청은 반드시 유효기간을 연장해주어야 하는 것은 아니다. [22국가]
- 종전의 허가의 유효기간이 지난후에 한 허가기간 연장신청은 종전의 허가처분과는 별도의 새로운 허가를 내용으로 하는 행정처분을 구하는 것이라고 보아야 한다.
- 일반적으로 행정처분에 효력기간이 정하여져 있는 경우에는 그 기간의 경과로 그 행정처분의 효력은 상실되고, 다만 허가에 붙은 기한이 그 허가된 사업의 성질상 부당하게 짧은 경우에는 이를 그 허가 자체의 존속기간이 아니라 그 허가조건의 존속기간으로 보아 그 기한이 도래함으로써 그 조건의 개정을 고려한다는 뜻으로 해석할 수 있지만, 이와 같이 당초에 붙은 기한을 허가 자체의 존속기간이 아니라 허가조건의 존속기간으로 보더라도 그 후 당초의 기한이 상당 기간 연장되어 연장된 기간을 포함한 존속기간 전체를 기준으로 볼 경우 더 이상 허가된 사업의 성질상 부당하게 짧은 경우에 해당하지 않게

된 때에는 관계 법령의 규정에 따라 허가 여부의 재량권을 가진 행정청으로서는 그 때에도 허가조건의 개정만을 고려하여야 하는 것은 아니고 <u>재량권의 행사로서 더 이상의 기간연장을 불허가할 수도 있는 것이며, 이로써 허가의 효력은 상실된다.</u>

> ※ 유의
> - 어업에 관한 허가 또는 신고의 경우에는 어업면허와 달리 유효기간 연장제도가 마련되어 있지 아니하므로 그 유효기간이 경과하면 그 허가나 신고의 효력이 당연히 소멸하며, 재차 허가를 받거나 신고를 하더라도 허가나 신고의 기간만 갱신되어 종전의 어업허가나 신고의 효력 또는 성질이 계속된다고 볼 수 없고 새로운 허가 내지 신고로서의 효력이 발생한다.

(6) **구별개념 - 예외적 승인**
- 억제적 금지의 해제, <u>재량행위</u>
- 「도시계획법」상 <u>개발제한구역</u> 내에서의 건축허가
- <u>학교환경위생정화구역</u>내의 유흥주점업 허가

4. 형성적 행정행위

1) 특 허
- 상대방에게 권리, 능력, 법적 지위, 포괄적 법률관계를 설정하는 특허는 형성적 행정행위이며 원칙적으로 재량행위이다. [23국7]
- 특허는 반드시 신청을 전제로 한다.

> ※ **특허의 예**
> - <u>주택재개발조합설립인가</u> (공법인으로서의 지위 부여)
> - 「도시 및 주거환경정비법」에 따른 <u>토지등 소유자에 대한 사업시행인가</u>처분
> - 「여객자동차 운수사업법」에 의한 <u>개인택시운송사업면허</u>
> - <u>철도·버스 등의 운송사업에 대한 허가</u>
> - <u>전기·가스 등의 공급사업 허가</u>
> - 구 「지방재정법」에 따른 <u>행정재산의 사용허가</u>
> - <u>공유수면점용허가</u>
>   (= 공유수면의 점용·사용허가는 특정인에게 공유수면 이용권이라는 독점적 권리를 설정하여 주는 처분이 아니라 일반적인 상대적 금지를 해제하는 처분이다. ✗ [22지9])
> - 「공유수면매립법」에 따른 <u>공유수면매립면허</u>
> - 법률에서 정한 귀화요건을 갖춘 신청에 대한 법무부장관의 <u>귀화허가</u>

- 「출입국관리법」상 체류자격 변경허가
- 구 「수도권 대기환경개선에 관한 특별법」상 대기오염물질 총량관리사업장 설치의 허가
- 개발촉진지구 안에서 시행되는 지역개발사업에 관한 지정권자의 실시계획승인처분

2) 인 가

(1) 의의 및 내용
- 당사자의 법률적 행위를 보충하여 그 법률적 행위를 보충하여 그 법률적 효력을 완성시키는 행정청의 보충적 의사표시를 말한다. (인가는 효력요건)
- 인가는 보충적 행위이므로 신청을 전제로 한다.
- 인가의 대상이 되는 기본행위는 법률행위만 해당한다. (사실행위는 ✗)
- 인가의 대상이 되는 법률행위에는 공법상 행위도 있고 사법상 행위도 있다.

※ 인가의 예
- 「도시 및 주거환경정비법」상 도시환경정비사업조합이 수립한 사업시행계획인가
- 주택재개발정비사업을 위한 관리처분계획인가
- 주택조합의 조합장 명의변경에 대한 시장, 군수 또는 자치구 구청장의 인가
- 「민법」에 따른 재단법인의 정관변경 허가
- 「국토의 계획 및 이용에 관한 법률」상 토지거래허가
- 재단법인의 임원취임승인 신청에 대한 승인
- 「사립학교법」상 학교법인의 임원에 대한 임원취임승인행위
- 「사회복지사업법」상 사회복지법인의 정관변경허가 (재량행위)
- 「자동차관리법」상 자동차관리사업자로 구성하는 사업자단체인 조합 또는 협회의 설립인가 [23지9]
- 공유수면매립면허로 인한 권리의무의 양도·양수 약정은 이에 대한 면허관청의 인가를 받지 않은 이상 법률상 효력이 발생하지 않는다.

(2) 인가의 효과
- 인가는 기본행위의 효력을 완성시켜 주는 보충적 행위이므로 기본행위가 무효인 경우에는 이에 대한 인가가 내려지더라도 그 인가는 무효이다. [23국7]
- 기본행위에 하자가 있을 때에는 그에 대한 인가가 있었다고 하여도 기본행위의 하자가 치유된다거나 기본행위가 유효한것으로 될 수 없다.

(3) 쟁송방법
- 기본행위는 적법하고 인가 자체에만 하자가 있다면 그 인가의 무효나 취소를 주장할 수

있다.
- 인가처분에 하자가 없다면 기본행위에 하자가 있다 하더라도 <u>기본행위의 무효를 내세워 바로 그에 대한 행정청의 인가처분의 취소 또는 무효확인을 소구할 법률상의 이익이 없다.</u> [22국7]
- 재단법인의 정관변경 결의가 적법 유효하고 보충행위인 인가처분 자체에만 하자가 있다면 그 인가 처분의 무효나 취소를 주장할 수 있다.

> ※ **재개발·재건축 관련 판례**
>
> ❶ **조합설립추진위원회 구성승인처분**
> - 조합설립추진위원회(이하 '추진위원회'라고 한다) 구성승인처분은 조합의 설립을 위한 주체인 추진위원회의 구성행위를 보충하여 그 효력을 부여하는 <u>강학상 인가</u>로서, 구성승인처분 자체에 하자가 있는 경우에는 이를 항고소송으로 다툴 수 있다. [22지7] [23지9]
> - 추진위원회 구성승인처분을 다투는 소송 계속 중에 조합설립인가처분이 이루어진 경우에는, 추진위원회 구성승인처분에 위법이 존재하여 조합설립인가 신청행위가 무효라는 점 등을 들어 직접 조합설립인가처분을 다툼으로써 정비사업의 진행을 저지하여야 할 것이고, 이와는 별도로 추진위원회 구성승인처분에 대하여 취소 또는 무효확인을 구할 소의 이익은 인정되지 않는다.
>
> ❷ **조합설립인가**
> - 행정청이 도시정비법 등 관련 법령에 근거하여 행하는 조합설립인가처분은 단순히 사인들의 조합설립행위에 대한 보충행위로서의 성질을 갖는 것에 그치는 것이 아니라 법령상 요건을 갖출 경우 도시정비법상 주택재건축사업을 시행할 수 있는 권한을 갖는 <u>행정주체(공법인)로서의 지위를 부여하는 일종의 설권적 처분</u>의 성격을 갖는다. [22지7]
> - 주택재건축조합설립인가 후 주택재건축조합설립 결의에 하자가 있음을 이유로 재개발조합설립의 효력을 부정하기 위해서는 <u>항고소송으로 조합설립인가처분의 효력을 다투어야</u> 한다. (조합설립결의부분에 대한 효력유무를 민사소송으로 다툴 수는 없다.) [23국9]
>
>> - 주택재건축조합의 정관변경에 대한 시장·군수등의 인가는 그 대상이 되는 기본행위를 보충하여 법률상 효력을 완성시키는 행위로서 이러한 인가를 받지 못한 경우 변경된 정관은 효력이 없고, <u>시장 등이 변경된 정관을 인가하더라도 정관변경의 효력이 총회의 의결이 있었던 때로 소급하여 발생한다고 할 수 없다.</u> [22지7]
>
> ❸ **사업시행계획인가**
> (1) 사업시행계획인가의 법적성질
> - 판례는 사업시행계획인가의 법적성질을 강학상 인가로 보고 있다.

(2) 사업시행계획에 하자가 있는데 인가에 대한 무효확인이나 취소를 구한 경우 [23지]9]
- 주택재개발정비사업조합이 수립한 사업시행계획은 관할 행정청의 인가·고시가 이루어지면 이해관계인들에게 구속력이 발생하는 독립된 행정처분에 해당하고, 관할 행정청의 사업시행계획 인가처분은 사업시행계획의 법률상 효력을 완성시키는 보충행위에 해당한다. 따라서 <u>기본행위인 사업시행계획에는 하자가 없는데 보충행위인 인가처분에 고유한 하자가 있다면 그 인가처분의 무효확인이나 취소를 구하여야 할 것이지만, 인가처분에는 고유한 하자가 없는데 사업시행계획에 하자가 있다면 사업시행계획의 무효확인이나 취소를 구하여야 할 것이지 사업시행계획의 무효를 주장하면서 곧바로 그에 대한 인가처분의 무효확인이나 취소를 구하여서는 안된다.</u>

(3) 사업시행계획이 확정된 경우 총회결의무효확인의 소를 제기할 이익이 있는지 여부
- 재건축정비사업조합이 이러한 행정주체의 지위에서 위 법에 기초하여 수립한 사업시행계획은 인가·고시를 통해 확정되면 이해관계인에 대한 구속적 행정계획으로서 독립된 행정처분에 해당하고, 이와 같은 사업시행계획안에 대한 조합 총회결의는 그 행정처분에 이르는 절차적 요건 중 하나에 불과한 것으로서, <u>그 계획이 확정된 후에는 항고소송의 방법으로 계획의 취소 또는 무효확인을 구할 수 있을 뿐, 절차적 요건에 불과한 총회결의 부분만을 대상으로 그 효력 유무를 다투는 확인의 소를 제기하는 것은 허용되지 아니하고</u>, 한편 이러한 항고소송의 대상이 되는 행정처분의 효력이나 집행 혹은 절차속행 등의 정지를 구하는 신청은 행정소송법상 집행정지신청의 방법으로서만 가능할 뿐 민사소송법상 가처분의 방법으로는 허용될 수 없다.

❹ 관리처분계획인가

[1] 관리처분계획인가의 법적성질 및 쟁송수단
- (인가 전) 「도시 및 주거환경정비법」상 주택재건축정비사업조합을 상대로 관리처분계획안에 대한 조합 총회결의의 효력을 다투는 소송은 당사자소송에 해당하고, 당해 소송에서 「민사집행법」상 가처분에 관한 규정이 준용된다. [22지]7]
- 관리처분계획인가는 주택개량재개발조합의 관리처분계획에 대한 법률상의 효력을 완성시키는 보충행위로서 인가에 해당한다.
- 따라서 그 기본이 되는 관리처분계획에 하자가 있을 때에는 그에 대한 인가가 있었다 하여도 기본행위인 관리처분계획이 유효한 것으로 될 수 없으며, 다만 그 기본행위가 적법·유효하고 보충행위인 인가처분 자체에만 하자가 있다면 그 인가처분의 무효나 취소를 주장할 수 있다고 할 것이지만, 인가처분에 하자가 없다면 기본행위에 하자가 있다 하더라도 따로 그 기본행위의 하자를 다투는 것은 별론으로 하고 기본행위의 무효를 내

세워 바로 그에 대한 행정청의 인가처분의 취소 또는 무효확인을 소구할 법률상의 이익이 있다고 할 수 없다.
- 행정청은 관리처분계획에 대한 인가처분을 하면서 기부채납과 같은 조건을 붙일 수 없다.
- 「도시 및 주거환경정비법」상 당초 관리처분계획의 경미한 사항을 변경하는 경우와 달리 관리처분계획의 <u>주요부분을 실질적으로 변경하는 내용</u>으로 새로운 관리처분계획을 수립하여 관할 행정청의 인가를 받은 경우, 당초 관리처분계획은 원칙적으로 그 효력을 <u>상실한다.</u>

❺ 이전고시가 효력을 발생한 이후 관리처분계획의 취소 또는 무효확인을 구할 법률상 이익이 있는지 여부
- 이전고시의 효력 발생으로 이미 대다수 조합원 등에 대하여 획일적·일률적으로 처리된 권리귀속 관계를 모두 무효화시키고 다시 처음부터 관리처분계획을 수립하여 이전고시 절차를 거치도록 하는 것은 정비사업의 공익적·단체법적 성격에 배치된다고 할 것이므로, <u>이전고시가 그 효력을 발생하게 된 이후에는 조합원 등이 관리처분계획의 취소 또는 무효확인을 구할 법률상 이익이 없다.</u>

❻ 토지소유자들이 직접 시행하는 도시환경정비사업에서 시행인가는 설권적 처분 [23지19]
- 토지 등 소유자들이 직접 시행하는 도시환경정비사업에서 토지 등 소유자에 대한 사업시행인가처분은 단순히 사업시행계획에 대한 보충행위로서의 성질을 가지는 것이 아니라 구 도시정비법상 정비사업을 시행할 수 있는 권한을 가지는 행정주체로서의 지위를 부여하는 일종의 설권적 처분의 성격을 가진다.
- 토지 등 소유자들이 도시환경정비사업을 위한 조합을 따로 설립하지 아니하고 직접 그 사업을 시행하고자 하는 경우, 사업시행계획인가처분은 일종의 설권적 처분의 성격을 가지므로 토지 등 소유자들이 작성한 사업시행계획은 독립된 행정처분이 아니다. [22지17]

> **사례** [22지19]
>
> 도시 및 주거환경정비법에 따라 설립된 A 주택재건축정비사업조합은 관할 B구청장으로부터 ㉠ 조합설립인가를 받은 후, 조합총회에서 재건축 관련 ㉡ 관리처분계획에 대한 의결을 하였고, 관할 B 구청장으로부터 위 ㉢ 관리처분계획에 대한 인가를 받았다. 이후 조합원 甲은 위 관리처분계획의 의결에는 조합원 전체의 4/5 이상의 결의가 있어야 함에도 불구하고, 이를 위반하여 위법한 것임을 이유로 ㉣ 관리처분계획의 무효를 주장하며 소송으로 다투려고 한다.
>
> ① ㉠과 ㉢의 인가의 강학상 법적 성격은 동일하다. ✗ (㉠은 특허, ㉢은 인가)

② 甲이 ⓒ에 대해 소송으로 다투려면 A주택재건축정비사업조합을 상대로 민사소송을 제기하여야 한다. ✗ (관리처분계획에 대한 항고소송)
③ 甲이 ⓔ에 대해 소송으로 다투려면 항고소송을 제기하여야 한다.
④ 甲이 ⓔ에 대해 소송으로 다투려면 B 구청장을 피고로 하여야 한다. ✗ (조합이 피고가 됨)

3) 대 리 [23국7]

5. 준법률행위적 행정행위

1) 확 인
- 특정한 사실이나 법률관계의 존재 여부에 대해 의문이 있는 경우, 공권적으로 그 존부 또는 정부를 판단하는 행위

※ 확인의 예
- 선거당선인 결정, 장애등급결정, 행정심판의 재결 [23국7]
- 국가시험합격자 결정, 발명특허
- 「친일반민족행위자 재산의 국가귀속에 관한 특별법」에 따른 친일재산의 국가귀속결정은 당해 재산이 친일재산에 해당한다는 사실을 확인하는 행위

2) 공 증
- 의문 또는 다툼이 없는 사항에 대해 특정한 사실 또는 특정한 법률관계의 존부를 공적 권위로서 증명하는 행정행위. [23국7]
  예) 각종 증명서 발급, 서울특별시장의 의료유사업자 자격증 갱신발급행위

※ 처분성 부정례
- 자동차운전면허대장상 일정한 사항의 등재행위는 운전면허행정사무집행의 편의와 사실증명의 자료로 삼기 위한 것일 뿐 그 등재행위로 인하여 당해 운전면허 취득자에게 새로이 어떠한 권리가 부여되거나 변동 또는 상실되는 효력이 발생하는 것은 아니므로 행정소송의 대상이 되는 처분으로 볼 수 없다. [22국7]
- 무허가건물등재대장 삭제행위는 처분 ✗
- 행정청이 한 행위가 단지 사인간 법률관계의 존부를 공적으로 증명하는 공증행위에 불과하여 그 효력을 둘러싼 분쟁의 해결이 사법원리에 맡겨져 있는 경우에는 항고소송의 대상이 될 수 없음.
- 사인간의 법률관계의 존부를 공적으로 증명하는 법무법인의 공증행위는 처분 ✗

※ **처분성 인정례**
- 지목변경신청 반려행위
- 건축물대장용도변경신청거부 [22국기]
- 건축물대장 직권말소행위, 건축물대장 작성신청거부
- 지적소관청의 토지분할신청에 대한 거부

3) 통 지
- 특정인 또는 불특정 다수인에게 일정 사실을 알리는 행정행위(예 특허출원의 공고)
- 국가공무원법상 당연퇴직은 결격사유가 있을 때 법률상 당연히 퇴직하는 것이지 공무원관계를 소멸시키기 위한 별도의 행정처분을 요하는 것이 아니며, 당연퇴직의 인사발령은 법률상 당연히 발생하는 퇴직사유를 공적으로 확인하여 알려주는 이른바 관념의 통지에 불과하고 공무원의 신분을 상실시키는 새로운 형성적 행위가 아니므로 행정소송의 대상이 되는 독립한 행정처분이라고 할 수 없다. (준법률행위적 행정행위 중 하나인 통지 ✘) [22국기]

4) 수 리
- 수리행위의 대상인 기본행위가 존재하지 않거나 무효인 때에는 그 수리행위는 당연무효(판례)

제3절 행정행위의 부관

1. 행정행위의 부관

1) 부관의 의의 및 성질

- 주된 행정행위에 부가된 종된 규율을 말한다.

- 부관은 행정청이 일방적으로 부가할 수도 있지만 상대방과 협의하여 협약의 형식으로 미리 정한 다음 부과할 수도 있다.
   (= 수익적 행정처분에 있어서는 부담을 부가하기 이전에 상대방과 협의하여 부담의 내용을 협약의 형식으로 미리 정한 다음 행정처분을 하면서 이를 부가할 수도 있다. [22지7])

- 부당결부금지원칙에 위반하여 허용되지 않는 부관을 행정처분과 상대방 사이의 사법상 계약의 형식으로 체결하는 것은 허용되지 않는다.
   (= 행정처분과 부관 사이에 실제적 관련성이 있다고 볼 수 없는 경우, 공무원이 공법상의 제한을 회피할 목적으로 행정처분의 상대방과 사이에 사법상 계약을 체결하는 형식을 취하였다면 이는 법치행정의 원리에 반하는 것으로서 위법하다.)
   (= 행정처분과 실제적 관련성이 없어 부관을 붙일 수 없는 경우에도 사법상 계약의 형식으로 공법상 제한을 회피할 수 있다. ✗ [22지9])

> ※ 구별개념 : 법정부관
> - 법령 자체가 직접 규정하고 있는 행정행위의 부관
> - 법정부관은 법령 자체가 직접 행정행위의 조건, 기한 등을 규정하고 있으므로 부관이 아님
> - 법정부관에는 일반적인 부관의 한계에 관한 원칙이 적용되지 않음.

2) 부관의 종류

(1) 조 건
- 행정행위의 효력 발생 또는 소멸을 발생이 불확실한 장래의 사실에 의존시키는 부관을 말한다.

  - **정지조건** : 정지조건의 성취에 의해 행정행위의 효력을 발생시키는 조건
     예 "시설완성"을 조건으로 한 학교법인설립인가
  - **해제조건** : 해제조건의 성취에 의해 행정행위의 효력을 소멸시키는 조건
     예 "3개월 내 공사에 착수할 것"을 조건으로 한 공유수면매립면허

- 정지조건부 행정행위는 조건의 성취여부가 정해지지 않은 동안에는 그 효력이 불확정한 상태에 있지만 해제조건부 행정행위는 조건성취에 의해 그 효력을 상실한다.
- 해제조건부 행정행위에 있어서 조건의 성취, 종기부 행정행위에 있어서 종기의 도래는

행정행위의 효력의 소멸을 가져온다.

(2) 기 한
- 행정행위의 효력의 발생 또는 소멸을 발생이 확실한 장래의 사실에 의존시키는 부관을 말한다.

(3) 부 담

(가) 의 의
- 주된 행정행위에 부가하여 상대방에게 작위·부작위·급부 등의 의무를 부과하는 부관을 말한다.

(나) 구별개념
- 학설의 다수 견해는 수정부담을 부관이 아닌 새로운 형태의 행정행위로 본다.

(다) 부담의 불이행
- 부담에 의하여 부과된 의무를 이행하지 않았다고 하여 본체인 행정행위 자체가 당연히 효력을 상실하는 것이 아니다.
- 부담부 행정행위의 경우에는 부담을 이행하지 않아도 행정행위의 효력이 발생한다.
- 다만 처분의 상대방이 부담을 이행하지 않는 경우 처분행정청은 이를 들어 당해 처분을 철회할 수 있다. 이 경우에도 이익형량에 따른 철회의 제한이 적용된다.

(라) 부담과 조건의 구별
- 행정행위에 붙여진 부관의 성격이 조건인지 부담인지 명백하지 않은 경우에는 독립하여 취소소송의 대상이 되는 부담으로 본다.

(4) 철회권의 유보
- 일정한 사정이 발생한 경우 행정행위를 철회할 수 있는 권한을 행정청에 유보하는 부관을 말한다.
- 철회권의 유보는 상대방의 신뢰보호 주장을 배제시키는 기능을 한다.
- 철회사유가 발생했다 하더라도 자유롭게 철회할 수 있는 것이 아니라 공익상 사유와 상대방의 신뢰이익을 이익형량 하여야 한다.
- 철회권이 유보된 경우라도, 철회권의 행사는 그 자체만으로는 정당화되지 않고 그 외에 철회의 일반적 요건이 충족되어야 한다.
- 행정청이 종교단체에 대하여 기본재산전환인가를 함에 있어 인가조건을 부가하고 그 불이행시 인가를 취소할 수 있도록 한 경우, 그 인가조건의 의미는 철회권의 유보이다.

(5) 법률효과의 일부 배제
- 행정행위의 효과 중 일부를 행정청의 행위로 배제하는 것을 말한다.
- 법률효과의 일부배제는 법령상에 규정된 효과의 일부를 배제하는 것이어서 반드시 법령상 명시적 근거를 필요로 한다.

- 공유수면매립준공인가처분 중 매립지 일부에 대하여 한 국가 및 지방자치단체에의 귀속처분은 독립하여 행정소송의 대상이 될 수 없다.

2. 부관의 한계

1) 부가 가능성

> **행정기본법 제17조(부관)** ① 행정청은 처분에 재량이 있는 경우에는 부관(조건, 기한, 부담, 철회권의 유보 등을 말한다. 이하 이 조에서 같다)을 붙일 수 있다. [23국가][23국9]
> ② 행정청은 처분에 재량이 없는 경우에는 법률에 근거가 있는 경우에 부관을 붙일 수 있다. [23국가]

- 수익적 행정행위는 법령에 특별한 근거규정이 없어도 부관을 붙일 수 있다.
  (=일반적으로 보조금 교부결정은 법령과 예산에서 정하는 바에 엄격히 기속되므로, 행정청은 보조금 교부결정을 할 때 조건을 붙일 수 없다. ✘ (보조금 교부결정은 재량행위 ○) [22지기])

2) 시간적 한계 - 사후부관 가능성

> **행정기본법 제17조(부관)** ③ 행정청은 부관을 붙일 수 있는 처분이 다음 각 호의 어느 하나에 해당하는 경우에는 그 처분을 한 후에도 부관을 새로 붙이거나 종전의 부관을 변경할 수 있다.
> 1. 법률에 근거가 있는 경우
> 2. 당사자의 동의가 있는 경우
> 3. 사정이 변경되어 부관을 새로 붙이거나 종전의 부관을 변경하지 아니하면 해당 처분의 목적을 달성할 수 없다고 인정되는 경우 [23국가]

- 부관은 면허 발급 당시에 붙이는 것뿐만 아니라 면허 발급 이후에 붙이는 것도 법률에 명문의 규정이 있거나 변경이 미리 유보되어 있는 경우 또는 상대방의 동의가 있는 경우 등에는 특별한 사정이 없는 한 허용된다. [23국9]
- 부관의 사후변경은 종전의 부관을 변경하지 아니하면 해당 처분의 목적을 달성할 수 없는 경우가 아니라면 인정되지 않는다. ✘ [22지9]

3) 내용상 한계

> **행정기본법 제17조(부관)** ④ 부관은 다음 각 호의 요건에 적합하여야 한다. [23국가]
> 1. 해당 처분의 목적에 위배되지 아니할 것
> 2. 해당 처분과 실질적인 관련이 있을 것
> 3. 해당 처분의 목적을 달성하기 위하여 필요한 최소한의 범위일 것

- 기선선망어업의 허가를 하면서 운반선, 등선 등 부속선을 사용할 수 없도록 제한한 부관은 그 어업허가의 목적달성을 사실상 어렵게 하여 그 본질적 효력을 해하는 것이므로 위법한 것이다. [23국9]

- 처분을 하면서 처분과 관련한 소의 제기를 금지하는 내용의 부제소특약을 부관으로 붙이는 것은 허용되지 않는다.
- 부관은 주된 행정행위와 실질적 관련성이 있어야 한다. (원인적 관련성 + 목적적 관련성)
- 주택건축허가를 하면서 영업목적으로만 사용할 것을 부관으로 정한 경우에, 이러한 부관은 주된 행정행위의 목적에 위배된다.

3. 부관의 하자

1) 흠있는 부관과 주된 행정행위의 효력
- 원　칙 : 부관만 무효
- 예　외 : 부관이 주된 행정행위의 본질적 요소이면, 주된 행정행위도 무효

- 공유재산의 관리청이 기부채납된 행정재산에 대하여 행하는 사용·수익 허가의 경우, 부관인 사용·수익 허가의 기간에 위법사유가 있다면 허가 전부가 위법하게 된다.

2) 부관의 위법여부 판단시기
- 행정청이 수익적 행정처분을 하면서 부가한 부담이 처분 당시 법령을 기준으로는 적법하였지만 처분 후 부담의 전제가 된 주된 행정처분의 근거법령이 개정됨으로써 행정청이 더 이상 부관을 붙일 수 없게 되었더라도, 당초 부가된 부관이 위법하게 되는 것은 아니다. [22시7]
- 행정처분의 상대방이 수익적 행정처분을 얻기 위하여 행정청과 사이에 행정처분에 부가할 부담에 관한 협약을 체결하고 행정청이 수익적 행정처분을 하면서 협약상의 의무를 부담으로 부가하였으나 부담의 전제가 된 주된 행정처분의 근거법령이 개정됨으로써 행정청이 더 이상 부관을 붙일 수 없게 된 경우에도 곧바로 협약의 효력은 소멸하지 않는다.

3) 부관의 독립쟁송 가능성

(1) 부담의 경우
- 부담은 독립된 처분성이 인정되므로 독립하여 쟁송의 대상으로 삼을 수 있다.
- 이때 소송의 형태는 '진정일부취소소송'에 해당한다.

(2) 부담 이외의 부관의 경우
- 부담 이외의 부관은 부관부 행정행위 전부를 다퉈야 하고, 독립쟁송이 불가능하다.
  (부담 이외의 부관은 진정일부취소소송 ✖ 부진정일부취소소송도 ✖)
- 형식상 부관부 행위 전체를 소송의 대상으로 하면서 내용상 일부, 즉 부관만의 취소를 구하는 소송 형태는 부진정일부취소소송이다.

- 부담 이외의 부관으로 인하여 권리를 침해당한 자는 ① 부관부 행정행위 전체에 대해 취소소송을 제기하거나, ② 행정청에 부관이 없는 행정행위로 변경해줄 것을 청구한 다음 그것이 거부된 경우 거부처분 취소소송을 제기할 수 있다.
- 행정재산에 대한 기한부 사용·수익허가를 받은 경우, 그 사용·수익허가의 기간에 대하여 독립하여 행정소송을 제기할 수 없다. [22지9]
- 행정행위에 부가된 허가기간은 그 자체로서 항고소송의 대상이 될 수 없지만 그 기간의 연장신청의 거부에 대해서는 항고소송을 청구할 수 있다.

- 부담이 아닌 부관은 독립하여 행정소송의 대상이 될 수 없으므로 이의 취소를 구하는 소송에 대하여는 각하판결을 하여야 한다.

(3) 부관의 독립취소 가능성
- 부담은 조건과 달리 본체인 행정행위의 불가분적 요소가 아니다.
- 부담은 다른 부관과 달리 그 자체로 취소소송의 대상적격이 된다.

4) 부담과 부담의 이행으로 인한 사법행위의 효력

- ① 행정처분에 붙인 부담인 부관이 무효인 경우, 그 부담의 이행으로 한 사법상 법률행위도 당연히 무효가 되는 것은 아니다.
  (행정처분에 부가한 부담이 무효인 경우에는 그 부담의 이행으로 이루어진 사법상 법률행위도 무효가 된다. ✘ [22지9])
- 무효인 부담이 붙은 행정행위의 상대방이 그 부담의 이행으로 사법상 법률행위를 한 경우에 그 사법상 법률행위 자체가 당연무효로 되는 것은 아니다.

- ② 부담의 이행으로 하게 된 사법상 매매 등의 법률행위는 부담을 붙인 행정처분과는 별개의 법률행위이므로, 그 부담의 불가쟁력의 문제와는 별도로 법률행위가 사회질서 위반이나 강행규정에 위반되는지 여부 등을 따져보아 그 법률행위의 유효 여부를 판단하여야 한다.
- 즉 행정처분에 붙은 부담인 부관이 불가쟁력이 생겼다 하더라도, 부담의 이행으로써 하게 된 매매 등 사법상 법률행위의 효력을 민사소송으로 다툴 수 있다.

- ③ 토지소유자가 토지형질변경행위허가에 붙은 기부채납의 부관에 따라 토지를 국가나 지방자치단체에 기부채납(증여)한 경우, 기부채납의 부관이 당연무효이거나 취소되지 아니한 이상 토지소유자는 위 부관으로 인하여 증여계약의 중요부분에 착오가 있음을 이유로 증여계약을 취소할 수 없다. [22지7] [23국9]

제4절 행정행위의 적법요건 및 효력발생요건

1. 행정행위의 성립요건
- 행정의사가 외부에 표시되어 행정청이 자유롭게 취소·철회할 수 없는 구속을 받게 되는 시점에 처분이 성립하고, 그 성립여부는 행정청이 행정의사를 공식적인 방법으로 외부에 표시하였는지를 기준으로 판단해야 한다.

2. 행정행위의 효력요건
- 행정처분의 송달은 도달주의를 취한다. (행정절차법 15조 1항)
- 행정행위의 효력발생요건으로서의 도달은 상대방이 그 내용을 현실적으로 알 필요까지는 없고, 다만 알 수 있는 상태에 놓임으로써 충분하다.
- 처분의 통지는 행정처분을 상대방에게 표시하는 것으로서 상대방이 인식할 수 있는 상태에 둠으로써 족하고, 객관적으로 보아 행정처분으로 인식할 수 있도록 고지하면 된다.
- 상대방 있는 행정처분이 상대방에게 고지되지 아니한 경우에는 특별한 규정이 없는 한 상대방이 다른 경로를 통해 행정처분의 내용을 알게 되었다고 하더라도 행정처분의 효력이 발생한다고 볼 수 없다. [22국7]
- 행정행위는 상대방에 대한 통지(도달)로서 효력이 발생하며, 행정청은 개별법에서 달리 정하지 않는 한 제3자인 이해관계인에 대한 행정행위 통지의무를 부담하지 않는다.

1) 상대방이 특정인인 경우 : 도달주의

① 우편송달	- 보통우편으로 발송되었다는 사실만으로는 우편물이 상당 기간내에 도달하였다고 추정할 수 없다. / 송달의 효력을 주장하는 측에서 증거에 의하여 이를 입증하여야 한다. - 보통우편에 의한 송달과 달리 등기우편에 의한 송달은 반송 등 기타 특별한 사유가 없는 한 배달된것으로 추정된다. - 등기에 의한 우편송달의 경우라도 수취인이 주민등록지에 실제로 거주하지 않는 경우에는 우편물의 도달사실을 처분청이 입증해야 한다. - 수취인이 주민등록지에 실제로 거주하고 있지 아니하면서 전입신고만을 해 두었고, 그 밖에 주민등록지 거주자에게 송달수령의 권한을 위임하였다고 보기 어려운 사정이 인정된다면, 등기우편으로 발

	송된 납세고지서가 반송된 사실이 인정되지 아니한다 하여 납세의 무자에게 송달된 것이라고 볼 수는 없다.
② 교부송달	- 교부에 의한 송달은 수령확인서를 받고 문서를 교부함으로써 하며, 송달하는 장소에서 송달받은 자를 만나지 못한 경우에는 그 <u>사무원, 피용자, 동거자</u>로서 사리를 분별할 지능이 있는 자에게 교부할 수 있다. - 수취인이 <u>송달을 회피하는 정황</u>이 있어 부득이 사업장에 납세고지서를 두고 왔다고 하더라도 이로써 그 납세고지서가 <u>송달되었다고 볼 수는 없다.</u>
③ 정보통신망을 이용한 송달	- 송달받을자가 <u>동의</u>하는 경우에 한한다. - 송달받을 자가 지정한 컴퓨터 등에 <u>입력된 때</u>에 도달된것으로 본다. [23국9]
④ 공고의 경우 (공시송달)	- i) 송달받을 자의 <u>주소 등을 통상의 방법으로 확인불가</u> 또는 ii) 송달이 불가능 - 관보, 공보, 게시판, 일간신문 중 하나 이상에 <u>공고</u>하고 인터넷에도 공고 [23국9] - 다른법령상 특별한 규정이 없는 한, 공고일로부터 <u>14일</u> 경과시 효력발생

- 행정청은 송달하는 문서의 명칭, 송달받은 자의 성명 또는 명칭, 발송방법 및 발송 연월일을 확인할 수 있는 기록을 보존하여야 한다.

2) 상대방이 불특정 다수인 경우
- 고시 또는 공고 [∵개별적으로 통지할 수 없음]
  - 공고문서에 <u>효력발생 시기가 규정되어 있으면</u> : 그때 효력발생
  - <u>효력발생 시기가 규정되어 있지 않으면</u> : 공고등이 있은 날부터 <u>5일</u> 경과한 때 효력발생
- 구 「청소년보호법」에 따라 정보통신윤리위원회가 특정 웹사이트를 청소년유해매체물로 결정하고 청소년보호위원회가 효력발생시기를 명시하여 고시하였다면, <u>웹사이트 운영자에게 청소년유해매체물결정처분이 있었음을 통지하지 않았다 하더라도</u> 고시에서 정한 시점에 그 효력이 발생한다.

제5절 행정행위의 효력

1. 공정력과 구성요건적 효력
1) 공정력
- 행정행위에 하자가 있을지라도 그 하자가 중대하고 명백하여 당연무효인 경우를 제외하고는, 행정행위가 취소될때까지 상대방과 이해관계인 및 국가기관에 대하여 하자 있는 행정행위를 유효한 것으로 통용시키는 힘을 말한다.
- 처분은 무효가 아닌 한 권한이 있는 기관이 취소 또는 철회하거나 기간의 경과 등으로 소멸되기 전까지는 유효한 것으로 통용된다. [22국7]
- 상대방 또는 이해관계인에 대한 구속력을 말하며, '행정행위의 잠정적 통용력'이라고도 한다.
- 공정력의 이론적 근거로는 법적 안정성설, 국가권위설, 자기확인설 등이 있다.
- 현행법상 공정력을 인정한 명시적인 규정은 없으나, 취소소송의 배타적 관할 및 집행부정지원칙에 관한 규정이 공정력의 근거로 제시되기도 한다.
- 행정행위가 중대하고 명백한 하자가 있어 무효인 경우에는 공정력이 미치지 않는다고 본다.
- 공정력과 구성요건적 효력을 구분하는 견해에 따르면 공정력은 법적 안정성을 그 이론적 근거로 하고, 구성요건적 효력은 국가기관 상호간의 권한분배의 체계를 그 이론적 근거로 한다.

2) 구성요건적 효력과 선결문제
- 법무부장관이 A에게 귀화허가를 준 경우 그 귀화허가가 무효가 아니라면, 귀화허가가 모든 국가기관을 구속하여 각 부 장관이 A를 국민으로 보아야 하는 효력은 구성요건적 효력에서 나온다.
- 처분의 효력 유무가 민사소송의 선결문제로 되어 당해 소송의 수소법원이 이를 심리·판단하는 경우 수소법원은 필요하다고 인정할 때에는 직권으로 증거조사를 할 수 있고, 당사자가 주장하지 아니한 사실에 대하여도 판단할 수 있다.

(1) 민사사건

(가) 행정행위의 위법여부가 선결문제 - 국가배상청구소송
- 민사법원은 국가배상청구소송에서 선결문제로 행정처분의 위법여부를 판단할 수 있다.
- 손해배상청구소송에서 계고처분의 위법여부가 선결문제인 경우, 계고처분의 취소판결이 있어야 그 행정처분의 위법을 이유로 손해배상청구를 할 수 있는 것은 아니다.
    (=계고처분이 위법한 경우 행정대집행이 완료되면 그 처분의 취소를 구할 소의 이익은 없다 하더라도, 미리 그 행정처분의 취소판결이 있어야만 그 행정처분의 위법임을 이유로 한 손해배상 청구를 할 수 있는 것은 아니다. [23지7]
    (=영업허가취소처분으로 손해를 입은 자가 제기한 국가배상청구소송에서 법원은 영업허가취소처분에 취소사유에 해당하는 하자가 있는 경우에는 영업허가취소처분의 위법 이유로 배상청구를 인용할 수 없다. ✗ [22지9]

- 과세대상이 아닌 것을 세무공무원이 직무상 과실로 과세대상으로 오인하여 과세처분을 행함으로 인하여 손해가 발생된 경우, 동 과세처분이 취소되지 아니하였다 하더라도 국가는 이로 인한 손해를 배상할 책임이 있다.

(나) **행정행위의 효력여부가 선결문제** - 부당이득반환청구
- 민사소송에 있어서 어느 행정처분의 당연무효 여부가 선결문제로 되는 때에는 이를 판단하여 당연무효임을 전제로 판결할 수 있고 반드시 행정소송의 등의 절차에 의하여 그 취소나 무효확인을 받아야 하는 것은 아니다. [23지7]
- 조세부과처분이 무효임을 이유로 이미 납부한 세금의 반환을 청구하는 민사소송에서 법원은 그 조세부과처분이 무효라는 판단과 함께 세금을 반환하라는 판결을 할 수 있다. [22지9]
- 과세처분의 하자가 취소할 수 있는 사유인 경우 과세관청이 이를 스스로 취소하거나 항고소송절차에 의하여 취소되지 않는 한, 해당 조세의 납부를 부당이득이라 할 수 없다. [23지7]
- 처분의 효력 유무가 당사자소송의 선결문제인 경우, 당사자소송의 수소법원은 이를 심사하여 하자가 중대·명백한 경우에는 처분이 무효임을 전제로 판단할 수 있으나, 단순한 취소사유에 그칠 때에도 처분의 효력을 부인할 수 없다.
- 취소소송에 당해 처분과 관련되는 부당이득반환청구소송이 병합되어 제기된 경우, 부당이득반환청구가 인용되기 위해서는 그 소송절차에서 판결에 의해 당해 처분이 취소되면 충분하고 그 처분의 취소가 확정되어야 하는 것은 아니다.

(2) 형사사건

(가) **행정행위의 위법여부가 선결문제** (~ 위반죄)
- 구「도시계획법」상 원상회복 등의 조치명령을 받고도 이를 따르지 않은 자에 대해 형사처벌을 하기 위해서는 적법한 조치명령이 전제되어야 하며, 이때 형사법원은 그 적법여부를 심사할 수 있다. [22국9]
- 행정청이 침해적 행정처분인 시정명령을 하면서 사전통지를 하거나 의견제출 기회를 부여하지 않아 시정명령이 절차적 하자로 위법하다면, 그 시정명령을 위반한 사람에 대하여는 시정명령위반죄가 성립하지 않는다.
- 소방시설 등의 설치 또는 유지·관리에 대한 명령이 행정처분으로서 하자가 있어 무효인 경우, 위 명령 위반을 이유로 행정형벌을 부과할 수 없다. [23지7]
  (구 주택법에 따른 시정명령이 위법하더라도 당연무효가 아닌 이상 그 시정명령을 따르지 아니한 경우에는 동법상의 시정명령위반죄가 성립한다? ✗)

(나) **행정행위의 효력여부가 선결문제** (무면허운전죄, 무허가영업죄, 무면허수입죄)
- 행정처분이 당연무효가 아닌 한, 형사법원은 선결문제로 그 행정처분의 효력을 부인할

수 없다.

- 연령미달 결격자가 다른 사람 이름으로 교부받은 운전면허는 당연무효가 아니고 취소되지 않는 한 유효하므로 그 연령미달 결격자의 운전행위는 무면허운전에 해당하지 아니한다. [22국9]
- 하자있는 수입승인에 기초하여 수입면허를 받고 물품을 통관한 경우, 당해 수입면허가 당연무효가 아닌 이상 무면허수입죄가 성립되지 않는다.
- 물품을 수입하고자 하는 자가 세관장에게 수입신고를 하여 그 면허를 받고 물품을 통관한 경우에는, 세관장의 수입면허가 중대하고도 명백한 하자가 있는 행정행위이어서 당연무효가 아닌 한 관세법 소정의 무면허수입죄가 성립될 수 없다. [22지9]

- 영업허가가 취소되었음에도 불구하고 영업을 계속하던 자가 무허가영업을 한 죄로 기소되자 그 취소처분에 대해 취소사유가 있음을 들어 무죄를 주장하는 경우, 법원은 해당 취소처분이 취소되지 않는 이상 그 효력을 부인할 수 없으므로 무죄 판결을 할 수 없다.
- 영업허가취소처분이 행정쟁송에 의하여 취소되었다면, 영업허가 취소 이후에 행한 영업에 대하여 무허가영업으로 처벌할 수 없다.

2. 불가쟁력과 불가변력, 자력집행력

1) 불가쟁력 - 형식적 존속력

- 일정한 불복기간이 경과하거나 쟁송수단을 다 거친 후에는 더 이상 행정행위를 다툴수 없게 되는 효력을 말한다.
- 불가쟁력이 발생 한 경우, 처분의 기초가 된 사실관계나 법률적 판단이 확정되고 당사자들이나 법원이 이에 기속되어 모순되는 주장이나 판단을 할 수 없게 되는 것은 아니다.
  (즉 기판력이 인정되는 것은 아니다.)

- 불가쟁력이 발생한 행정행위로 손해를 입은 국민은 국가배상청구를 할 수 있다.
- 형식적 존속력이 생긴 행위에 대해서도 행정청이 직권으로 취소할 수는 있다.
  위법한 처분에 대해 불가쟁력이 발생한 이후에도 불가변력이 발생하지 않은 이상, 당해 처분은 처분의 위법성을 이유로 직권취소될 수 있다.

- 제소기간이 이미 도과하여 불가쟁력이 생긴 행정처분에 대하여는 개별 법규에서 변경을 요구할 신청권을 규정하고 있거나 관계 법령의 해석상 그러한 신청권이 인정될 수 있는 등 특별한 사정이 없는 한 국민에게 행정처분의 변경을 구할 신청권이 있다고 할 수 없다.

2) 불가변력 - 실질적 존속력

- 일정한 행정행위는 성질상 행정행위를 발령한 행정청 자신도 이를 취소·철회·변경 할 수 없는 힘을 말한다.

- 불가변력은 법령상 명문의 규정이 없는 경우에도 행정행위의 성질에 비추어 인정되는 효력이다.
- 실질적 존속력이 발생한 행위라도 형식적 존속력이 발생하지 않은 동안에는 상대방은 그 행위를 다툴 수 있다.

- 행정행위의 불가변력은 당해 행정행위에 대해서만 인정되는 것이고, 동종의 행정행위라 하더라도 그 대상을 달리할 때에는 이를 인정할 수 없다.

- 과세처분에 의한 이의신청절차에서 과세관청이 이의신청 사유가 옳다고 인정하여 과세처분을 직권으로 취소한 이상 그 후 특별한 사유 없이 이를 번복하고 종전 처분을 되풀이하는 것은 허용되지 않는다.

- 법률에서 직권취소에 대한 근거를 두고 있는 경우라도 이해관계인이 처분청에 대하여 위법을 이유로 행정행위의 취소를 요구할 신청권이 인정되는 것은 아니다.

3) 자력집행력
- 상대방이 의무를 이행하지 않는 경우 행정청 스스로 의무를 실현시킬 수 있는 힘을 말한다.
- 별도의 법적 근거가 필요하다.
- 행정의사의 강제력에는 제재력과 자력집행력이 있는바, 제재에는 행정형벌과 행정질서벌이 있다.

3. 처분의 재심사

> **행정기본법**
> 제37조(처분의 재심사) ① 당사자는 처분(제재처분 및 행정상 강제는 제외한다. 이하 이 조에서 같다)이 행정심판, 행정소송 및 그 밖의 쟁송을 통하여 다툴 수 없게 된 경우(법원의 확정판결이 있는 경우는 제외한다)라도 다음 각 호의 어느 하나에 해당하는 경우에는 해당 처분을 한 행정청에 처분을 취소·철회하거나 변경하여 줄 것을 신청할 수 있다.
> 1. 처분의 근거가 된 사실관계 또는 법률관계가 추후에 당사자에게 유리하게 바뀐 경우
> 2. 당사자에게 유리한 결정을 가져다주었을 새로운 증거가 있는 경우
> 3. 「민사소송법」 제451조에 따른 재심사유에 준하는 사유가 발생한 경우 등 대통령령으로 정하는 경우
> ② 제1항에 따른 신청은 해당 처분의 절차, 행정심판, 행정소송 및 그 밖의 쟁송에서 당사자가 중대한 과실 없이 제1항 각 호의 사유를 주장하지 못한 경우에만 할 수 있다.
> ③ 제1항에 따른 신청은 당사자가 제1항 각 호의 사유를 안 날부터 60일 이내에 하여야 한다. 다만, 처분

이 있은 날부터 5년이 지나면 신청할 수 없다.
④ 제1항에 따른 신청을 받은 행정청은 특별한 사정이 없으면 신청을 받은 날부터 90일(합의제행정기관은 180일) 이내에 처분의 재심사 결과(재심사 여부와 처분의 유지·취소·철회·변경 등에 대한 결정을 포함한다)를 신청인에게 통지하여야 한다. 다만, 부득이한 사유로 90일(합의제행정기관은 180일) 이내에 통지할 수 없는 경우에는 그 기간을 만료일 다음 날부터 기산하여 90일(합의제행정기관은 180일)의 범위에서 한 차례 연장할 수 있으며, 연장 사유를 신청인에게 통지하여야 한다.
⑤ 제4항에 따른 처분의 재심사 결과 중 처분을 유지하는 결과에 대해서는 행정심판, 행정소송 및 그 밖의 쟁송수단을 통하여 불복할 수 없다.
⑥ 행정청의 제18조에 따른 취소와 제19조에 따른 철회는 처분의 재심사에 의하여 영향을 받지 아니한다.
⑧ 다음 각 호의 어느 하나에 해당하는 사항에 관하여는 이 조를 적용하지 아니한다.
   1. 공무원 인사 관계 법령에 따른 징계 등 처분에 관한 사항
   2. 「노동위원회법」 제2조의2에 따라 노동위원회의 의결을 거쳐 행하는 사항
   3. 형사, 행형 및 보안처분 관계 법령에 따라 행하는 사항
   4. 외국인의 출입국·난민인정·귀화·국적회복에 관한 사항
   5. 과태료 부과 및 징수에 관한 사항
   6. 개별 법률에서 그 적용을 배제하고 있는 경우

제6절 행정행위의 하자

1. 행정행위의 하자

1) 무효와 취소의 구별 기준
- 하자있는 행정처분이 당연무효이기 위해서는 그 하자가 적법요건의 중대한 위반과 일반인의 관점에서도 외관상 명백한 것을 기준으로 한다(중대명백설, 판례)
- 명백성보충요건설에서는 행정행위의 무효의 기준으로 중대성 요건만을 요구하지만, 제3자는 공공의 신뢰보호의 필요가 있는 경우에는 보충적으로 명백성 요건도 요구한다.
- 행정행위의 일부가 무효인 경우에는 전부가 아닌 그 일부분만 무효임이 원칙이다.

2) 무효와 취소의 구별실익
- 행정쟁송 방식에 있어서 무효인 행정행위는 무효확인소송 외에 무효선언을 구하는 취소소송 형식으로 제기할 수 있다.
- 무효선언을 취소소송의 형식으로 주장하는 경우에는 제소기간 등 취소소송의 요건을 갖추어야 한다. [22국가] (제소기간의 제한이 없다. ✗ [22지역])
- 취소사유인 하자가 있는 행정행위에 대해서는 사정재결, 사정판결이 인정된다.
- 취소할 수 있는 행정행위는 제소기간의 제한을 받지만, 무효인 행정행위는 제소기간의 제한을 받지 않는다.

3) 구체적인 판례

(1) 주체의 하자
- **무권한자의 처분** : 원칙적으로 무효 (항상 무효 ✗)
- 내부위임을 받은 데 불과하여 자신의 명의로 처분을 할 권한이 없는 행정청이 권한 없이 자신의 명의로 한 처분 : 무효 [22지7]
- 음주운전을 단속한 경찰관 명의로 행한 운전면허정지처분 : 무효
- 폐기물처리시설입지선정위원회가 관계법 규정에 위배하여 군수와 주민대표가 선정, 추천한 전문가를 포함시키지 않은 채 임의로 구성되어 의결한 경우, 그에 터 잡아 이루어진 폐기물처리시설 입지결정처분 : 무효
- 학교법인이사회의 승인의결 없이 회의록을 위조하여 행한 기본재산교환허가신청에 대한 시교육위원회의 교환허가처분 : 무효
- 납세자가 아닌 제3자의 재산을 대상으로 행한 압류처분 : 무효 [22국7]

- 구 「개발이익환수에 관한 법률」 시행 당시, 납부의무자가 아닌 조합원에 대하여 행한 개발부담금 부과처분 : 무효

- 권한의 범위를 넘어서는 권한유월의 행위는 무권한 행위로서 원칙적으로 무효라고 할 것이나, 행정청의 공무원에 대한 <u>의원면직처분</u>은 공무원의 사직의사를 수리하는 소극적 행정행위에 불과하고, 당해 공무원의 사직의사를 확인하는 확인적 행정행위의 성격이 강하며 재량의 여지가 거의 없기 때문에 의원면직처분에서의 행정청의 권한유월 행위를 다른 일반적인 행정행위에서의 그것과 반드시 같이 보아야 할 것은 아니다.
- <u>적법한 권한 위임 없이 세관출장소장에 의하여 행하여진 관세부과처분</u>은 그 하자가 중대하기는 하지만 객관적으로 명백하다고 할 수 없어 당연무효는 아니다.
- 행정관청 내부의 사무처리규정에 불과한 전결규정에 위반하여 <u>원래의 전결권자 아닌 보조기관 등이 처분권자인 행정관청의 이름으로 행정처분을 하였다고 하더라도 그 처분이 권한 없는 자에 의하여 행하여진 무효의 처분이라고는 할 수 없다.</u> [22지7]

(2) 절차의 하자
- 환경영향평가법령의 규정상 환경영향평가를 거쳐야 할 사업인 경우에, <u>환경영향평가를 거치지 아니하고 행한 사업승인처분</u>은 당연무효에 해당한다.
- 절차상 하자로 인하여 무효인 행정처분이 있은 후 행정청이 관계 법령에서 정한 절차를 갖추어 다시 동일한 행정처분을 하였다면 당해 행정처분은 종전의 무효인 행정처분과 관계 없이 <u>새로운 행정처분으로 보아야 한다.</u>

- 침해적 행정처분을 할 때 처분의 근거법령 등에서 청문을 실시하도록 규정하고 있다면 행정절차법 등의 예외에 해당하지 않는한 반드시 청문을 실시하여야 하며, 그러한 <u>절차를 결여한 처분은 위법한 처분으로서 취소사유</u> (당연무효 ✖)
- 「학교보건법」에 따른 학교환경위생정화구역 내에서의 금지행위 및 해제여부에 관한 행정처분을 하면서 학교환경위생정화위원회의 <u>심의절차를 누락</u>한 것은 취소사유
- 「택지개발촉진법」상 택지개발예정지구를 지정함에 있어 거쳐야 하는 관계중앙행정기관의 장과의 <u>협의를 거치지 않은 택지개발예정지구 지정처분 : 취소사유</u>

(3) 형식의 하자
- 행정절차법상 문서로 하도록 한 처분을 구술로 한 행정처분 : 무효

(4) 내용의 하자
- 법률관계나 사실관계에 대하여 그 법률의 규정을 적용할 수 없다는 <u>법리가 명백히 밝혀지지 아니하여 그 해석에 다툼의 여지가 있는 경우</u>에, 행정관청이 이를 잘못 해석하여 행정처분을 하였다면 그 처분의 하자는 중대하다고 볼 수는 있으나, <u>객관적으로 명백하다고 볼 수는 없다.</u>

제2장 행정행위

- 행정청이 어느 법률관계나 사실관계에 대하여 어느 법률의 규정을 적용하여 행정처분을 한 경우에, 그 법률관계나 사실관계에 대하여는 그 법률의 규정을 적용할 수 없다는 법리가 명백히 밝혀져 해석에 다툼의 여지가 없음에도 행정청이 그 규정을 적용하여 처분을 한 때에는 하자가 중대하고 명백하다. [22지7]

- 도지사의 인사교류안 작성과 그에 따른 인사교류의 권고가 전혀 이루어지지 않은 상태에서, 관할 구역 내 A시의 시장이 인사교류로서 소속 지방공무원인 갑에게 B시 지방공무원으로 전출을 명한 처분은 당연무효이다.

- 임용 당시 법령상 공무원임용 결격사유가 있었다면 임용권자의 과실에 의하여 임용결격자임을 밝혀내지 못하였더라도 그 임용행위는 당연무효이다.

- 국가가 임용결격사유가 있는 자에 대하여 결격사유가 있는 것을 알지 못하고 공무원으로 임용하였다가 나중에 결격사유가 있음을 발견하고 그 임용행위를 취소하는 것은 당사자에게 원래의 임용행위가 당초부터 당연무효이었음을 통지하여 확인시켜 주는 행위에 지나지 아니하는 것이므로, 그러한 의미에서 당초의 임용처분을 취소함에 있어서는 신의칙 내지 신뢰의 원칙을 적용할 수 없고 또 그러한 의미의 취소권은 시효로 소멸하는 것도 아니다. (신의칙이 적용된다. ✗) [22지9]

- 보험급여를 받은 당사자로부터 잘못 지급된 보험급여액에 해당하는 금액을 징수하는 처분을 할 때, 산재보상법상 각종 보험급여 등의 지급결정을 변경 또는 취소하는 처분과 처분에 터 잡아 잘못 지급된 보험급여액에 해당하는 금액을 징수하는 처분이 적법한지를 판단하는 경우 비교·교량할 각 사정이 동일하다고는 할 수 없으므로, 지급결정을 변경 또는 취소하는 처분이 적법하다고 하여 그에 터 잡은 징수처분도 반드시 적법하다고 판단해야 하는 것은 아니다.

2. 위헌인 법률에 근거한 처분

1) 위헌인 법률에 근거한 처분

- 행정처분이 행해진 이후에 근거법률이 위헌으로 결정될 경우 그 행정처분의 하자는 중대하나 명백하지 않으므로 취소사유에 해당한다. (당연무효 ✗) [22국7]
- 행정처분에 대하여 그 행정처분의 근거가 된 법률이 위헌이라는 이유로 무효확인청구의 소가 제기된 경우에는 다른 특별한 사정이 없는 한 법원으로서는 그 법률이 위헌인지 여부에 대하여는 판단할 필요 없이 그 무효확인청구를 기각(각하 ✗)하여야 한다.

2) 위헌결정 이후 처분의 집행

- 국가기관 및 지방자치단체는 위헌으로 선언된 법률규정에 근거하여 새로운 행정처분을 할 수

- 없음은 물론이고, 위헌결정 전에 이미 형성된 법률관계에 기한 후속처분이라도 그것이 새로운 위헌적 법률관계를 생성·확대하는 경우라면 이를 허용할 수 없다.
- 행정처분이 있은 후에 집행단계에서 그 처분의 근거된 법률이 위헌으로 결정되는 경우 그 처분의 집행이나 집행력을 유지하기 위한 행위는 위헌결정의 기속력에 위반되어 허용되지 않는다.
- 법률이 위헌으로 결정된 후 그 법률에 근거하여 발령되는 행정처분은 위헌결정의 기속력에 반하므로 그 하자가 중대하고 명백하여 당연무효가 된다.
- 과세처분 이후 과세의 근거가 되었던 법률규정에 대하여 위헌결정이 내려진 경우, 그 조세채권의 집행을 위해 새로운 체납처분에 착수하거나 이를 속행하는 것은 당연무효에 해당한다. [22지7]
- 부담금 부과처분 이후에 처분의 근거법률이 위헌결정된 경우, 그 위헌결정 이전에 이미 부담금 부과처분과 압류처분 및 이에 기한 압류등기가 이루어지고 위의 각 처분이 확정되었다고 하여도, 위헌결정 이후에는 별도의 행정처분인 매각처분, 분배처분 등 후속 체납처분절차를 진행할 수 없는 것은 물론이고, 특별한 사정이 없는 한 기존의 압류등기나 교부청구만으로는 다른 사람에 의하여 개시된 경매절차에서 배당을 받을 수도 없다.

3) 위헌인 법률에 근거한 법규명령
- 법규명령의 위임근거가 되는 법률에 대하여 위헌결정이 선고되면 그 위임에 근거하여 제정된 법규명령도 원칙적으로 효력을 상실한다. (별도의 폐지행위가 있어야 효력을 상실한다. ✗)

4) 위헌결정의 시간적 효력
- 「헌법재판소법」은, "위헌으로 결정된 법률 또는 법률의 조항은 그 결정이 있는 날부터 효력을 상실한다. 다만, 형벌에 관한 법률 또는 법률의 조항은 합헌결정이 있는 날의 다음날로 소급하여 효력을 상실한다."고 규정하고 있다.
- 위헌결정의 효력은 위헌제청을 한 당해사건은 물론 당해 법률조항이 재판의 전제가 되어 법원에 계속중인 사건에도 미친다.
- 위헌결정의 소급효는 이미 불가쟁력이 발생한 행정처분에는 미치지 않는다.
  (이미 취소소송의 제기기간이 경과하여 확정력이 발생한 경우에는 소급효가 미치지 않는다.)

사례

A시 시장은 「학교용지 확보 등에 관한 특례법」 관계 조항에 따라 공동주택을 분양받은 甲, 乙, 丙, 丁 등에게 각각 다른 시기에 학교용지 부담금을 부과하였다. 이후 해당 조항에 대하여 법원의 위헌법률심판제청에 따라 헌법재판소가 위헌결정을 하였다. (단, 甲, 乙, 丙, 丁은 모두 위헌법률심판제청신청을 하지 않은 것으로 가정함) [22국9]

① 甲이 부담금을 납부하였고 부담금부과처분에 불가쟁력이 발생한 상태라면, 해당 조항이 위헌으로 결정되더라도 이미 납부한 부담금을 반환받을 수 없다.
② 乙은 부담금을 납부한 후 부담금부과처분에 대해 행정소송을 제기하였고 현재 소가 계속 중인 경우에도, 乙이 위헌법률심판제청신청을 하지 않았으므로 乙에게 위헌결정의 소급효는 미치지 않는다. ✗ (위헌제청신청을 아니하였더라도 당해 법률조항이 재판의 전제가 되어 법원에 계속중인 사건(병행사건)에 대해서는 위헌결정의 소급효가 인정된다.)
③ 丙이 부담금부과처분에 대한 행정심판청구를 하여 기각재결서를 송달받았으나, 재결서 송달일로부터 90일 이내에 취소소송을 제기하였다면 丙의 청구는 인용될 수 있다.
④ 부담금부과처분에 대한 제소기간이 경과하여 丁의 부담금 납부의무가 확정되었고 위헌결정 전에 丁의 재산에 대한 압류가 이루어진 상태라도, 丁에 대해 부담금 징수를 위한 체납처분을 속행할 수는 없다.

3. 하자의 승계

1) 문제점 및 논의의 실익

- 적정행정의 유지에 대한 요청에서 나오는 하자의 승계를 인정하면 국민의 권리를 보호하고 구제하는 범위가 더 넓어진다.
- 하자의 승계는 통상 선행행위에 존재하는 취소사유에 해당하는 하자를 이유로 후행행위를 다투는 경우에 문제된다.

2) 논의의 전제조건

- ① 선행행위와 후행행위는 모두 처분이어야 하고, ② 선행행위에는 취소사유인 하자가 있어야 하며, ③ 선행행위에 불가쟁력이 발생하고, ④ 후행행위는 적법해야한다.

- 선행행위에 무효의 하자가 존재한다면 언제나 하자는 승계되므로, 선행행위와 후행행위가 결합하여 하나의 법적 효과를 목적으로 하든 별개의 법적 효과 완성을 목적으로 하든 하자 승계에 대한 논의의 실익이 없다.

3) 하자의 승계 인정여부

① 2개 이상의 행정처분이 연속적 또는 단계적으로 이루어지는 경우 선행처분과 후행처분이 서로 합하여 1개의 법률효과를 완성하는 때에는 선행처분에 하자가 있으면 그 하자는 후행처분에 승계된다. [23지9]
② 선행행위와 후행행위가 서로 독립하여 각각 별개의 법률효과를 목적으로 하는 때에는 원칙적으로 선행행위의 하자를 이유로 후행행위의 효력을 다툴 수 없다.
③ 다만, 선행행위의 불가쟁력이나 구속력이 그로 인하여 불이익을 입는 자에게 수인한도를 넘는 가혹함을 가져오고 그 결과가 예측가능한 것이 아닌 때에는 하자의 승계를 인정할 수 있다. [23지9]
④ 선행처분이 당연무효인 경우에는 후행처분도 당연히 무효에 해당한다.

4) 하자의 승계 인정례

(1) 결합하여 하나의 법적효과를 완성
  ① [대집행절차] 계고 – 통지(대집행영장 발부통보) – 실행 – 비용징수
  ② [강제징수절차] 독촉 – 압류 – 매각 – 청산
  ③ 한지의사시험자격인정 – 한지의사면허
     안경사시험 합격취소 – 안경사 면허취소
  ④ 귀속재산 임대처분 – 귀속재산 매각처분

(2) 별개의 효과를 목적으로 하지만 이를 다툴수 없도록 하는 것이 당사자에게 수인한도를 넘고 예측가능하지 않은 경우
  ① 개별공시지가결정 – 과세처분

  – 과세처분의 취소를 구하는 행정소송에서 선행처분인 개별공시지가결정의 위법을 독립된 위법사유로 주장할 수 있다. [23국9]

  ② 표준지공시지가결정 – 수용재결(수용보상금결정)

  – 표준지공시지가 결정에 위법이 있는 경우 수용보상금의 증액을 구하는 소송에서 수용대상 토지가격 산정의 기초가 된 비교표준지공시지가 결정의 위법을 독립된 사유로 주장할 수 있다. [23지9]

  ③ 친일반민족행위진상규명위원회의 친일반민족행위자 결정 – 독립유공자예우에관한법률 적용배제자 결정

(3) 선행행위가 무효인 경우
  – 도시계획시설사업 시행자 지정 처분이 처분 요건을 충족하지 못하여 당연무효인 경우, 도시계획시설사업의 시행자가 작성한 실시계획을 인가하는 처분도 무효이다. [22국9]

- 적법한 건축물에 대한 철거명령은 그 하자가 중대하고 명백하여 당연무효라고 할 것이고, 그 후행행위인 건축물철거 대집행계고처분 역시 당연무효라고 할 것이다. [23국9]

5) 하자의 승계 부정례
- 건물철거명령이 당연무효가 아니고 불가쟁력이 발생하였다면 건물철거명령의 하자를 이유로 후행 대집행계고처분의 효력을 다툴 수 없다. [22국9]
- 양도소득세 산정의 기초가 되는 개별공시지가결정에 대하여 한 재조사청구에 따른 조정결정을 통지받고서도 더 이상 다투지 않았다면, 위 개별공시지가결정의 위법을 양도소득세 부과처분의 위법사유로 주장할 수 없다.
- 개별공시지가결정에 대한 재조사청구에 따른 감액조정에 대하여 더이상 불복하지 않은 경우, 이를 기초로 한 양도소득세 부과처분 취소소송에서 개별공시지가결정의 위법을 주장할 수 없다.
- 법률에 규정된 공청회를 열지 아니한 하자가 있는 도시계획결정에 불가쟁력이 발생하였다면, 당해 도시계획결정이 당연무효가 아닌 이상 그 하자를 이유로 후행하는 수용재결처분의 취소를 구할 수는 없다.
- 이미 불가쟁력이 발생한 보충역편입처분에 하자가 있다고 하더라도 그것이 당연무효의 사유가 아닌 한 공익근무요원소집처분에 승계되는 것은 아니다. [22국9]
- 과세관청의 소득처분과 그에 따른 소득금액변동통지가 있는 경우 원천징수하는 소득세의 납세의무에 관하여는 이를 확정하는 소득금액변동통지에 대한 항고소송에서 다투어야 하고 소득금액변동통지가 취소사유에 불과한 경우 징수처분에 대한 항고소송에서 이를 다툴 수는 없다. [23지9]
- 선행처분인 소득금액변동통지에 하자가 존재하더라도 당연무효 사유에 해당하지 않는 한 그 하자는 후행처분인 소득세 납세고지처분에 그대로 승계되지 아니한다. [22지7]
- 토지구획정리사업 시행 후 시행인가처분의 하자가 취소사유에 불과한 경우, 사업 시행후 시행인가처분의 하자를 이유로 환지청산금 부과처분의 효력을 다툴 수 없다.
- 선행처분인 국제항공노선 운수권 배분 실효처분 및 노선면허거부처분에 대하여 이미 불가쟁력이 생겨 그 효력을 다툴 수 없게 되었다면, 후행처분인 노선면허처분을 다투는 단계에서 선행처분의 하자를 다툴 수 없다.
- 선행처분인 공무원직위해제처분과 후행 직권면직처분 사이에는 하자의 승계가 인정되지 않는다. (인정된다 ✗) [22국9]
- 과세처분과 체납처분 사이
- 도시·군계획시설결정과 실시계획인가 사이
- 사업시행계획과 관리처분계획 사이

4. 하자의 치유

1) 의 의
- 성립 당시에는 하자 있는 행정행위를 사후에 요건이 충족되거나 하자가 취소를 요하지 않을 정도로 경미해진 경우 등에 당해 행위를 적법한 행위로 취급하는 것을 말한다.

2) 인정여부
- 원칙적으로는 허용될수 없지만, 행정행위의 무용한 반복을 피하고 당사자의 법적안정성을 위해 국민의 권리와 이익을 침해하지 않는 범위내에서 인정 가능하다.

3) 하자 치유 범위
- 행정행위의 형식이나 절차상의 하자는 치유의 대상이 될 수 있으나, 내용상의 하자는 치유의 대상이 될 수 없다.
- 무효인 하자에 대해서는 치유가 인정되지 않는다.

> - 행정청이 청문서 도달기간을 다소 어겼다 하더라도 당사자가 이에 대하여 이의하지 아니한 채 스스로 청문일에 출석하여 그 의견을 진술하고 변명하는 등 방어의 기회를 충분히 가졌다면 청문서 도달기간을 준수하지 아니한 하자는 치유되었다고 볼 수 있다. [22지7]
> - 선행처분인 개별공시지가결정이 위법하여 그에 기초한 개발부담금 부과처분도 위법하게 된 경우 그 하자의 치유를 인정하면 개발부담금 납부의무자로서는 위법한 처분에 대한 가산금 납부의무를 부담하게 되는 등 불이익이 있을 수 있으므로, 그 후 적법한 절차를 거쳐 공시된 개별공시지가결정이 종전의 위법한 공시지가결정과 그 내용이 동일하다는 사정만으로는 위법한 개별공시지가결정에 기초한 개발부담금 부과처분이 적법하게 된다고 볼 수 없다.
> - 「도시 및 주거환경정비법」상 주택재건축사업의 추진위원회가 조합을 설립하고자 하는 때에는 토지소유자 등이 일정 수 이상 동의하여야 하는데, 조합설립인가처분이 이러한 요건을 충족하지 못한 상태에서 이루어졌다면 그러한 처분은 위법하고, 토지소유자 등의 추가동의서가 추후에 제출되어 법정요건을 갖추었다 할지라도 설립인가처분의 위법성이 치유되는 것은 아니다. [23국9]

4) 하자의 치유시한
- 과세처분시 납세고지서에 과세표준, 세율, 세액의 산출근거 등이 누락된 경우에는 늦어도 과세처분에 대한 불복여부의 결정 및 불복신청에 편의를 줄 수 있는 상당한 기간내에 보정행위를 하여야 그 하자가 치유된다. (= 행정쟁송 제기 이전 까지)
  (A시 시장이 과징금부과처분을 함에 있어 과징금부과통지서의 일부 기재가 누락되어 이를 이유로 甲이 관할 행정법원에 과징금부과처분의 취소를 구하는 소를 제기한 경우, A시 시장은 취소소송 절차가 종결되기 전까지 보정된 과징금부과처분 통지서를 송달하면 일부 기재 누락의 하자는 치유된다. ✘ [22국9])

5) 치유의 효과
- 소급하여 처음부터 적법한 것으로 취급된다.
- 행정행위의 위법이 치유된 경우에는 그 위법을 이유로 당해 행정행위를 직권취소할 수 없다.

5. 하자 있는 행정행위의 전환
- 하자 있는 행정행위를 하자 없는 다른 행정행위로 효력을 발생하게 하는 것을 말한다.
- <u>무효사유인 경우 전환이 가능하다.</u>
- <u>취소사유인 경우</u> 전통적 통설은 전환을 인정하지 않는다고 보고 있다. 다만 최근에는 취소사유 있는 행정행위에도 전환을 인정하자는 견해가 있다.

제7절 행정행위의 취소·철회 및 실효

1. 행정행위의 취소

> **행정기본법 제18조(위법 또는 부당한 처분의 취소)** ① 행정청은 위법 또는 부당한 처분의 전부나 일부를 소급하여 취소할 수 있다. 다만, 당사자의 신뢰를 보호할 가치가 있는 등 정당한 사유가 있는 경우에는 장래를 향하여 취소할 수 있다. [23지7]
> ② 행정청은 제1항에 따라 당사자에게 권리나 이익을 부여하는 처분을 취소하려는 경우에는 취소로 인하여 당사자가 입게 될 불이익을 취소로 달성되는 공익과 비교·형량(衡量)하여야 한다. 다만, 다음 각 호의 어느 하나에 해당하는 경우에는 그러하지 아니하다.
>   1. 거짓이나 그 밖의 부정한 방법으로 처분을 받은 경우 [23국9]
>   2. 당사자가 처분의 위법성을 알고 있었거나 중대한 과실로 알지 못한 경우

1) 의 의
- 행정행위를 성립 당시 하자를 이유로 소급하여 효력을 소멸시키는 행위를 말한다.
- '행정권한의 위임 및 위탁에 관한 규정'은 위임기관 및 위탁기관은 수임기관 및 수탁기관의 수임 및 수탁사무처리에 대하여 지휘·감독하고, 그 처리가 위법 또는 부당하다고 인정되는 때에는 이를 취소하거나 정지시킬수 있다고 규정하고 있다.

2) 법적근거 불필요
- 행정행위를 한 행정청은 그 행정행위에 하자가 있는 경우에는 원칙적으로 별도의 법적 근거가 없더라도 스스로 그 행정행위를 직권으로 취소할 수 있다.
- 직권취소사유가 존재한다는 사정만으로 이해관계인에게 처분청에 대하여 그 취소를 요구할 신청권이 부여된 것으로 볼 수는 없다.
- 권한 없는 행정청이 한 위법한 행정처분을 취소할 수 있는 권한은 그 행정처분을 한 처분청에게 속하는 것이고, 그 행정처분을 할 수 있는 적법한 권한을 가지는 행정청에게 그 취소권이 귀속되는 것은 아니다. [22지9]

> **참고** 법률의 근거 규정 없이도 할 수 있는 조치
> ① 하자 있는 처분을 직권으로 취소하는 것
> ② 재량권이 인정되는 영역에서 재량권 행사의 기준이 되는 지침을 제정하는 것
> ③ 중대한 공익상의 필요가 발생하여 처분을 철회하는 것
> ④ 사정변경으로 인하여 처분에 부가되어 있는 부담의 목적을 달성할 수 없게 되어 부담의 내용을 변경하는 것

3) 취소권 행사의 한계
- 수익적 행정처분을 직권취소할 때에는 이를 취소하여야 할 중대한 공익상 필요와 취소로 인하여 처분상대방이 입게 될 기득권과 법적 안정성에 대한 침해 정도 등 불이익을 비교·교량한 후 공익상 필요가 처분상대방이 입을 불이익을 정당화할 만큼 강한 경우에 한하여 취소할 수 있다. [23국9]
- 수익적 행정처분의 경우 상대방의 신뢰보호와 관련하여 직권취소가 제한되나 그 필요성에 대한 입증책임은 기존 이익과 권리를 침해하는 처분을 한 행정청에 있다.
- 일정한 행정처분으로 국민이 일정한 이익과 권리를 취득하였을 경우에 종전 행정처분에 하자가 있음을 전제로 직권으로 이를 취소하는 행정처분은 이미 취득한 국민의 기존 이익과 권리를 박탈하는 별개의 행정처분으로, 취소될 행정처분의 하자나 취소해야 할 필요성에 관한 증명책임은 기존 이익과 권리를 침해하는 처분을 한 행정청에 있다.
- 수익적 행정행위의 직권취소와 철회는 행위의 상대방의 신뢰보호뿐만 아니라 필요시 제3자의 이익도 함께 고려되어야 한다.
- 수익적 처분이 있으면 상대방은 그것을 기초로 하여 새로운 법률관계 등을 형성하게 되는 것이므로, 이러한 상대방의 신뢰를 보호하기 위하여 수익적 처분의 취소에는 일정한 제한이 따르는 것이나, 수익적 처분이 상대방의 허위 기타 부정한 방법으로 인하여 행하여졌다면 상대방은 그 처분이 그와 같은 사유로 인하여 취소될 것임을 예상할 수 없었다고 할 수 없으므로, 이러한 경우에까지 상대방의 신뢰를 보호하여야 하는 것은 아니라고 할 것이다.
- 행정처분의 하자가 당사자의 사실은폐나 기타 사위의 방법에 의한 신청행위에 기인한 것이라면, 그 처분이 수익적 처분이라 하더라도 취소권 제한의 법리가 적용되지 않는다.
  (=당사자가 부정한 방법으로 수익적 처분을 받은 경우에도 행정청이 그 처분을 취소하려면 취소로 인하여 당사자가 입게 될 불이익을 취소로 달성되는 공익과 비교·형량하여야 한다. ✗ [22국7])

4) 행정절차법 적용
- 상대방의 귀책사유에 의한 것이라 하더라도 직권취소를 할 때에는 행정절차법에 따른 절차규정이 적용되므로, 사전통지 및 의견제출절차를 거쳐야 한다.

5) 취소의 시기
- 행정절차법은 위법한 수익적 행정처분의 직권취소의 기간에 대한 규정이 없다.
- 행정행위의 위법 여부에 대하여 취소소송이 이미 진행 중인 경우에도 처분청은 위법을 이유로 그 행정행위를 직권취소할 수 있다.

- 변상금 부과처분에 대한 취소소송이 진행 중이라도 그 부과권자는 위법한 처분을 스스로 취소하고 그 하자를 보완하여 다시 적법한 부과처분을 할 수도 있다.

6) 취소의 효과
- 원칙적으로 소급효가 인정된다.
- 행정청은 당사자의 신뢰를 보호할 가치가 있는 등 정당한 사유가 있는 경우에는 위법한 처분을 장래를 향하여 취소할 수 있다. [22국7]

2. 행정행위의 철회

> 행정기본법 제19조(적법한 처분의 철회) ① 행정청은 적법한 처분이 다음 각 호의 어느 하나에 해당하는 경우에는 그 처분의 전부 또는 일부를 장래를 향하여 철회할 수 있다. [23지7]
> 1. 법률에서 정한 철회 사유에 해당하게 된 경우
> 2. 법령등의 변경이나 사정변경으로 처분을 더 이상 존속시킬 필요가 없게 된 경우
> 3. 중대한 공익을 위하여 필요한 경우 [22국7]
>
> ② 행정청은 제1항에 따라 처분을 철회하려는 경우에는 철회로 인하여 당사자가 입게 될 불이익을 철회로 달성되는 공익과 비교·형량하여야 한다.

1) 의 의
- 행정행위를 성립 이후 발생한 사정을 이유로 장래를 향하여 소멸시키는 행위를 말한다. [23국9]

2) 법적근거 불필요
- 수익적 행정행위의 철회에 있어서 별도의 법적 근거가 필요한지의 여부에 대해서는 견해의 대립이 있다.
- 「행정기본법」은 직권취소나 철회의 일반적 근거규정을 두고 있고, 직권취소나 철회는 개별법률의 근거가 없어도 가능하다. [23국9]
- 처분청은 명문의 규정을 불문하고 철회권을 행사할 수 있지만, 감독청은 명문의 규정이 있는 경우에만 철회권을 행사할 수 있다.

3) 철회의 사유
- ① 철회권이 유보된 경우, ② 상대방의 의무위반이 있는 경우, ③ 사정변경이 있는 경우, ④ 중대한 공익상 필요가 있는 경우에는 철회를 할 수 있다.

4) 철회권 행사의 한계
- 수익적 행정행위에 철회원인이 있는 경우에 행정청은 철회원인이 있다는 것만으로 자유로이 철회권을 행사할 수 있는 것은 아니다.
- 철회권 행사는 비례의 원칙에 적합해야 한다.
- 행정행위를 한 처분청은 사정변경이 생겼거나 또는 중대한 공익상의 필요가 발생한 경우에는 그 효력을 상실케 하는 별개의 행정행위로 이를 철회할 수 있다고 할 것이나, 기득권을 침해하는 경우에는 기득권의 침해를 정당화할만한 중대한 공익상의 필요 또는 제3자의 이익보호의 필요가 있는 때에 한하여 상대방이 받는 불이익과 비교·교량하여 철회하여야 한다.
- 그 처분으로 인하여 공익상의 필요보다 상대방이 받게 되는 불이익 등이 막대한 경우에는 재량권의 한계를 일탈한 것으로서 그 자체가 위법하다.

5) 행정절차법 적용
- 수익적 행정행위의 철회는 특별한 다른 규정이 없는 한 행정절차법상의 절차에 따라 행해져야 한다.

6) 철회의 효과
- 철회의 효과는 장래에 미치는 것이 원칙이지만, 예외적으로 소급효를 인정할 수 있다.
- 영유아보육법 제30조 제5항 제3호에 따른 평가인증의 취소는 평가인증 당시에 존재하였던 하자가 아니라 그 이후에 새로이 발생한 사유로 평가인증의 효력을 소멸시키는 경우에 해당하므로, 법적 성격은 평가인증의 '철회'에 해당한다. 그런데 행정청이 평가인증을 철회하면서 그 효력을 철회의 효력발생일 이전으로 소급하게 하면, 철회 이전의 기간에 평가인증을 전제로 지급한 보조금 등의 지원이 그 근거를 상실하게 되어 이를 반환하여야 하는 법적 불이익이 발생한다. 이는 장래를 향하여 효력을 소멸시키는 철회가 예정한 법적 불이익의 범위를 벗어나는 것이다. 이처럼 행정청이 평가인증이 이루어진 이후에 새로이 발생한 사유를 들어 영유아보육법 제30조 제5항에 따라 평가인증을 철회하는 처분을 하면서도, 평가인증의 효력을 과거로 소급하여 상실시키기 위해서는, 특별한 사정이 없는 한 영유아보육법 제30조 제5항과는 별도의 법적 근거가 필요하다.
- 행정행위의 철회사유가 특정의 면허에 관한 것이 아니고, 다른 면허와 공통된 것이거나 운전면허를 받은 사람에 관한 것일 경우에는 여러 면허를 전부 철회할 수도 있다.

> **사례**
>
> 건축주 甲은 토지소유자 乙과 매매계약을 체결하고 乙로부터 토지사용승낙서를 받아 乙의 토지 위에 건축물을 건축하는 건축허가를 관할 행정청인 A시장으로부터 받았다. 매매계약서에 의하면 甲이 잔금을 기일 내에 지급하지 못하면 즉시 매매계약이 해제될 수 있고 이 경우 토지사용승낙서는 효력을 잃으며 甲은 건축허가를 포기·철회하기로 甲과 乙이 약정하였다. 乙은 甲이 잔금을 기일 내에 지급하지 않자 甲과의 매매계약을 해제하였다. [22국9]
>
> ① 착공에 앞서 甲의 귀책사유로 해당 토지를 사용할 권리를 상실한 경우, 乙은 A시장에 대하여 건축허가의 철회를 신청할 수 있다.
> ② 건축허가는 대물적 성질을 갖는 것이어서 행정청으로서는 그 허가를 할 때에 건축주 또는 토지소유자가 누구인지 등 인적 요소에 관하여는 형식적 심사만 한다.
> ③ A시장은 건축허가 당시 별다른 하자가 없었고 철회의 법적근거가 없으므로 건축허가를 철회할 수 없다. (✗) (철회권은 법적근거가 없어도 할 수 있음)
> ④ 철회권의 행사는 기득권의 침해를 정당화할 만한 중대한 공익상의 필요 또는 제3자의 이익을 보호할 필요가 있고, 공익상의 필요 등이 상대방이 입을 불이익을 정당화할 만큼 강한 경우에 한해 허용될 수 있다.

3. 행정행위의 취소(철회)의 취소

1) 수익적 처분의 취소의 취소
- 수익적행정처분의 취소처분이 위법함을 이유로 그 취소처분을 직권취소하였다면, 수익적 행정처분은 다시 효력을 발생한다.
- 행정청이 의료법인의 이사에 대한 이사취임승인취소처분(제1처분)을 직권으로 취소(제2처분)한 경우에는 그로 인하여 이사가 소급하여 이사로서의 지위를 회복하게 되고, 그 결과 위 제1처분과 제2처분 사이에 법원에 의하여 선임결정된 임시이사들의 지위는 법원의 해임결정이 없더라도 당연히 소멸된다. [23지7]
- 광업권 취소처분 후 광업권 설정의 선출원이 있는 경우에는 취소처분을 취소하여 광업권을 복구시키는 조처는 위법하다.

2) 침익적 처분의 취소의 취소
- 과세관청은 조세부과처분의 취소에 당연무효사유가 아닌 위법사유가 있는 경우에 이를 다시 취소함으로써 원부과처분을 소생시킬 수 없다.
- 과세처분을 직권취소한 경우 그 취소가 당연무효가 아닌 한 과세처분은 확정적으로 효력을 상실하므로, 취소처분을 직권취소하여 원과세처분의 효력을 회복시킬 수 없다. [23지7]

- 지방병무청장이 재신체검사 등을 거쳐 <u>현역병입영대상편입처분</u>을 <u>보충역편입처분</u>이나 <u>제2국민역편입처분</u>으로 변경하거나 보충역편입처분을 제2국민역편입처분으로 변경하는 경우, 그 후 새로운 병역처분의 성립에 하자가 있었음을 이유로 하여 <u>이를 취소</u>한다고 하더라도 <u>종전의 병역처분의 효력이 되살아나지 않는다.</u>

4. 행정행위의 실효

- 일정한 사유의 발생에 따라 당연히 기존의 행정행위의 효력이 소멸하는 것을 말한다.
  (비교 : 직권취소란 별개의 행정행위에 의하여 원행정행위의 효력을 소멸시키는 것을 말한다.)

- 신청에 의한 허가처분을 받은 자가 그 영업을 폐업한 경우에는 그 허가도 당연히 실효된다고 할 것이고, 이 경우 허가행정청의 허가취소처분은 허가가 실효되었음을 확인하는 것에 <u>불과하다.</u>

제3장 | 그밖의 행정의 주요행위형식

1. 확 약

> **행정절차법 제40조의2(확약)** ① 법령등에서 당사자가 신청할 수 있는 처분을 규정하고 있는 경우 행정청은 당사자의 신청에 따라 장래에 어떤 처분을 하거나 하지 아니할 것을 내용으로 하는 의사표시(이하 "확약"이라 한다)를 할 수 있다.
> ② 확약은 문서로 하여야 한다. [23국가]
> ③ 행정청은 다른 행정청과의 협의 등의 절차를 거쳐야 하는 처분에 대하여 확약을 하려는 경우에는 확약을 하기 전에 그 절차를 거쳐야 한다.
> ④ 행정청은 다음 각 호의 어느 하나에 해당하는 경우에는 확약에 기속되지 아니한다.
>   1. 확약을 한 후에 확약의 내용을 이행할 수 없을 정도로 법령등이나 사정이 변경된 경우 [23국가]
>   2. 확약이 위법한 경우
> ⑤ 행정청은 확약이 제4항 각 호의 어느 하나에 해당하여 확약을 이행할 수 없는 경우에는 지체 없이 당사자에게 그 사실을 통지하여야 한다. [23국가]

1) 확약의 근거
- 「행정절차법」에는 확약에 관한 규정을 두고 있다. (2022년 7월에 신설됨)
- 확약은 본 행정행위에 대해 정당한 권한을 가진 행정청만이 할 수 있고, 당해 행정청의 행위권한의 범위 내에 있어야 한다.
- 재량행위에 대해 상대방에게 확약을 하기 위해 별도의 법적 근거가 필요한 것 아니다.

2) 처분성 인정 여부
- 어업권면허에 선행하는 우선순위결정은 강학상 확약에 불과하고 행정처분이 아니므로 우선순위 결정에 공정력이나 불가쟁력과 같은 효력은 인정되지 아니한다. [23국가]
- 행정청의 확약에 대해 법률상 이익이 있는 제3자는 확약에 대해 취소소송으로 다툴 수 없다.
- 어업면허에 선행하는 우선순위결정은 최종적인 법적효과를 가져오는 것이 아니므로 처분이 아니지만 어업면허 우선순위결정대상 탈락자결정은 최종적인 법적효과를 가져오므로 처분이다.
- 자동차운송사업 양도·양수인가신청에 대하여 행정청이 내인가를 한 후 그 본인가신청이 있음에도 내인가를 취소한 경우, 다시 본인가에 대하여 별도로 인가여부의 처분을 한다는 사정이 보이지 않는다면 내인가취소는 행정처분에 해당한다. [22국9]

3) 확약의 실효

- 행정청의 확약 또는 공적인 의사표명이 있은 후 <u>사실적·법률적 상태가 변경되었다면</u> 확약은 행정청의 별다른 의사표시를 기다리지 않고 실효된다.
- 행정청이 상대방에게 장차 어떤 처분을 하겠다고 확약을 하였더라도, 그 자체에서 상대방으로 하여금 언제까지 처분의 발령을 신청하도록 유효기간을 두었는데도 그 기간 내에 상대방의 신청이 없었다면, 그 확약은 행정청의 별다른 의사표시를 기다리지 않고 실효된다. [23국7]

2. 단계적 행정행위

1) 사전결정

- 「폐기물관리법」 관계법령의 규정에 의하면 폐기물 처리업의 허가를 받기 위해서는 먼저 허가권자로 부터 <u>사업계획에 대한 적정통보</u>를 받아야 하는데 이때 부적정통보는 허가신청 자체를 제한할 수 있으므로 <u>행정처분에 해당한다.</u> [23지7]
- 사업계획 적합여부는 행정청의 <u>재량</u>에 속하고, 사업계획 적합 여부 통보를 위하여 필요한 기준을 정하는 것도 행정청의 재량에 속한다.
- 사업계획서 적합통보가 있는 경우 폐기물처리업의 허가단계에서는 <u>나머지 허가요건만을 심사</u>한다
- 적합통보를 받은자가 폐기물처리업허가를 받기 전에 부분적으로 폐기물 처리를 적법하게 할 수 있는 것은 아니다.

2) 부분허가

- 원자로 및 관계시설을 건설하고자 하는 자가 그 계획 중인 건설부지가 적합한지 여부 등을 승인하는 <u>부지사전사용승인</u>은 그 자체로 건설부지를 확정하고 사전공사를 허용하는 법률효과를 지닌 독립한 행정처분이다.
- 구 「원자력법」상 원자로 및 관계 시설의 부지사전승인처분 후 건설허가처분까지 내려진 경우, 선행처분은 후행처분에 흡수되어 건설허가처분만이 행정쟁송의 대상이 된다. [22국9]

3. 자동화된 행정결정

> 행정기본법 제20조(자동적 처분) 행정청은 법률로 정하는 바에 따라 완전히 자동화된 시스템(인공지능 기술을 적용한 시스템을 포함한다)으로 처분을 할 수 있다. 다만, <u>처분에 재량이 있는 경우는 그러하지 아니하다.</u> [23지9]

- 자동화된 행정결정의 예로는 컴퓨터를 통한 중·고등학생의 학교배정, 신호등에 의한 교통신호 등이 있음. [23지9]
- 「행정기본법」상 자동적 처분은 항고소송의 대상이 됨. [23지9]

4. 행정계획

1) 근 거

> **행정절차법 제40조의4(행정계획)** 행정청은 행정청이 수립하는 계획 중 국민의 권리·의무에 직접 영향을 미치는 계획을 수립하거나 변경·폐지할 때에는 관련된 여러 이익을 정당하게 형량하여야 한다.

- 행정계획의 절차에 관한 일반법은 없고 각 개별법에 맡겨져 있다.
- 행정절차법에 행정계획에 관한 규정이 신설되었다.

2) 처분성 인정여부

(1) 처분성이 인정된 경우
- 도시관리계획은 국민에 대한 구속력이 있는 행정계획으로서 처분에 해당한다.
- 개발제한구역의 지정·고시행위는 특정 개인의 법률상 이익을 구체적으로 규제하는 효과를 가져오는 행정청의 처분으로서 행정소송의 대상이 된다.
- 주택재건축정비사업조합의 사업시행계획은 항고소송의 대상이 된다.
- 「도시재개발법」에 의한 재개발조합의 관리처분계획은 토지 등의 소유자에게 구체적이고 결정적인 영향을 미치는 것으로서 조합이 행한 처분에 해당한다.
- 개발제한구역의 지정·고시에 대한 헌법소원 심판 청구는 행정쟁송절차를 모두 거친 후가 아니면 부적법하다.

(2) 처분성이 부인된 경우
- 「국토의 계획 및 이용에 관한 법률」에 따른 도시기본계획은 일반 국민에 대한 직접적인 구속력은 인정되지 않고, 도시의 장기적 개발방향과 미래상을 제시하는 도시계획 입안의 지침이 되기에 행정청에 대한 직접적인 구속력은 인정되지 않는다.
  (=도시계획법령상 도시기본계획은 도시의 장기적 개발방향과 미래상을 제시하는 도시계획 입안의 지침이 되는 장기적·종합적인 개발계획으로서 행정청뿐만 아니라 대외적으로도 구속력을 갖지 않는다.)
  (=구체적인 계획을 입안함에 있어 지침이 되거나 특정 사업의 기본방향을 제시하는 내용의 행정계획은 항고소송의 대상인 행정처분에 해당하지 않는다. [22국9])
- 환지계획은 항고소송의 대상이 되는 처분이 아니다.
- 「도시 및 주거환경정비법」상 토지 등 소유자들이 조합을 따로 설립하지 않고 직접 시행하는 도시환경정비사업에서 토지 등 소유자들이 사업시행인가를 받기 전에 작성한 사업시행계획은 항고소송의 대상이 되는 독립된 행정처분에 해당하지 않는다. (사업시행인가 받기 전 소유자들은 행정주체가 아니다.)
- '4대강 살리기 마스터플랜'은 행정기관 내부에서 사업의 기본방향을 제시하는 것일 뿐, 국민의 권리·의무에 직접 영향을 미치는 것이 아니어서 행정처분에 해당하지 않는다 [22국7]

3) 계획재량
- 계획재량은 계획법의 구조적 특성에 기인하는 것으로 행정청이 행정계획을 수립함에 있어서 <u>일반 재량행위에 비하여 더욱 광범위한</u> 판단여지 내지 형성의 자유를 갖는 것을 말한다.
- 관계법령에 추상적인 행정목표와 절차만이 규정되어 있을 뿐 행정계획의 내용에 관하여 별다른 규정을 두고 있지 아니하는 경우에, 행정주체는 구체적인 행정계획의 입안·결정에 관하여 비교적 <u>광범위한 형성의 자유</u>를 가진다. [22국가]

4) 형량명령
- 형량명령이론은 계획재량의 통제와 관련이 깊다.
- 행정주체가 행정계획을 입안·결정함에 있어서 행정계획에 관련되는 자들의 이익을 <u>공익과 사익</u> 사이에서는 물론이고 <u>공익 상호 간</u>과 <u>사익 상호 간</u>에도 정당하게 비교 교량하여야 한다.
- 도시관리계획변경신청뿐만 아니라 도시관리계획시설변경결정에도 형량명령이 적용된다.
- 행정계획결정에 있어서 계획청은 행정계획과 관련된 이익을 형량하기 위하여 관련 이익을 조사하여야 한다.

5) 형량의 하자 - 계획재량의 행사가 위법하게 되는 경우
- <u>형량해태, 형량흠결, 오형량</u>은 계획재량의 통제원리인 형량명령 하자의 일반적 내용이다.
  ① 이익형량을 전혀 하지 아니한 경우 (형량의 해태)
  ② 이익형량의 고려 대상에 마땅히 포함시켜야 할 사항을 누락한 경우 (형량의 흠결)
    - 행정주체가 행정계획을 입안·결정함에 있어서 이익형량의 고려 대상에 마땅히 포함시켜야 할 사항을 누락한 경우 그 행정계획결정은 재량권을 일탈·남용한 것으로서 위법하다. [22국가]
  ③ 이익형량을 하였으나 정당성·객관성이 결여된 경우 (오형량)

6) 행정계획의 수립절차
- 도시계획의 입안에 있어 해당 도시계획안 내용의 <u>공고 및 공람</u> 절차에 하자가 있는 도시계획결정은 위법하다. [22국가]
- 적법한 절차를 거쳐 도시계획결정 등의 처분을 하였다고 하더라도 이를 <u>관보에 게재하여 고시하지 아니한 이상 대외적으로는 아무런 효력도 발생하지 아니한다.</u>
- 국토계획법은 도시관리계획을 결정하면 그 결정을 고시하여야 하고, 도시관리계획 결정이 고시되면 대통령령으로 정하는 바에 따라 지적이 표시된 지형도에 도면을 작성하여 고시하여야 하며, <u>도시관리계획결정의 효력은 지형도면을 고시한날부터 발생한다고 규정하고 있음.</u>
  (도시관리계획결정의 고시가 있는 날부터 즉시 효력을 발생한다 ✗)
- 도시계획의 결정·변경 등에 대한 권한을 가진 행정청은 이미 도시계획이 결정·고시된 지역에

대하여도 다른 내용의 도시계획을 결정·고시할 수 있고, 이때에 후행 도시계획에 선행 도시계획과 양립할 수 없는 내용이 포함되어 있다면 특별한 사정이 없는 한 선행 도시계획은 후행 도시계획과 같은 내용으로 변경된다.
- 후행도시계획을 결정하는 행정청이 선행도시계획의 결정·변경에 관한 권한을 가지고 있지 아니한 경우 선행도시계획과 양립할 수 없는 후행도시계획결정은 무효사유(취소사유 ✕)에 해당한다.

7) 권리구제
- 행정계획의 폐지·변경으로 손해가 발생한 국민에게는 국가배상청구권이 인정될 수 있다.
- 장기미집행 도시계획시설결정의 실효제도는 도시계획시설부지로 하여금 도시계획시설결정으로 인한 사회적 제약으로부터 벗어나게 하는 것으로서 결과적으로 개인의 재산권이 보다 보호되는 측면이 있는 것은 사실이나, 이와 같은 보호는 입법자가 새로운 제도를 마련함에 따라 얻게 되는 법률에 기한 권리일 뿐 헌법상 재산권으로부터 당연히 도출되는 권리는 아니다.

8) 계획입안·변경청구권

(1) 원칙적으로 인정되지 않음
- 도시계획과 같이 장기성·종합성이 요구되는 행정계획에 있어서는 그 계획이 일단 확정된 후에 어떤 사정의 변동이 있다고 하여 지역주민에게 일일이 그 계획의 변경을 청구할 권리를 인정해 줄 수도 없는 이치이므로 도시계획시설변경신청을 불허한 행위는 항고소송의 대상이 되는 행정처분이라고 볼 수 없다.
- 인근 주민들이 최초에 계획된 직선도로개설계획을 존치시킬 것을 요구할 수 있는 계획존속청구권 은 일반적으로 인정되지 않는다.

(2) 예외적으로 인정되는 경우
- 「국토의 계획 및 이용에 관한 법률」상 도시계획 구역 내 토지 등을 소유하고 있는 사람과 같이 도시계획시설결정에 이해관계가 있는 주민은 도시시설계획의 입안 내지 변경을 요구할 수 있는 법규상 또는 조리상의 신청권이 있다.
- 문화재보호구역 내에 있는 토지소유자 등으로서는 보호구역의 지정해제를 요구할 수 있는 법규상 또는 조리상 신청권이 있다.

- 장래 일정한 기간 내에 관계 법령이 규정하는 시설 등을 갖추어 일정한 행정처분을 구하는 신청을 할 수 있는 법률상 지위에 있는 자의 국토이용계획변경신청을 거부하는 것이 실질적으로 당해 행정처분 자체를 거부하는 결과가 되는 경우라면, 그 신청인에게 국토이용계획변경을 신청할 조리상 권리가 인정된다고 볼 수 있다.
(폐기물처리업 적정통보 받은 자에 대해 국토이용계획변경신청권 인정 O)

5. 공법상 계약

> 행정기본법 제27조(공법상 계약의 체결) ① 행정청은 법령등을 위반하지 아니하는 범위에서 행정목적을 달성하기 위하여 필요한 경우에는 공법상 법률관계에 관한 계약(이하 "공법상 계약"이라 한다)을 체결할 수 있다. 이 경우 계약의 목적 및 내용을 명확하게 적은 계약서를 작성하여야 한다. [23지7]
> ② 행정청은 공법상 계약의 상대방을 선정하고 계약 내용을 정할 때 공법상 계약의 공공성과 제3자의 이해관계를 고려하여야 한다. [22국7]

1) 의의 및 성질, 법적근거
- 일반적으로 공법상 계약은 법규에 저촉되지 않는 한 자유로이 체결할 수 있으며 법률의 근거도 필요하지 않다.
- 다수설에 따르면 공법상 계약은 당사자의 자유로운 의사의 합치에 의하므로 원칙적으로 법률유보의 원칙이 적용되지 않는다고 본다.
- 공법상 계약도 공행정작용이므로 역시 법률우위의 원칙하에 놓인다.
- 공법상 계약의 내용은 당사자 간에 합의에 의하여 정해지기도 하지만, 행정주체가 일방적으로 내용을 정하고 상대방은 체결 여부만을 선택해야하는 경우도 인정될 수 있다.
- 공법상 계약은 행정주체와 사인 간 뿐만 아니라 행정주체 상호간에도 성립할 수 있다.
- 위법한 공법상 계약은 무효이므로 공법상 계약에는 원칙적으로 공정력이 인정되지 않는다.
  (= 공법상 계약이 법령 위반 등의 내용상 하자가 있는 경우에도 그 하자가 중대명백한 것이 아니면 취소할 수 있는 하자에 불과하고(✗) 이에 대한 다툼은 당사자소송에 의하여야 한다. [22국9])

2) 공법상 계약에 해당한다고 본 예
- 공중보건의사 채용계약
- 시립무용단원의 채용계약
- 광주광역시립합창단원으로서 위촉기간이 만료되는 자들의 재위촉신청에 대하여 광주광역시문화 예술회관장이 실기와 근무성적에 대한 평정을 실시하여 재위촉을 하지 아니한 것은 항고소송의 대상이 되는 처분에 해당하지 않는다.
- 「지방공무원법」상 지방전문직 공무원 채용계약에서 정한 채용기간이 만료한 경우에는 채용계약의 갱신이나 기간연장 여부는 기본적으로 지방자치 단체장의 재량이다.
- 중소기업 정보화지원사업에 따른 지원금 출연을 위하여 중소기업청장이 체결하는 협약은 공법상 대등한 당사자 사이의 의사표시의 합치로 성립하는 공법상 계약에 해당하고 그 협약의 해지 및 그에 따른 환수통보는 공법상 계약에 따라 행정청이 대등한 당사자의 지위에서 하는 의사표시이다. [22국7] [23지7]

3) 절 차
- 공법상 계약은 「행정절차법」이 적용되지 않는다.
- 공법상계약의 해지의사표시를 하기 위해서는 「행정절차법」에 따라 근거와 이유를 제시하여야 하는 것은 아니다.
- 계약직공무원 채용계약해지의 의사표시는 행정절차법에 의하여 근거와 이유를 제시하여야 하는 것은 아니다. [22지9]
- 계약직공무원에 관한 현행 법령의 규정에 비추어 볼 때, 계약직공무원 채용계약해지의 의사표시는 일반공무원에 대한 징계처분과는 달라서 항고소송의 대상이 되는 처분 등의 성격을 가진 것으로 인정되지 아니하고, 일정한 사유가 있을 때에 국가 또는 지방자치단체가 채용계약 관계의 한쪽 당사자로서 대등한 지위에서 행하는 의사표시로 취급되는 것으로 이해되므로, 이를 징계해고 등에서와 같이 그 징계사유에 한하여 효력 유무를 판단하여야 하거나, 행정처분과 같이 행정절차법에 의하여 근거와 이유를 제시하여야 하는 것은 아니다.

4) 쟁송방법
- 공법상 계약의 한쪽 당사자가 다른 당사자를 상대로 그 효력을 다투거나 그 이행을 청구하는 소송은 공법상의 법률관계에 관한 분쟁이므로 특별한 사정이 없는 한 공법상 당사자소송으로 제기하여야 한다. [22국7]
- 공법상 계약의 일방 당사자인 행정이 계약위반행위를 한다면 타방 당사자인 주민 또는 국민은 행정소송 중 당사자소송으로써 권리구제를 받을 수 있다.
- 공중보건의사 채용계약 해지의 의사표시에 대하여는 공법상의 당사자소송으로 그 의사표시의 무효 확인을 청구할 수 있다.
  (공법상 계약이더라도 한쪽 당사자가 다른 당사자를 상대로 계약의 이행을 청구하는 소송은 민사소송으로 제기하여야 한다. ✗ [22지9])
- 공법상계약에 의한 의무불이행에 대해서는 원칙적으로 「행정대집행법」이 적용될 수 없다.

6. 사실행위

1) 의 의
- 행정행위나 공법상 계약과 달리 법적효과를 발생시키지 않고 사실상의 효과만 발생시키는 행위
- 행정상 사실행위의 예로는 폐기물 수거, 행정지도, 대집행의 실행, 행정상 즉시강제 등이 있다. [23지9]

2) 처분성 인정 여부

(1) 권력적 사실행위
- 헌법재판소는 "수형자의 서신을 교도소장이 검열 하는 행위는 이른바 권력적 사실행위로 서 행정심판이나 행정소송의 대상이 되는 행정처분으로 볼 수 있다."라고 하여 명시적으로 권력적 사실행위 의 처분성을 긍정하였다.
- 지방자치단체의 장에 의한 수도의 공급거부(단수조치)는 처분성이 인정된다.
- 교도소장이 영치품인 티셔츠 사용을 재소자에게 불허한 행위는 항고소송의 대상이 되는 행정처분에 해당한다. [23지9]

(2) 비권력적 사실행위의 처분성 인정 여부
- 행정청이 위법 건축물에 대한 단전 및 전화통화 단절조치를 요청한 것은 항고소송의 대상이 되는 행정처분이라고 볼 수 없다. [23지9]

7. 행정지도

1) 행정지도의 의의
- 행정지도는 행정기관이 그 소관 사무의 범위에서 일정한 행정목적을 실현하기 위하여 특정인에게 일정한 행위를 하거나 하지 아니하도록 지도, 권고, 조언 등을 하는 행정작용을 말한다.
- 영농지도, 중소기업에 대한 경영지도, 생활개선지도 등은 조성적 행정지도[1]에 해당한다.

2) 절 차
① 법령의 수권 없이 행정지도를 할 수 있다.
② 행정지도가 말로 이루어지는 경우에 상대방이 행정지도의 취지 및 내용, 행정지도를 하는 자의 신분에 관한 사항을 적은 서면의 교부를 요구하면 그 행정지도를 하는 자는 직무 수행에 특별한 지장이 없으면 이를 교부하여야 한다.
③ 행정지도의 상대방은 해당 행정지도의 방식·내용 등에 관하여 행정기관에 의견제출을 할 수 있다.
   (행정지도의 상대방은 동의하지 않는 경우 이를 따르지 않을 수 있으므로, 행정지도의 내용이나 방식에 대해 의견제출권을 갖지 않는다 ✘)
④ 「행정절차법」에 따르면, 행정기관은 행정지도의 상대방이 행정지도에 따르지 않았다는 것을 이유로 불이익한 조치를 하여서는 아니 된다고 규정하고 있다. [23지9]
⑤ 위생지도는 구속력을 갖지 않는 행정지도에 속하지만 「행정절차법」상의 비례원칙이 적용된다.
⑥ 행정기관이 같은 행정목적을 실현하기 위하여 많은 상대방에게 행정지도를 하려는 경우에는 특별한 사정이 없으면 행정지도에 공통적인 내용이 되는 사항을 공표하여야 한다. [23지9]

---
[1] 일정한 질서의 형성을 촉진하기 위하여 관계자에게 기술과 지식 등을 제공하거나 조언을 하는 것과 같은 방식의 행정지도

- 위생지도가 다수인을 대상으로 하는 것이라면 특별한 사정이 없는 한 위생지도에 관한 공통적인 내용과 사항을 공표해야 한다.

3) 처분성 인정여부
- 행정지도는 비권력적 사실행위에 해당하므로 원칙적으로 항고소송의 대상이 되지 않는다.
  (= 지도, 권고, 조언 등의 행정지도는 법령의 근거를 요하고 항고소송의 대상이 된다. ✗ [22국9])

4) 헌법소원 제기 가능성
- 교육인적자원부장관의 대학총장들에 대한 이 사건 학칙시정요구는 고등교육법 제6조 제2항, 동법시행령 제4조 제3항에 따른 것으로서 그 법적 성격은 대학총장의 임의적인 협력을 통하여 사실상의 효과를 발생시키는 행정지도의 일종이지만, 그에 따르지 않을 경우 일정한 불이익 조치를 예정하고 있어 사실상 상대방에게 그에 따를 의무를 부과하는 것과 다를 바 없으므로 단순한 행정지도로서의 한계를 넘어 규제적·구속적 성격을 상당히 강하게 갖는 것으로서 헌법소원의 대상이 되는 공권력의 행사라고 볼 수 있다.

- 국공립대학의 총장직선제 개선 여부를 재정지원 평가요소로 반영하고 이를 개선하지 않을 경우 다음 연도에 지원금을 삭감 또는 환수하도록 규정한 교육부장관의 '대학교육역량강화사업 기본계획'은 총장직선제를 개선하지 않을 경우 지원금을 받지 못하게 될 가능성이 있어 대학들이 이 계획에 구속될 여지가 있다 하더라도, 이는 사실상의 구속에 불과하고 이에 따를지 여부는 전적으로 대학의 자율에 맡겨져 있다. 더구나 총장직선제를 개선하려면 학칙이 변경되어야 하므로, 계획 자체만으로는 대학의 구성원인 청구인들의 법적 지위나 권리의무에 어떠한 영향도 미친다고 보기 어렵다. 따라서 2012년도와 2013년도 계획 부분은 헌법소원의 대상이 되는 공권력 행사에 해당하지 아니한다.

- 비구속적 행정계획안이나 행정지침이라도 국민의 기본권에 직접적으로 영향을 끼치고, 앞으로 법령의 뒷받침에 의하여 그대로 실시될 것이 틀림없을 것으로 예상될 수 있을 때에는, 공권력행위로서 예외적으로 헌법소원의 대상이 될 수 있다.
- 행정지도가 단순한 행정지도로서의 한계를 넘어 규제적·구속적 성격을 상당히 강하게 갖는 것이라면 헌법소원의 대상이 되는 공권력의 행사로 볼 수 있다.

- 교도소 내 마약류 관련 수형자에 대한 교도소장의 소변강제채취는 우월적인 지위에서 형의 집행에 관한 지시, 명령을 복종하여야 할 관계에 있는 자에게 행해진 것으로서 일방적으로 강제하는 측면이 존재하며, 응하지 않을 경우 불리한 처우를 받을 수 있다는 심리적 압박이 존재하리라는 것을 충분히 예상할 수 있는 점에 비추어, 권력적 사실행위로서 헌법재판소법 제68조 제1항의 공권력의 행사에 해당한다. [23지9]

5) 국가배상

- 위법한 행정지도로 손해가 발생한 경우 국가 등을 상대로 손해배상을 청구할 수 있으나, 이 경우 「국가배상법」 제2조가 정한 배상책임의 요건을 갖추어야 한다.
- 「국가배상법」이 정한 배상청구의 요건인 '공무원의 직무'에는 권력적 작용만이 아니라 행정지도와 같은 비권력적 작용도 포함된다.
- 행정지도가 강제성을 띠지 않은 비권력적 작용으로서 행정지도의 한계를 일탈하지 아니하였다 하였다면 그로 인하여 상대방에게 어떤 손해가 발생하였다 하더라도 행정기관은 그에 대한 손해배상책임을 지지 않는다. [23지9]

6) 위법한 행정지도에 따른 사인의 행위

- 위법한 행정지도에 따라 행한 사인의 행위는 법령에 명시적으로 정하지 않는 한 위법성이 조각된다고 할 수 없다. (그 위법행위가 정당화될 수 없다.) [23지9]
- 토지거래계약신고에 관한 행정관청의 위법한 관행에 따라 토지의 매매가격을 허위로 신고한 행위라 하더라도 사회상규에 위배되지 않는 정당행위라고 볼 수 없다.

2024 공무원 시험 대비

제3편
행정절차·
행정정보공개·
개인정보보호

제1장 행정절차

제2장 정보공개

제3장 개인정보보호

제1장 | 행정절차

1. 행정절차법 일반
- 「헌법」제12조 제1항과 제3항의 형사사건의 적법 절차에 관한 규정은 행정절차에도 적용된다.
- 행정절차법상 규정이 없는 경우에도 행정권 행사가 적정한 절차에 따라 행해지지 아니하면 그 행정권 행사는 적법절차의 원칙에 반한다.

> **행정절차법 제4조(신의성실 및 신뢰보호)** ① 행정청은 직무를 수행할 때 신의(信義)에 따라 성실히 하여야 한다.
> **국세기본법 제15조(신의·성실)** 납세자가 그 의무를 이행할 때에는 신의에 따라 성실하게 하여야 한다. 세무공무원이 직무를 수행할 때에도 또한 같다.

- 「행정절차법」은 「국세기본법」상과는 달리 행정청에 대해서만 신의성실의 원칙에 따를 것을 규정하고 있다.

2. 행정절차법의 적용 범위
- 처분, 신고, 행정상 입법예고, 행정예고 및 행정지도, 확약, 위반사실 등의 공표, 행정계획의 절차에 관하여 다른 법률에 특별한 규정이 있는 경우를 제외하고는 원칙적으로 「행정절차법」이 정하는 바에 의한다.

3. 행정절차법의 적용배제

> **행정절차법 제3조(적용 범위)** ② 이 법은 다음 각 호의 어느 하나에 해당하는 사항에 대하여는 적용하지 아니한다.
> 1. **국회 또는 지방의회**의 의결을 거치거나 동의 또는 승인을 받아 행하는 사항
> 2. **법원 또는 군사법원**의 재판에 의하거나 그 집행으로 행하는 사항
> 3. **헌법재판소**의 심판을 거쳐 행하는 사항
> 4. **각급 선거관리위원회**의 의결을 거쳐 행하는 사항
> 5. **감사원**이 감사위원회의 결정을 거쳐 행하는 사항
> 6. **형사(刑事), 행형(行刑) 및 보안처분** 관계 법령에 따라 행하는 사항
> 7. 국가안전보장·국방·외교 또는 통일에 관한 사항 중 행정절차를 거칠 경우 국가의 중대한 이익을 현저히 해칠 우려가 있는 사항
> 8. 심사청구, 해양안전심판, 조세심판, 특허심판, 행정심판, 그 밖의 **불복절차**에 따른 사항

> 9. 「병역법」에 따른 징집·소집, 외국인의 출입국·난민인정·귀화, 공무원 인사 관계 법령에 따른 징계와 그 밖의 처분, 이해 조정을 목적으로 하는 법령에 따른 알선·조정·중재(仲裁)·재정(裁定) 또는 그 밖의 처분 등 해당 행정작용의 성질상 행정절차를 거치기 곤란하거나 거칠 필요가 없다고 인정되는 사항과 행정절차에 준하는 절차를 거친 사항으로서 대통령령으로 정하는 사항

- 공무원 인사관계법령에 의한 처분에 관한 사항 전부에 대하여 「행정절차법」의 적용이 배제되는 것이 아니라 성질상 행정절차를 거치기 곤란하거나 불필요하다고 인정되는 처분이나 행정절차에 준하는 절차를 거치도록 하고 있는 처분의 경우에만 「행정절차법」의 적용이 배제된다.
- 「행정절차법 시행령」 제2조 제8호는 '학교·연수원 등에서 교육·훈련의 목적을 달성하기 위하여 학생·연수생들을 대상으로 하는 사항'을 「행정절차법」이 적용되지 않는 경우로 규정하고 있으나 생도의 퇴학처분과 같이 신분을 박탈하는 징계처분은 여기에 해당한다고 할 수 없다.
- 「군인사법」상 진급선발취소 처분에 대해서는 행정절차법이 적용된다.
- 「병역법」에 의한 소집에 관한 사항에는 「행정절차법」이 적용되지 않으나 「병역법」상의 산업기능요원의 편입취소처분에 대해서는 「행정절차법」이 적용된다.
- 대통령에 의한 한국방송공사 사장의 해임에는 「행정절차법」이 적용된다.
- 대통령이 한국방송공사 사장을 해임하면서 사전통지절차를 거치지 않은 경우에는 그 해임처분은 위법하다. [22국9]
- 직권면직처분에도 행정절차법이 적용된다.
- 별정직 공무원인 대통령기록관장에 대한 직권면직 처분에도 처분의 사전통지 및 의견청취 등에 관한 「행정절차법」 규정이 적용된다. (적용되지 않는다 ✗) [22국9]
- 「국가공무원법」상 직위해제처분은 사전통지 및 의견청취 등에 관한 「행정절차법」의 규정이 별도로 적용되지 않는다.
  (직위해제처분에는 행정절차법의 규정이 적용된다. ✗ [22지9] [22국7])
- 「군인사법」에 따라 당해 직무를 수행할 능력이 없다고 인정하여 장교를 보직해임하는 경우, 당해 행정행위의 성질상 행정절차를 거치기 곤란하거나 불필요하다고 인정되는 사항 또는 행정절차에 준하는 절차를 거친 사항에 해당하므로 처분의 근거와 이유제시 등에 관하여 「행정절차법」의 규정이 적용되지 않는다.
- 사증거부처분에 대해서도 처분의 방식에 관한 「행정절차법」의 규정은 원칙적으로 적용된다.
- 「독점규제 및 공정거래에 관한 법률」 규정에 의한 처분의 상대방에게 부여된 절차적 권리의 범위와 한계를 확정하려면 「행정절차법」이 당사자에게 부여한 절차적 권리의 범위와 한계 수준을 고려하여야 한다.
- 대법원에 따르면 「행정절차법」 적용이 제외되는 의결·결정에 대해서는 「행정절차법」을 적용하여 의견청취절차를 생략할 수는 없다.

- 공정거래위원회의 시정조치 및 과징금납부명령에 「행정절차법」소정의 의견청취절차 생략사유가 존재한다하더라도 공정거래위원회는 「행정절차법」을 적용하여 의견청취절차를 생략할 수 있는 것은 아니다.

4. 처분의 사전통지
- 행정청은 당사자에게 의무를 부과하거나 권익을 제한하는 처분을 하는 경우에는 처분의 제목, 당사자의 성명 또는 명칭과 주소, 처분하려는 원인이 되는 사실과 처분의 내용 및 법적 근거, 의견을 제출할 수 있다는 뜻과 의견을 제출하지 아니하는 경우의 처리방법, 의견제출기관의 명칭과 주소, 의견제출기한, 그 밖에 필요한 사항을 당사자등에게 통지하여야 한다.

1) 사전통지의 상대방

(1) 침익적 처분의 상대방
- 「식품위생법」상의 영업자지위승계신고를 수리하는 경우, 종전 영업자(영업시설을 인수하여 영업자의 지위를 승계한 자 ✕)에 대하여 사전통지를 하고, 그에게 의견제출의 기회를 주어야 한다.
- 행정청이 구「관광진흥법」의 규정에 의하여 유원지시설업자 지위승계신고를 수리하는 처분을 하는 경우, 종전 유원지시설업자에 대하여는 「행정절차법」상 처분의 사전통지절차를 거칠 필요가 있다.
- 상대방의 귀책사유로 야기된 처분의 하자를 이유로 수익적 행정행위를 취소하는 경우에도 사전통지의 대상이 된다.
- 처분의 상대방에게 이익이 되며 제3자의 권익을 침해하는 이중효과적 행정행위는 원칙적으로 사전통지·의견제출의 기회를 제공하지 않아도 된다. (사전통지·의견제출의 대상이 된다. ✕)

(2) 행정절차에 참여하게 한 이해관계인
- 처분의 사전통지가 적용되는 제3자는 '행정청이 직권 또는 신청에 따라 행정절차에 참여하게 한 이해관계인'으로 한정된다.
- 불이익처분의 직접 상대방인 당사자도 아니고 행정청이 참여하게 한 이해관계인도 아닌 제3자에 대해서는 사전통지에 관한 규정이 적용되지 않는다. [23지9]
- 제3자인 이해관계인은 법원의 참가결정이 없는 한 관계처분에 대해 청문이나 공청회 등 의견청취절차에 참가할 수 없다.

2) 일반처분의 경우
- '고시'의 방법으로 불특정 다수인을 상대로 의무를 부과하거나 권익을 제한하는 처분은 성질상 의견제출의 기회를 주어야 하는 상대방을 특정할 수 없으므로, 이와 같은 처분에 있어서까지 그 상대방에게 의견제출의 기회를 주어야 하는 것은 아니다. [22지7]

- 「도로법」상 도로구역을 변경할 경우, 이를 고시하고 그 도면을 일반인이 열람할 수 있도록 하고 있는 바, 도로구역을 변경한 처분은 「행정절차법」상 사전통지나 의견청취의 대상이 되는 처분이 아니다.

3) 거부처분에도 사전통지절차가 적용되는지 여부
- 신청에 대한 거부처분은 특별한 사정이 없는 한 처분의 사전통지대상이 되지 않는다.
- 신청에 따른 처분이 이루어지지 않은 경우에는 특별한 사정이 없는 한 사전통지의 대상이 된다고 할 수 없다.
- 의견제출제도는 당사자에게 의무를 부과하거나 권익을 제한하는 경우에 적용되고 수익적 행위나 수익적 행위의 신청에 대한 거부에는 적용이 없으며, 일반처분의 경우에도 적용이 없다.

4) 사전통지의 예외사유
- 법령등에서 요구된 자격이 없거나 없어지게 되면 반드시 일정한 처분을 하여야 하는 경우에 그 자격이 없거나 없어지게 된 사실이 법원의 재판에 의하여 객관적으로 증명된 경우에는 사전통지를 생략할 수 있다. [22국9]
- 처분상대방이 이미 행정청에 위반사실을 시인하였다는 사정은 사전통지의 예외가 적용되는 '의견청취가 현저히 곤란하거나 명백히 불필요하다고 인정될 만한 상당한 이유가 있는 경우'에 해당하지 않는다.
- 「공무원연금법」상 퇴직연금의 환수결정은 당사자에게 의무를 과하는 처분이기는 하나, 관련 법령에 따라 당연히 환수금액이 정하여지는 것이므로, 퇴직연금의 환수결정에 앞서 당사자에게 의견진술의 기회를 주지 아니하여도 행정절차법 제22조 제3항이나 신의칙에 어긋나지 아니한다. [23지7]

5. 청문 · 공청회 · 의견제출의 기회

1) 청 문
- 청문은 행정청이 어떠한 처분을 하기 전에 당사자 등의 의견을 직접 듣고 증거를 조사하는 절차이다. (증거를 조사하는 절차는 아니다 ✘)

> **행정절차법 제22조(의견청취)** ① 행정청이 처분을 할 때 다음 각 호의 어느 하나에 해당하는 경우에는 청문을 한다.
> 1. 다른 법령등에서 청문을 하도록 규정하고 있는 경우
> 2. 행정청이 필요하다고 인정하는 경우 (청문을 해야 한다. (할 수 있다 ✘))
> 3. 다음 각 목의 처분을 하는 경우
>   가. 인허가 등의 취소
>   나. 신분 · 자격의 박탈

다. 법인이나 조합 등의 설립허가의 취소

- 인·허가 등을 취소하는 경우에는 개별 법령상 청문을 하도록 하는 근거 규정이 있거나 의견제출기한 내에 당사자 등의 신청이 없는 경우에도 청문을 하여야 한다.
- 행정청이 신분·자격의 박탈처분을 할 때 미리 당사자 등에게 통지한 의견제출기한 내에 당사자 등의 청문신청이 있는 경우에는 청문을 한다. (2022년 7월 행정절차법의 개정으로 당사자 등의 신청이 없는 경우에도 청문을 하여야 한다.)
- 자격의 박탈을 내용으로 하는 처분의 상대방은 처분의 근거법률에 청문을 하도록 규정되어 있지 않더라도 「행정절차법」에 따라 청문을 신청할 수 있다. (2022년 7월 행정절차법의 개정으로 당사자 등의 신청이 없는 경우에도 청문을 하여야 한다.)

- 청문은 원칙적으로 당사자가 공개를 신청하거나 청문주재자가 필요하다고 인정하는 경우 공개할 수 있다. (30조)
- 행정청은 직권으로 또는 당사자(이해관계인 ✗)의 신청에 따라 여러 개의 사안을 병합하거나 분리하여 청문을 할 수 있다. (32조)
- 청문 주재자는 직권으로 또는 당사자의 신청에 따라 필요한 조사를 할 수 있으며, 당사자 등이 주장 하지 아니한 사실에 대하여도 조사할 수 있다. (33조)
- 당사자등은 청문조서의 내용을 열람·확인할 수 있으며, 그 청문조서에 이의가 있을 때에는 정정을 요구할 수 있다. (34조)
- 청문 주재자는 당사자등의 전부 또는 일부가 정당한 사유 없이 청문기일에 출석하지 아니하거나 의견서를 제출하지 아니한 경우에는 이들에게 다시 의견진술 및 증거제출의 기회를 주지 아니하고 청문을 마칠 수 있다. (35조 2항)

행정절차법 제37조(문서의 열람 및 비밀유지) ① 당사자등은 **의견제출의 경우**에는 처분의 사전 통지가 있는 날부터 의견제출기한까지, **청문의 경우**에는 청문의 통지가 있는 날부터 청문이 끝날 때까지 **행정청에 해당 사안의 조사결과에 관한 문서와 그 밖에 해당 처분과 관련되는 문서의 열람 또는 복사를 요청할 수 있다.** 이 경우 행정청은 다른 법령에 따라 공개가 제한되는 경우를 제외하고는 그 요청을 **거부할 수 없다.**

(1) 예외사유
- 행정청의 처분으로 의무가 부과되거나 권익이 제한되는 경우라도 당사자가 의견진술의 기회를 포기한다는 뜻을 명백히 표시한 경우에는 의견청취를 생략할 수 있다. [22국9]

- 「행정절차법」의 청문배제사유인 '당해 처분성질 상 의견청취가 현저히 곤란하거나 명백히 불필요하다고 인정될 만한 상당한 이유가 있는 경우'는 당해 행정처분의 성질에 의하여 판단하여야 하는 것이지, 청문통지서의 반송여부, 청문통지의 방법 등에 의하여 판단할 것은 아니다.

- 행정청과 당사자 사이에 청문의 실시 등 의견 청취절차를 배제하는 협약이 있었다 하더라도, 이와 같은 협약의 체결로 청문의 실시에 관한 규정의 적용을 배제할 수 있다고 볼 만한 법령상의 규정이 없는 한, 청문의 실시에 관한 규정의 적용이 배제되지 않으며 청문을 실시하지 않아도 되는 예외적인 경우에 해당하지 아니한다. [22국가] [22지가] [23지가]

- 행정처분의 상대방에 대한 청문통지서가 반송되었거나 행정처분의 상대방이 청문일시에 불출석하였다는 이유만으로 행정청이 관계 법령상 그 실시가 요구되는 청문을 실시하지 아니하고 한 침해적 행정처분은 위법하다. [23지9]

(2) 청문절차의 하자
- 행정청이 침해적 행정처분을 하기 전에 청문을 실시해야 하는 경우 청문을 결여한 처분은 위법한 처분으로서 취소사유에 해당한다.
- 대법원은 청문절차에 대해서는 하자의 치유를 인정하고 있다.

2) 공청회

> **행정절차법 제22조(의견청취)** ② 행정청이 처분을 할 때 다음 각 호의 어느 하나에 해당하는 경우에는 공청회를 개최한다.
> 1. **다른 법령등에서 공청회를 개최하도록 규정**하고 있는 경우
> 2. 해당 처분의 영향이 광범위하여 **널리 의견을 수렴할 필요가 있다고 행정청이 인정하는 경우**
> 3. **국민생활에 큰 영향을 미치는 처분**으로서 대통령령으로 정하는 처분에 대하여 대통령령으로 정하는 수(30명) 이상의 당사자등이 공청회 개최를 요구하는 경우
>
> **제38조의2(온라인공청회)** ① 행정청은 제38조에 따른 공청회와 병행하여서만 정보통신망을 이용한 공청회(이하 "온라인공청회"라 한다)를 실시할 수 있다.
> ② 제1항에도 불구하고 다음 각 호의 어느 하나에 해당하는 경우에는 온라인공청회를 단독으로 개최할 수 있다.
> 1. 국민의 생명·신체·재산의 보호 등 국민의 안전 또는 권익보호 등의 이유로 제38조에 따른 공청회를 개최하기 어려운 경우
> 2. 제38조에 따른 공청회가 행정청이 책임질 수 없는 사유로 개최되지 못하거나 개최는 되었으나 정상적으로 진행되지 못하고 무산된 횟수가 **3회** 이상인 경우 [23국9]
> 3. 행정청이 널리 의견을 수렴하기 위하여 온라인공청회를 단독으로 개최할 필요가 있다고 인정하는 경우. 다만, 제22조제2항제1호 또는 제3호에 따라 공청회를 실시하는 경우는 제외한다.

- 묘지공원과 화장장의 후보지를 선정하는 과정에서 추모공원건립추진협의회가 후보지 주민들의 의견을 청취하기 위하여 그 명의로 개최한 공청회는 행정청이 도시계획시설결정을 하면서 개최한 공청회가 아니므로, 위 공청회의 개최에 관하여 행정절차법에서 정한 절차를 준수하여야 하는 것은 아니다.

3) 의견제출의 기회

- 행정청이 당사자에게 의무를 부과하거나 권익을 제한하는 처분을 함에 있어 청문이나 공청회를 거치지 않은 경우에는 당사자에게 의견제출의 기회를 주어야 한다.

- 「행정절차법」은 청문과 관련하여 다른 법령 등에서 청문을 실시하도록 규정하고 있는 경우 또는 행정청이 필요하다고 인정하는 경우에는 청문을 실시하도록 규정하고 있는데, 「도로교통법」에는 면허취소에 대한 별도의 청문규정이 없지만 이 경우에도 갑에게 의견제출의 기회는 주어야 한다.

- 다른 법령 등에서 청문절차를 거치도록 규정하고 있지 않은 경우에는 원칙적으로 청문을 거치지 않고 다른 의견청취절차만 거치더라도 위법하지 않다.

- 광업법 제88조 제2항에서 처분청이 같은 법조 제1항의 규정에 의하여 광업용 토지수용을 위한 사업인정을 하고자 할 때에 토지소유자와 토지에 관한 권리를 가진 자의 의견을 들어야 한다고 한 것은 그 사업인정 여부를 결정함에 있어서 소유자나 기타 권리자가 의견을 반영할 기회를 주어 이를 참작하도록 하고자 하는 데 있을 뿐, 처분청이 그 의견에 기속되는 것은 아니다.

6. 처분의 이유제시

1) 적용범위 및 예외

- 「행정절차법」은 침익적 처분뿐만 아니라 모든 처분에 대해(당사자에게 의무를 부과하거나 당사자의 권익을 제한하는 처분을 하는 경우에 대해서만 ✕) 그 근거와 이유를 제시하도록 규정하고 있다.

- 행정청이 ① 신청 내용을 모두 그대로 인정하는 처분, ② 단순·반복적인 처분 또는 경미한 처분으로서 당사자가 그 이유를 명백히 알 수 있는 경우, ③ 긴급히 처분을 할 경우에는 처분의 이유제시를 생략할 수 있다.
  (긴급히 처분을 할 경우를 제외하고는 모든 경우에 있어 당사자에게 그 근거와 이유를 제시하여야 한다 ✕)

- 하나의 납세고지서에 의해 복수의 과세처분을 하는 경우, 과세처분별로 산출근거를 구분하여 기재해야 한다.

2) 이유제시의 정도

(1) 적법한 경우

- 변상금부과처분을 하면서 그 납부고지서 또는 적어도 사전통지서에 그 산출근거를 제시하지 아니 하였다면 위법하고 그 산출근거가 법령상 규정 되어 있거나 부과통지서 등에 산출근거가 되는 법령을 명기하였다고 해서 이유제시의 요건을 충족한 것이 아니다.

- 과세처분의 경우 세금의 종류와 과세표준, 세액산출근거 등을 명시하여야 한다. 가산세의 종류와 세액의 산출근거 등을 전혀 밝히지 않고 가산세의 합계액만을 기재한 경우 그

부과처분은 위법하다.
- 과세처분 시 납세고지서에 법으로 규정한 과세표준 등의 기재가 누락되면 그 과세처분 자체가 위법한 처분이 되어 취소의 대상이 된다. [22지9]
- 처분 당시 당사자가 어떠한 근거와 이유로 처분이 이루어진 것인지를 충분히 알 수 있어서 그에 불복하여 행정구제절차로 나아가는 데에 별다른 지장이 없었던 것으로 인정되는 경우에는 처분서에 처분의 근거와 이유가 구체적으로 명시되어 있지 않더라도 그 처분은 위법하다고 할 수 없다.
- 행정청이 처분을 하면서 당사자가 그 근거를 알 수 있을 정도로 이유를 제시한 경우에는 처분의 근거와 이유를 구체적으로 명시하지 않았더라도 그로 말미암아 그 처분이 위법하다고 볼 수는 없다. [23지9]

- 당사자가 근거규정 등을 명시하여 신청하는 인·허가 등을 거부하는 처분을 함에 있어 당사자가 그 근거를 알 수 있을 정도로 상당한 이유를 제시한 경우에는 당해 처분의 근거 및 이유를 구체적 조항 및 내용까지 명시하지 않았더라도 그로 말미암아 그 처분이 위법한 것이 된다고 할 수 없다. [22국7]
- 행정청이 토지형질변경허가신청을 불허하는 근거 규정으로 '도시계획법 시행령 제20조'를 명시하지 아니하고 '도시계획법'이라고만 기재하였으나, 신청인이 자신의 신청이 개발제한구역의 지정 목적에 현저히 지장을 초래하는 것이라는 이유로 구 「도시계획법 시행령」 제20조 제1항 제2호에 따라 불허된 것임을 알 수 있었던 경우에는 그 불허처분이 위법하지 않다.
- 부과처분에 앞서 보낸 과세예고통지서에 납세고지서의 필요적 기재사항이 제대로 기재되어 있었다면, 납세고지서에 그 기재사항의 일부가 누락된 이유제시의 하자는 치유된 것이다.
- 교육부장관이 부적격사유가 없는 후보자들 사이에서 어떤 후보자를 상대적으로 더욱 적합하다고 판단하여 국립대학교의 총장으로 임용제청을 하였다면, 그러한 임용제청행위 자체로서 이유제시의무를 다한 것이다. [22지9]

(2) 위법한 경우
- 세액산출근거가 기재되지 아니한 납세고지서에 의한 부과처분은 그 후 부과된 세금을 자진납부 하였다거나 또는 조세채권의 소멸시효기간이 만료 되었다 하여 하자가 치유되는 것이라고는 할 수 없다. [23국9]

3) 이유제시의 하자
- 이유제시의 하자는 무효사유와 취소사유의 구별 기준에 따라 무효인 하자나 취소할 수 있는 하자가 된다. 판례는 이유제시의 하자를 통상 취소(무효 ✗)사유로 보고 있다.

7. 절차하자가 있는 처분

1) 절차하자의 독자적 위법 사유 여부
- 기속행위이든 재량행위이든 절차상의 하자만으로도 독립된 취소사유가 된다.
- 처분 이전에 개최하도록 되어 있는 민원조정위원회의 경우, 민원조정위원회의 절차요건에 하자가 있을 때에는 그 처분이 재량행위이면 위법하다고 할 수 없으나 그 처분이 기속행위이면 재량권 일탈 남용이라고 볼 수 있는 한 취소의 대상이 되는 위법한 행위이다. ✕
- 만약 경찰청장의 면허취소가 다른 적법요건은 모두 구비하였으나 다만 절차상의 하자만 있을 뿐이라면, 이러한 절차상의 하자만을 이유로 처분이 취소 될 수 있다.
- 사전통지와 청문절차를 위반한 경우뿐만 아니라 의견제출절차, 타 기관과의 협의절차를 위반한 경우에도 원칙적으로 위법이 된다.

2) 하자 있는 처분의 효력
- 법령상 환경영향평가를 거쳐야 할 대상사업에 대하여 환경영향평가를 거치지 않고 행하여진 승인 처분은 위법하고 당연무효이다.(취소의 대상 ✕)
- 환경영향평가절차를 거쳤다면, 환경영향평가의 내용이 다소 부실하다 하더라도, 그 부실의 정도가 환경영향평가를 하지 아니한 것과 다를 바 없는 정도의 것이 아니라면 당연히 당해 승인 등 처분이 위법하게 되는 것은 아니다. [22국가]
- 공기업 사장에 대한 해임처분 과정에서 처분 내용을 사전에 통지받지 못했고 해임처분 시 법적 근거 및 구체적 해임 사유를 제시받지 못하였다면, 그 해임처분은 위법하지만 당연 무효는 아니다.
- 구 「학교보건법」상 학교환경위생정화구역에서의 금지행위 및 시설의 해제 여부에 관한 행정처분을 하면서 학교환경위생정화위원회의 심의를 누락한 흠은 행정처분을 위법하게 하는 취소사유가 된다.
- 갑 등이 '4대강 살리기 사업' 중 한강 부분에 관한 각 하천공사시행계획 및 각 실시계획승인처분에 보의 설치와 준설 등에 대한 구 국가재정법 제38조 등에서 정한 예비타당성조사를 하지 않은 절차상 하자가 있다는 이유로 각 처분의 취소를 구한 사안에서, 예산이 각 처분 등으로써 이루어지는 '4대강 살리기 사업' 중 한강 부분을 위한 재정 지출을 내용으로 하고 있고 예산의 편성에 절차상 하자가 있다는 사정만으로 곧바로 각 처분에 취소사유에 이를 정도의 하자가 존재한다고 보기 어렵다.

8. 그 외 행정절차법의 주요내용

1) 대표자 (11조)
- 다수의 당사자등이 공동으로 행정절차에 관한 행위를 할 때에는 대표자를 선정할 수 있고, 다

수의 대표자가 있는 경우 그중 1인에 대한 행정청의 행위는 모든 당사자등에게 효력이 있지만, 행정청의 통지는 대표자 모두에게 하여야 그 효력이 있다. [23국7]

2) 변호사 출석기회의 보장
- 공무원에 대한 징계절차에서 징계심의대상자가 대리인으로 선임한 변호사가 징계위원회 심의에 출석하여 진술하려고 하였음에도 불구하고 징계권자나 그 소속직원이 변호사가 심의에 출석하는 것을 막았다면 징계위원회의 심의·의결의 절차적 정당성이 상실되어 그 징계의결에 따른 징계처분은 위법하며 원칙적으로 취소되어야 한다. [22지7]

3) 처분의 신청 (17조)
- 행정청은 신청인의 편의를 위하여 다른 행정청에 신청을 접수하게 할 수 있다. [23국9]
- 처분을 신청할 때 전자문서로 하는 경우에는 <u>행정청의</u>(신청인의 ✗) 컴퓨터 등에 입력된 때에 신청한 것으로 본다.
- 행정청은 신청에 필요한 구비서류, 접수기관, 처리기간, 그 밖에 필요한 사항을 게시(인터넷 등을 통한 게시를 포함한다)하거나 이에 대한 편람을 갖추어 두고 누구나 열람할 수 있도록 하여야 한다.
- 행정청은 신청에 <u>구비서류의 미비 등 흠이 있는 경우</u>에는 보완에 필요한 상당한 기간을 정하여 지체 없이 신청인에게 <u>보완을 요구하여야 한다</u>. 보완을 요구했음에도 보완을 하지 않는 경우 비로소 그 이유를 구체적으로 밝혀 접수된 신청을 되돌려 보내야 한다. [23국9]
  (=행정청은 사인의 신청에 구비서류의 미비와 같은 흠이 있는 경우 신청인에게 보완을 요구하여야 하는바, 이때 보완의 대상이 되는 흠은 원칙상 형식적·절차적 요건뿐만 아니라 실체적 발급요건상의 흠을 포함한다. ✗ (실체적 발급요건상 흠은 포함되지 않는다.) [22지7]
- 허가처분의 신청인이 신청에 앞서 행정청의 허가 업무 담당자에게 <u>신청서의 내용에 대한 검토</u>를 요청한 것은 다른 특별한 사정이 없는 한 <u>신청의 의사표시로 볼 수 없다</u>.
- 민원사무처리에관한법률 등에 의하면, 행정기관은 민원사항의 신청이 있는 때에는 다른 법령에 특별한 규정이 있는 경우를 제외하고는 그 접수를 보류하거나 거부할 수 없으며, <u>민원서류에 흠이 있는 경우에는 보완에 필요한 상당한 기간을 정하여 지체 없이 민원인에게 보완을 요구하고 그 기간 내에 민원서류를 보완하지 아니할 때에는 7일의 기간 내에 다시 보완을 요구할 수 있으며, 위 기간 내에 민원서류를 보완하지 아니한 때에 비로소 접수된 민원서류를 되돌려 보낼 수 있도록 규정되어 있는바, 위 규정 소정의 보완의 대상이 되는 흠은 보완이 가능한 경우이어야 함은 물론이고, <u>그 내용 또한 형식적·절차적인 요건이거나, 실질적인 요건에 관한 흠이 있는 경우라도 그것이 민원인의 단순한 착오나 일시적인 사정 등에 기한 경우 등이</u>라야 한다. [23지9]
- 실질적인 요건에 관한 흠이 민원인의 단순한 착오나 일시적인 사정 등에 기인한 경우에도 보완을 요구할 수 없다. ✗ [23지9]

- 행정청은 신청을 받았을 때에는 다른 법령등에 특별한 규정이 있는 경우를 제외하고는 그 접수를 보류 또는 거부하거나 부당하게 되돌려 보내서는 아니 되며, 신청을 접수한 경우에는 신청인에게 접수증을 주어야 한다. 다만, ① 구술·우편 또는 정보통신망에 의한 신청, ② 처리기간이 "즉시"로 되어 있는 신청, ③ 접수증에 갈음하는 문서를 주는 신청의 경우에는 접수증을 주지 아니할 수 있다. [23국9]

4) 다수의 행정청이 관여하는 처분 (18조)
- 행정청은 다수의 행정청이 관여하는 처분을 구하는 신청을 접수한 경우에는 관계 행정청과의 신속한 협조를 통하여 그 처분이 지연되지 아니하도록 하여야 한다. [23국9]

5) 처리기간의 설정·공표 (19조)
- 행정청은 부득이한 사유로 공표한 처리기간 내에 처분을 처리하기 곤란한 경우에는 해당 처분의 처리기간의 범위에서 한 번만 그 기간을 연장할 수 있다.
- 처리기간에 관한 규정은 훈시규정에 불과할 뿐 강행규정이라고 볼 수 없다. 행정청이 처리기간이 지나 처분을 하였더라도 이를 처분을 취소할 절차상 하자로 볼 수 없다. [23국7] [23지7]

6) 처분기준의 설정·공표 (20조)
- 처분기준의 설정·공표의 규정은 침익적 처분뿐만 아니라 수익적 처분의 경우에도 적용된다. [23국9]
- 처분기준을 공표하는 것이 해당 처분의 성질상 현저히 곤란하거나 공공의 안전 또는 복리를 현저히 해치는 것으로 인정될 만한 상당한 이유가 있는 경우에는 처분기준을 공표하지 아니할 수 있다. [23지9]
- 당사자 등은 공표된 처분기준이 명확하지 아니한 경우 해당 행정청에 그 해석 또는 설명을 요청할 수 있으며 이 경우 해당 행정청은 특별한 사정이 없으면 그 요청에 따라야 한다.
- 행정청이 처분기준 사전공표 의무를 위반하여 미리 공표하지 아니한 기준을 적용하여 처분을 하였다고 하더라도, 그러한 사정만으로 곧바로 해당 처분에 취소사유에 이를 정도의 흠이 존재한다고 볼 수는 없다. [23국7]

7) 처분의 방식 - 문서주의 (24조)
- 행정청이 처분을 할 때에는 다른 법령등에 특별한 규정이 있는 경우를 제외하고는 문서로 하여야 하며, 전자문서로 하는 경우에는 당사자등의 동의가 있어야 한다. 다만, 신속히 처리할 필요가 있거나 사안이 경미한 경우에는 말 또는 그 밖의 방법으로 할 수 있다. 이 경우 당사자가 요청하면 지체 없이 처분에 관한 문서를 주어야 한다.
- 법령상 문서에 의하도록 한 행정행위를 문서에 의해 하지 아니한 때, 그 처분은 하자가 중대하

고 명백하여 원칙적으로 <u>무효</u>이다.
- 「행정절차법」상 문서주의 원칙에도 불구하고, 행정청의 처분서의 문언만으로는 행정청이 어떤 처분을 하였는지 불분명하다는 등 특별한 사정이 있는 때에는 처분 경위나 처분 이후의 상대방의 태도 등 다른 사정을 고려하여 처분서의 문언과 달리 그 처분의 내용을 해석할 수도 있다. [22지7]

8) 처분의 정정 (25조)
- 행정청은 처분에 <u>오기, 오산 또는 그 밖에 이에 준하는 명백한 잘못</u>이 있을 때에는 <u>직권으로 또는 신청에 따라 지체 없이 정정하고 그 사실을 당사자에게 통지하여야 한다.</u>

9) 위반사실 등의 공표 (40조의3)
- 행정청은 위반사실등의 공표를 할 때에는 특별한 사정이 없는 한 미리 당사자에게 그 사실을 통지하고 의견제출의 기회를 주어야 하며, 의견제출의 기회를 받은 당사자는 공표 전에 관할 행정청에 서면이나 말 또는 정보통신망을 이용하여 의견을 제출할 수 있다. [23국7]

10) 행정예고 (46조)
- 행정예고기간은 예고내용의 성격 등을 고려하여 정하되, 특별한 사정이 없으면 20일 이상으로 한다.
- 국민생활에 매우 큰 영향을 주는 사항 및 그 밖에 널리 국민의 의견을 수렴할 필요가 있는 사항에 대한 정책, 제도 및 계획을 수립·시행하는 경우라도 예고로 인하여 <u>공공의 안전 또는 복리를 현저히 해칠 우려가 있는</u> 때에는 행정청은 이를 예고하지 아니할 수 있다.

11) 신고의 수리
- <u>건축법</u>(2017.4.18.)은 건축신고에 관하여, 제14조에서 신고의 수리여부의 통지규정을 두고 있으나, 그 기간 내에 통지하지 않았다고 하여 <u>수리를 간주하는 규정을 두고있지는 않다.</u>
- 이에 반해, 2017년부터 여객자동차운수사업법 등 특정 법률에서는 일정시점 내에 신고수리여부를 통지하고, 그 기간 내에 통지하지 않으면 <u>그 기간이 끝난 날의 다음날에 신고를 수리한 것으로 보는 취지의 규정을 두고 있다.</u>

9. 인·허가 의제제도

1) 일반론
- 인·허가의제는 의제되는 행위에 대하여 본래적으로 권한을 갖는 행정기관의 권한행사를 보충하는 것이므로 명시적인 법령의 근거가 있어야 인정된다.
- 인·허가와 관련 있는 행정기관 간에 <u>협의가 모두 완료되기 전이라도 일정한 경우</u> 인·허가에

대한 협의를 완료할 것을 조건으로 각종의 사업시행승인이나 시행인가를 할 수 있다.

2) 절차 집중 ○ (의제되는 인허가의 절차는 거칠 필요가 없다.)
- 계획확정이 일반법규에 규정되어 있는 승인 또는 허가 등을 대체시키는 효과를 말한다.
- 절차의 간소화를 통하여 사업자의 부담해소 및 절차촉진에 기여한다.
- 행정기관의 권한에 변경을 가져온다.
- 법률에서 명시적 규정이 있는 경우에만 인정된다.
- 신청된 주된 인·허가절차만 거치면 되고, 의제되는 인·허가를 위하여 거쳐야 하는 주민의견 청취 등의 절차를 거칠 필요는 없다.
- 행정청이 「주택법」상 주택건설사업계획을 승인하면 「국토의 계획 및 이용에 관한 법률」상의 도시·군관리계획결정이 이루어진 것으로 의제되는데, 이 경우 도시·군관리계획 결정권자와의 협의절차와 별도로 「국토의 계획 및 이용에 관한 법률」에서 정한 도시·군관리계획 입안을 위한 주민 의견청취 절차를 거칠 필요는 없다. [22지7]

3) 실체 집중 × (의제되는 인허가의 실체요건들은 충족하여야 한다.)
- 「건축법」에서 관련 인·허가 의제 제도를 둔 취지는 인·허가 의제사항 관련 법률에 따른 각각의 인·허가 요건에 관한 일체의 심사를 배제하려는 것이 아니다.
- 「국토의 계획 및 이용에 관한 법률」상의 개발행위허가가 의제되는 건축허가신청이 동 법령이 정한 개발행위허가기준에 부합하지 아니하면, 행정청은 건축허가를 거부할 수 있다.
- 채광계획인가로 공유수면점용허가가 의제되는 경우 공유수면점용 불허가사유를 근거로 채광계획을 인가하지 아니할 수 있다.
- 도시계획시설인 주차장에 대한 건축허가신청을 받은 행정청으로서는 「건축법」상 허가 요건뿐 아니라 그에 의해 의제되는 국토의 계획 및 이용에 관한 법령이 정한 도시계획시설사업에 관한 실시계획인가 요건도 충족하는 경우에 한하여 이를 허가해야 한다. [22지7]
- 주된 인·허가에 관한 사항을 규정하고 있는 법률에서 주된 인·허가가 있으면 다른 법률에 의한 인·허가를 받은 것으로 의제한다는 규정을 둔 경우, 주된 인·허가가 있으면 다른 법률에 의하여 인·허가를 받았음을 전제로 하는 그 다른 법률의 모든 규정들까지 적용되는 것은 아니다.

4) 쟁송의 대상

(1) 주된 인허가가 거부된 경우
- A허가에 대해 B허가가 의제되는 것으로 규정된 경우, A불허가처분을 하면서 B불허가사유를 들고 있다고 하더라도 A불허가처분과 별개로 B불허가처분도 존재하는 것은 아니다.
- 인·허가의제에 있어서 인·허가가 의제되는 행위의 요건불비를 이유로 사인이 신청한 주된 인·허가에 대한 거부처분이 있는 경우 주된 인·허가의 거부처분을 대상으로 소송

을 제기해야 한다.
- 행정청이 건축불허가처분을 하면서 그 처분사유로 건축불허가 사유뿐만 아니라 그 의제의 대상이 되는 형질변경불허가 사유나 농지전용불허가 사유를 들고 있다고 하여 그 건축불허가처분 외에 별개로 형질변경불허가처분이나 농지전용불허가처분이 존재하는 것은 아니다. [22지7]
- 주된 인·허가인 건축불허가처분을 하면서 그 처분사유로 의제되는 인·허가에 해당하는 형질변경 불허가 사유를 들고 있다면, 그 건축 불허가처분을 받은 자는 형질변경불허가처분에 관해서는 쟁송을 제기할 수 없다.

(2) 인·허가가 발급된 경우
- 허가에 타법상 인·허가가 의제되는 경우, 의제된 인·허가는 통상적인 인·허가와 동일한 효력을 가지므로, '부분 인·허가 의제'가 허용되는 경우에는 그에 대한 쟁송취소가 허용된다.
  (= 이해관계인이 의제된 인허가의 위법함을 다투고자 하는 경우에는 주된 인허가처분을 항고소송의 대상으로 삼아야 한다. ✗ [22지7])
- 주택건설사업계획승인처분에 따라 의제된 인·허가가 위법함을 다투고자 하는 이해관계인은, 주택건설사업계획 승인처분의 취소를 구할 것이 아니라 의제된 인·허가의 취소를 구하여야 하며, 의제된 인·허가는 주택건설사업계획 승인처분과 별도로 항고소송의 대상이 되는 처분에 해당한다.

제2장 | 정보공개

1. 정보공개청구권

1) 정보공개청구권의 헌법적 근거
- 행정정보공개의 출발점은 국민의 알 권리인데, 알 권리 자체는 「헌법」상으로 명문화되어 있지 않음에도 불구하고, 우리 헌법재판소는 초기부터 국민의 알권리를 「헌법」상의 기본권으로 인정하여 왔다.
- 정보에의 접근·수집·처리의 자유는 자유권적 성질과 청구권적 성질을 공유하는 것으로서 「헌법」 제21조에 의하여 직접 보장되는 권리이다.
- 국민의 알 권리의 내용에는 일반 국민 누구나 국가에 대하여 보유·관리하고 있는 정보의 공개를 청구할 수 있는 이른바 일반적인 정보공개청구권이 포함된다.

2) 정보공개법
- 공공기관이 보유·관리하는 정보에 대한 국민의 공개 청구 및 공공기관의 공개 의무에 관하여 필요한 사항을 정함으로써 국민의 알권리를 보장하고 국정(國政)에 대한 국민의 참여와 국정운영의 투명성을 확보함을 목적

3) 정보공개에 관한 조례
- 지방자치단체는 그 소관 사무에 관하여 법령의 범위에서 정보공개에 관한 조례를 정할 수 있다. [23국7]
- 청주시의회에서 의결한 청주시행정정보공개조례안이 주민의 권리를 제한하거나 의무를 부과하는 조례라고는 단정할 수 없어 그 제정에 있어서 반드시 법률의 개별적 위임이 따로 필요한 것은 아니다.

2. 정보공개의 당사자

1) 청구권자
- 모든 국민은 정보의 공개를 청구할 권리를 가진다. [23지9]
- 이해관계자인 당사자에게 문서열람권을 인정하는 「행정절차법」상의 정보공개와는 달리 「공공기관의 정보공개에 관한 법률」은 모든 국민에게 정보공개청구를 허용한다.
- 정보공개청구권을 가지는 국민에는 자연인은 물론 법인, 권리능력 없는 사단·재단도 포함되고, 법인, 권리능력 없는 사단·재단 등의 경우에는 설립목적을 불문한다. (지방자치단체 ✕)

2) 공개의무자

- 판례는 특별법에 의하여 설립된 특수법인이라는 점만으로 정보공개의무를 인정하고 있는 것이 아니고 다시금 해당 법인의 역할과 기능에서 정보공개의무를 지는 공공기관에 해당하는지 여부를 판단한다.
- 한국방송공사(KBS)는 「공공기관의 정보공개에 관한 법률」에 따라 정보공개의무가 있는 공공기관에 해당하지만, 한국증권업협회는 「민법」 중 사단법인에 관한 규정을 적용받으므로 그에 해당하지 아니한다.
- 각급학교는 공공기관의 정보공개에 관한 법령상 공공기관에 해당한다. (국·공립, 사립 불문)
  (사립 초등학교는 해당하지 않는다 ✗)
- 알 권리에서 파생되는 정보의 공개의무는 특별한 사정이 없는 한, 특정의 정보에 대한 공개청구가 있는 경우에 비로소 존재한다.

3. 공개대상정보 및 비공개대상정보

1) 공개대상정보

- 「공공기관의 정보공개에 관한 법률」상 공개청구의 대상이 되는 정보란 공공기관이 직무상 작성 또는 취득하여 현재 보유·관리하고 있는 문서를 의미한다. (원본인 문서만을 의미 ✗)

2) 비공개사유

- 공공기관이 정보공개를 거부하는 경우에는 어느 부분이 어떠한 법익 또는 기본권과 충돌되어 비공개사유에 해당하는지를 주장·증명하여야 하고, 그에 이르지 아니한 채 개괄적인 사유만을 들어 공개를 거부하는 것은 허용되지 아니한다. [22지9]

(1) 1호 사유 - 다른 법률 또는 위임명령에 따른 비공개정보

- 정보공개법에서 공개대상의 예외로 규정하고 있는 '다른 법률 또는 법률에서 위임한 명령(국회규칙·대법원규칙·헌법재판소규칙·중앙선거관리위원회규칙·대통령령 및 조례로 한정함)에 따라 비밀이나 비공개 사항으로 규정된 정보'의 해석에 있어서 '법률에서 위임한 명령'은 정보의 공개에 관하여 법률의 구체적인 위임 아래 제정된 법규명령(위임명령)을 의미한다. [23지7]
- 「교육공무원법」의 위임에 따라 제정된 교육공무원 승진규정은 정보공개에 관한 사항에 관하여 구체적인 법률의 위임에 의하여 제정된 법규명령이라고 할 수 없으므로 교육공무원승진규정이 근무성적평정결과를 공개하지 아니한다고 규정하고 있지만 그 규정을 근거로 정보공개청구를 거부할 수 없다.
- 법무부령으로 제정된 검찰보존사무규칙상의 기록의 열람·등사의 제한규정은 내부의 사무준칙에 불과하여 구 「공공기관의 정보공개에 관한 법률」 제9조 제1항 제1호의 '다른 법률 또는 법률에 의한 명령에 의하여 비공개사항으로 규정된 경우'에 해당하지 않는다.

[23자9]
- 감사원장의 감사결과보고서가 군사 2급 비밀에 해당하는 이상 「공공기관의 정보공개에 관한 법률」 제9조 제1항 제1호에 의하여 공개하지 아니할 수 있다.
- 국가정보원이 그 직원에게 지급하는 현금급여 및 월초수당에 관한 정보는 비공개대상 정보에 해당한다.
- '학교폭력대책자치위원회 회의록'은 공공기관의 정보공개에 관한 법률 제9조 제1항 제1호의 비공개대상정보에 해당한다.
- 「형사소송법」은 형사재판확정기록의 공개 여부 등에 대하여 「공공기관의 정보공개에 관한 법률」과 달리 규정하고 있으므로, 형사재판확정기록의 공개에 관하여는 「공공기관의 정보공개에 관한 법률」에 의한 공개청구가 허용되지 아니한다. [22국가]

(2) 2호 사유 - 국가안전보장 등 국가의 중대한 이익
- 보안관찰 관련 통계자료는 「공공기관의 정보공개에 관한 법률」 제9조 제1항 제2호 소정의 공개될 경우 국가안전보장·국방·통일·외교관계 등 국가의 중대한 이익을 해할 우려가 있는 정보, 또는 제3호 소정의 공개될 경우 국민의 생명·신체 및 재산의 보호 기타 공공의 안전과 이익을 현저히 해할 우려가 있다고 인정되는 정보에 해당한다.
- 통일에 관한 사항으로서 공개될 경우 국가의 중대한 이익을 현저히 해칠 우려가 있다고 인정되는 정보는 비공개대상정보에 해당한다.

(3) 3호 사유 - 국민의 생명·신체·재산 보호

(4) 4호 사유 - 진행중인 재판, 범죄의 예방, 수사, 공소제기, 형의 집행, 교정, 보안처분 등
- 법원 이외의 공공기관이 「공공기관의 정보공개에 관한 법률」 제9조 제1항 제4호에서 정한 '진행 중인 재판에 관련된 정보'에 해당한다는 사유로 정보공개를 거부하기 위하여 반드시 그 정보가 진행 중인 재판의 소송기록 자체에 포함된 내용일 필요는 없다. 하지만 재판에 관련된 일체의 정보가 그에 해당하는 것은 아니고 진행 중인 재판의 심리 또는 재판결과에 구체적으로 영향을 미칠 위험이 있는 정보에 한정된다고 보는 것이 타당하다.
- 교도소에 수용 중이던 재소자가 담당 교도관들을 상대로 가혹행위를 이유로 형사고소 및 민사소송을 제기하면서 그 증명자료 확보를 위해 정보공개를 요청한 '근무보고서'는 공개대상정보에 해당 한다.
(징벌위원회 회의록 중 비공개 심사·의결 부분은 비공개사유에 해당하지만 징벌절차 진행 부분은 비공개사유에 해당하지 않는다고 보아 분리 공개가 허용된다)

(5) 5호 사유 - 의사결정 과정 또는 내부검토 과정, 공개될 경우 업무의 공정상 수행에 현저한 지장을 초래한다고 인정할만한 상당한 이유가 있는 정보
- '감사·감독·검사·시험·규제·입찰계약·기술개발·인사관리에 관한 사항이나 의사결정 과정 또는 내부검토 과정에 있는 사항 등으로서 공개될 경우 업무의 공정한 수행에

현저한 지장을 초래한다고 인정할 만한 상당한 이유가 있는 정보'란 공개될 경우 업무의 공정한 수행이 객관적으로 현저하게 지장을 받을 것이라는 고도의 개연성이 존재하는 경우를 말한다.
- 도시공원위원회의 회의관련자료 및 회의록은 시장 등의 결정의 대외적 공표행위가 있은 후에는 이를 의사결정과정이나 내부검토과정에 있는 사항이라고 할 수 없고 위 위원회의 회의관련자료 및 회의록을 공개하더라도 업무의 공정한 수행에 지장을 초래할 염려가 없으므로 공개대상이 된다. [23지기]
- 의사결정과정에 제공된 회의관련자료나 의사결정과정이 기록된 회의록 등은 의사가 결정되거나 의사가 집행된 경우에는 더 이상 의사결정과정에 있는 사항 그 자체라고는 할 수 없으나, 의사결정과정에 있는 사항에 준하는 사항으로서 비공개대상정보에 포함될 수 있다.
  (= 의사결정과정에 제공된 회의관련자료나 의사결정과정이 기록된 회의록은 의사가 결정되거나 의사가 집행된 경우에는 더 이상 의사결정과정에 있는 사항 그 자체라고는 할 수 없으므로 비공개대상정보에 포함될 수 없다. ✗ [22지기])
- 사법시험 제2차 시험문항에 대한 채점위원별 채점 결과는 비공개대상정보에 해당한다.
  (vs. 사법시험 제2차 시험의 답안지 열람은 시험문항에 대한 채점위원별 채점 결과의 열람과 달리 사법시험업무의 수행에 현저한 지장을 초래한다고 볼 수 없다.)
- 학교환경위생구역 내 금지행위 해제결정에 관한 학교환경위생정화위원회의 회의록에 기재된 발언내용에 대한 해당 발언자의 인적사항 부분에 관한 정보는 비공개대상에 해당한다. (해당하지 않는다 ✗) [22지9]

(6) 6호 사유 - 사생활의 비밀 또는 자유를 침해할 우려가 있다고 인정되는 정보
- 「공공기관의 정보공개에 관한 법률」 제9조 제1항 제6호 소정의 '당해 정보에 포함되어 있는 이름, 주민등록번호 등 개인에 대한 사항으로서 공개할 경우 개인의 사생활의 비밀 또는 자유를 침해 할 우려가 있다고 인정되는 정보'의 의미와 범위는 구법과 마찬가지로 개인식별정보에 한정된다고 볼 수 없다.
- 공무원이 직무와 관련 없이 개인적인 자격으로 행사에 참석하고 금품을 수령한 정보는 '공개하는 것이 공익을 위하여 필요하다고 인정되는 정보'에 해당하지 않는다.
- 공개하는 것이 공익을 위하여 필요한 경우로서 법령에 따라 국가가 업무의 일부를 위탁 또는 위촉한 개인의 성명·직업, 직무를 수행한 공무원의 성명과 직위는 공개되면 사생활의 비밀 또는 자유가 침해될 우려가 있다고 인정되더라도 공개대상정보에 해당한다.

(7) 7호 사유 - 법인 등의 경영상·영업상 비밀에 관한 정보
- 비공개대상인 '법인 등의 경영·영업상 비밀'은 「부정경쟁방지 및 영업비밀보호에 관한 법률」 제2조 제2호에 규정된 '영업비밀'에 한하지 않고, '타인에게 알려지지 아니함이 유리한 사업활동에 관한 일체의 정보' 또는 '사업활동에 관한 일체의 비밀사항'을 말한다.
- 법인 등이 거래하는 금융기관의 계좌번호에 관한 정보는 영업상 비밀에 관한 사항으로서 「공공기관의 정보공개에 관한 법률」상 비공개대상정보에 해당한다.

- 재건축사업계약에 의하여 조합원들에게 제공될 무상보상평수 산출내역은 법인 등의 영업상 비밀에 관한 사항이 아니며 비공개대상정보에 해당되지 않는다.

4. 정보공개방법
- 공개방법을 선택하여 정보공개를 청구하였다면 공공기관은 정보공개청구자가 선택한 방법에 따라 정보를 공개하여야 하고, 원칙적으로 그 공개방법을 선택할 재량권이 없다.
- 공공기관이 공개청구대상 정보를 청구인이 신청한 공개방법 이외의 방법으로 공개하는 결정을 한 경우, 정보공개청구 중 정보공개방법 부분에 대하여 일부 거부처분을 한 것이므로 청구인은 그에 대하여 항고소송으로 다툴 수 있다. [22지7] [23국7]
  (=정보공개청구에 대하여 행정청이 전부공개 결정을 하는 경우에는, 청구인이 지정한 정보공개방법에 의하지 않았다고 하더라도 청구인은 이를 다툴 수 없다. ✘ [22국7])

- 공공기관은 전자적 형태로 보유, 관리하는 정보에 대하여 청구인이 전자적 형태로 공개를 요청하는 경우에는 원칙적으로 이에 응하여야 한다.
- 전자적 형태로 보유·관리되는 정보의 경우에 그 정보가 청구인이 구하는 대로 되어 있지 않더라도 공개청구를 받은 공공기관이 공개청구대상정보의 기초자료를 검색하여 청구인이 구하는 대로 편집할 수 있으며, 그 작업이 당해 기관의 업무수행에 별다른 지장을 초래하지 않는다면 그 공공기관이 공개청구대상정보를 보유·관리하고 있는 것으로 볼 수 있다. [23지7]

- 공공기관은 공개 청구된 정보가 공공기관이 보유, 관리하지 아니하는 정보인 경우로서 「민원 처리에 관한 법률」에 따른 민원으로 처리할 수 있는 경우에는 민원으로 처리할 수 있다.

- 공공기관은 정보공개의 청구를 받으면 그 청구를 받은 날부터 10일 이내에 공개 여부를 결정하여야 하나 부득이한 사유로 이 기간 이내에 공개 여부를 결정할 수 없는 때에는 그 기간이 끝나는 날의 다음 날부터 기산하여 10일의 범위에서 공개 여부 결정기간을 연장할 수 있다.

- 정보의 공개 및 우송 등에 소요되는 비용은 실비의 범위에서 청구인의 부담으로 한다. 다만 청구하는 정보의 사용 목적이 공공복리의 유지 증진을 위하여 필요하다고 인정되는 경우에는 청구비용을 감면할 수 있다.
  (그 액수가 너무 많아서 청구인에게 과중한 부담을 주는 경우에는 비용을 감면할 수 있다 ✘)
- 공개대상의 양이 과다하여 정상적인 업무수행에 현저한 지장을 초래할 우려가 있는 경우에는 이를 기간별로 나누어 교부하거나 열람과 병행하여 교부할 수 있다.

5. 불복절차
1) 이의신청
- 정보공개청구자는 정보공개와 관련한 공공기관의 전부비공개 혹은 부분비공개결정에 대해 이

의신청을 할 수 있다. (부분공개의 결정에 대해서는 따로 이의신청을 할 수 없다 ✗)

2) 행정심판
- 청구인이 정보공개와 관련한 공공기관의 결정에 대하여 불복이 있거나 정보공개 청구 후 20일이 경과하도록 정보공개 결정이 없는 때에는 「행정심판법」에서 정하는 바에 따라 행정심판을 청구할 수 있다. [23지9]
- 이의신청 절차를 거치지 아니하고 행정심판을 청구할 수 있다. [23국7] [23지7]

3) 행정소송

(1) 원고적격
- 정보공개청구권은 법률상 보호되는 구체적인 권리이므로 청구인이 공공기관에 대하여 정보공개 를 청구하였다가 거부처분을 받은 것 자체가 법률상 이익의 침해에 해당한다.
  (그 정보의 열람에 관한 구체적 이익을 입증해야만 ✗)
- 정보공개 청구권자의 권리구제 가능성은 정보의 공개 여부 결정에 아무런 영향을 미치지 못한다. [22지9] [22국7]

(2) 소의 이익
- 정보공개가 신청된 정보를 공공기관이 보유·관리 하고 있지 아니한 경우에는 특별한 사정이 없는 한 정보공개거부처분의 취소를 구할 법률상의 이익이 없다.
- 공개청구의 대상이 되는 정보가 이미 다른 사람에게 공개되어 널리 알려져 있다거나 인터넷 등을 통하여 공개되어 인터넷 검색 등을 통하여 쉽게 알 수 있다는 사정만으로는 비공개결정이 정당화 될 수 없다.
- 정보공개거부처분취소소송에서 행정기관이 청구정보를 증거 등으로 법원에 제출하여 결과적으로 청구인에게 정보를 공개하는 결과가 되었다고 하더라도, 당해 정보의 비공개결정의 취소를 구할 소의 이익은 소멸되지 않는다. [22국7] [22지7]

(3) 피고적격
- 정보공개거부결정의 취소를 구하는 소송에서는 각 행정청이 피고가 된다. (행정청의 정보공개심의회 ✗)

(4) 권리남용
- 해당 정보를 취득 또는 활용할 의사가 전혀 없이 정보공개 제도를 이용하여 사회통념상 용인될 수 없는 부당한 이득을 얻으려 하거나, 오로지 공공기관의 담당 공무원을 괴롭힐 목적으로 정보공개청구를 하는 경우 권리 남용에 해당함이 명백하므로 정보공개청구권의 행사가 허용되지 아니한다. [23지9]
- 권리남용에 해당하는 정보공개청구에 대하여는 정보공개의 의무가 없지만, 정보공개법의 목적, 규정 내용 및 취지에 비추어 보면 정보공개청구의 목적에 특별한 제한이 없으

므로, 오로지 상대방을 괴롭힐 목적으로 정보공개를 구하고 있다는 등의 특별한 사정이 없는 한 정보공개의 청구가 신의칙에 반하거나 권리남용에 해당한다고 볼 수 없다.

(5) 입증책임
- 공개를 구하는 정보를 공공기관이 한때 보유·관리하였으나 후에 그 정보가 담긴 문서들이 폐기되어 존재하지 않게 된 것이라면 그 정보를 더 이상 보유·관리하고 있지 아니하다는 점에 대한 입증 책임은 공공기관에 있다. [22지9] [22지7]

(6) 일부취소판결
- 정보공개거부처분 취소소송에서 공개청구의 취지에 어긋나지 아니하는 범위 안에서 공개를 거부한 정보가 비공개대상정보에 해당하는 부분과 공개가 가능한 부분으로 분리될 수 있다고 인정되면 법원은 공개가 가능한 부분을 특정하고 판결의 주문에 공개가 가능한 정보에 관한 부분만을 취소한다고 표시해야 한다. [23국7]

4) 제3자의 불복절차
- 공개 청구된 사실을 통지받은 제3자는 그 통지를 받은 날부터 3일 이내에 해당 공공기관에 대하여 자신과 관련된 정보를 공개하지 아니할 것을 요청할 수 있다.
- 공공기관은 공개청구 된 공개대상정보의 전부 또는 일부가 제3자와 관련이 있다고 인정되는 때에는 그 사실을 제3자에게 지체없이(7일 이내 ✗) 통지하여야 한다.
- 제3자의 비공개요청에도 불구하고 공공기관이 공개결정을 하는 때에는 공개결정이유와 공개실시일을 명시하여 지체 없이 문서로 통지하여야 한다.
- 자신과 관련된 정보에 대한 제3자의 비공개요청에도 불구하고 공공기관이 공개결정을 하는 때에는 제3자는 당해 공공기관에 문서로(또는 구두로 ✗) (7일 내) 이의신청을 하거나 행정심판 또는 행정소송을 제기할 수 있다.
- 공공기관은 제3자의 비공개 요청에도 불구하고 공개결정을 하는 때에는 공개결정일과 공개실시일 사이에 최소한 30일(20일 ✗)의 간격을 두어야 한다.

6. 기 타
- 공공기관은 국민이 알아야 할 필요가 있는 정보를 국민에게 공개하도록 적극적으로 노력하여야 하며, 정보의 공개에 관한 사무를 신속하고 원활하게 수행하기 위하여 정보공개 장소를 확보하고 공개에 필요한 시설을 갖추어야 한다.
- 국가안전보장·국방·통일·외교관계 분야 업무를 주로 하는 국가기관의 정보공개심의회 구성 시 최소한 3분의 1 이상은 외부 전문가로 위촉하여야 한다.

제3장 | 개인정보보호

1. 의 의
- 헌법재판소는 개인정보자기결정권을 사생활의 비밀과 자유, 일반적 인격권 등을 이념적 기초로 하는 독자적 기본권으로서 「헌법」에 명시되지 않은 기본권으로 보고 있다.
- 시장·군수 또는 구청장이 개인의 지문정보를 수집하고, 경찰청장이 이를 보관·전산화하여 범죄 수사목적에 이용하는 것은 모두 개인정보자기결정권을 제한하는 것이다.

2. 정 의 (2조)
- 개인정보는 살아있는 개인에 관한 정보로서 사자나 법인의 정보는 포함되지 않는다.
- 개인정보자기결정권의 보호대상이 되는 개인정보는 개인의 신체, 신념, 사회적 지위, 신분 등과 같이 개인의 인격주체성을 특징짓는 사항으로서 그 개인의 동일성을 식별할 수 있는 일체의 정보이고, 이미 공개된 개인정보도 포함된다.
- 개인정보처리자란 개인정보파일을 운용하기 위하여 스스로 또는 다른 사람을 통하여(스스로만 ✕) 개인정보를 처리하는 공공기관, 법인, 단체 및 개인 등을 말한다.
- 「개인정보보호법」의 대상정보의 범위에는 공공기관·법인·단체에 의하여 처리되는 정보가 포함된다.

3. 개인정보보호위원회 (7조)
- 개인정보 보호에 관한 사무를 독립적으로 수행하기 위하여 국무총리 소속(행정안전부 ✕)으로 개인정보보호위원회를 둔다.

4. 개인정보의 수집 제한 (16조)
- 개인정보처리자가 「개인정보 보호법」상의 허용요건을 충족하여 개인정보를 수집하는 경우에는 그 목적에 필요한 최소한의 개인정보를 수집하여야 한다. 이 경우 최소한의 개인정보 수집이라는 입증책임은 개인정보처리자(이의를 제기하는 정보주체 ✕)가 부담한다.

5. 동의를 받는 방법 (22조)
- 개인정보처리자는 「개인정보 보호법」에 따라 개인 정보의 처리에 대하여 정보주체의 동의를 받을 때에는, 정보주체와의 계약 체결 등을 위하여 정보주체의 동의 없이 처리할 수 있는 개인정

보와 정보주체의 동의가 필요한 개인정보를 구분하여야 한다. 이 경우 동의 없이 처리할 수 있는 개인정보라는 입증책임은 개인정보처리자가 부담한다.

6. 민감정보의 처리 제한 (23조)
- 정치적 견해, 건강, 사상·신념에 관한 정보는 민감정보에 해당한다.
- 개인정보처리자는 법령에서 민감정보의 처리를 요구 또는 허용하는 경우에는 정보주체의 동의 여부와 관계없이 민감정보를 처리할 수 있다.
  (정보주체의 동의를 받지 못하면 민감정보를 처리할 수 없다 ✗)

7. 주민등록번호 처리의 제한 (24조의2)
- 개인정보처리자는 정보주체 또는 제3자의 급박한 생명, 신체, 재산의 이익을 위하여 명백히 필요하다고 인정되는 경우에 주민등록번호를 처리할 수 있다

8. 영상정보처리기기의 설치·운영 제한 (25조)
- 불특정 다수가 이용하는 목욕실, 화장실, 발한실, 탈의실 등에는 영상정보처리기기 설치 할 수 없다. (대통령령으로 정하는 바에 따라 안내판 설치 등 필요한 조치를 취하는 경우에만 허용된다 ✗)

9. 가명정보의 처리 (28조의2~7)
- 개인정보처리자는 통계작성, 과학적 연구, 공익적 기록보존 등을 위하여 정보주체의 동의 없이도 가명정보를 처리할 수 있다. (28조의2)

10. 개인정보파일의 등록 및 공개 (32조)
- 공공기관의 장이 개인정보파일을 운용하는 경우에는 개인정보파일의 명칭, 운용목적, 보유기간 등을 보호위원회에(과학기술정보통신부장관 ✗) 등록하여야 한다.

11. 개인정보 유출 통지 등 (34조)
- 개인정보처리자는 개인정보가 유출되었음을 알게 되었을 때에는 지체 없이 해당 정보주체에게 통지하고 필요한 조치를 취하며 이러한 사실을 보호위원회 또는 대통령령으로 정하는 전문기관(=한국인터넷진흥원)에(방송통신위원회 위원장에게 ✗) 신고하여야 한다.

12. 손해배상책임 (39조, 39조의2)
- 「개인정보 보호법」을 위반한 개인정보처리자의 행위로 손해를 입은 정보주체가 개인정보처리자에게 손해배상을 청구한 경우, 그 개인정보처리자는 고의 또는 과실이 없음을 입증하지 아

니하면 책임을 면할 수 없다.
- 개인정보처리자의 고의 또는 중대한 과실로 인하여 개인정보가 분실·도난·유출·위조·변조 또는 훼손된 경우로서 정보주체에게 손해가 발생한 때에는 법원은 그 손해액의 5배를 넘지 아니하는 범위에서 손해배상액을 정할 수 있다. 다만, 개인정보처리자가 고의 또는 중대한 과실이 없음을 증명한 경우에는 그러하지 아니하다.
- 정보주체는 개인정보처리자의 고의 또는 과실로 인하여 개인정보가 분실·도난·유출·위조·변조 또는 훼손된 경우에는 300만원 이하의 범위에서 상당한 금액을 손해액으로 하여 배상을 청구할 수 있다. 이 경우 해당 개인정보처리자는 고의 또는 과실이 없음을 입증하지 아니하면 책임을 면할 수 없다.

13. 개인정보분쟁조정위원회 (40조~50조의2)

- 개인정보와 관련한 분쟁의 조정을 원하는 자는 분쟁조정위원회에 분쟁조정을 신청할 수 있다. (43조)
- 개인정보 분쟁조정위원회의 조정을 분쟁당사자가 수락하는 경우, 조정의 내용은 재판상 화해와 동일한 효력을 갖는다. (47조)
- 「개인정보 보호법」은 집단분쟁조정제도에 대하여 규정하고 있다. (49조)

14. 단체소송 (51조)

- 개인정보처리자가 집단분쟁조정을 거부하거나 집단분쟁조정의 결과를 수락하지 아니한 경우에는 법원에 권리침해 행위의 금지·중지를 구하는 단체소송을 제기할 수 있다.

- 「개인정보 보호법」에서 개인정보 단체소송을 제기할 수 있는 단체는 개인정보보호법 제51조가 규정하는 단체로서 제한이 있다.
  (제한이 있지 않아 법인격이 있는 단체라면 어느 단체든지 권리침해 행위의 금지·중지를 구하는 소송을 제기할 수 있다 ✗)
- 「소비자기본법」에 따라 공정거래위원회에 등록한 소비자단체가 개인정보 단체소송을 제기하려면 그 단체의 정회원수가 1천명 이상이어야 한다. (1백명 ✗)
- 비영리민간단체의 경우 100명 이상의 정보주체로부터 단체소송의 제기 요청, 정관에 개인정보 보호를 단체의 목적으로 명시한 후 최근 3년 이상 활동실적, 단체의 상시 구성원 수가 5천명 이상, 중앙행정기관에 등록의 요건을 갖춘 경우 단체소송을 제기할 수 있다.

- 개인정보 단체소송을 허가하거나 불허가하는 법원의 결정에 대하여는 즉시항고로 불복할 수 있다. (55조)
- 개인정보 단체소송에 관하여 「개인정보 보호법」에 특별한 규정이 없는 경우에는 「민사소송법」을 적용한다. (57조) (「행정소송법」 ✗)

> **사례**
>
> 민간시민단체 A는 관할 행정청 B에게 개발사업의 승인과 관련한 정보공개를 청구하였으나 B는 현재 재판 진행 중인 사안이 포함되어 있다는 이유로 「공공기관의 정보공개에 관한 법률」 제9조 제1항제4호의 사유를 들어 A의 정보공개청구를 거부하였다. [22국9]
>
> ① A는 공개청구한 정보에 대해 개별·구체적 이익이 없는 경우에도 B의 정보공개거부에 대해 취소소송으로 다툴 수 있다.
> ② A가 공개청구한 정보에 대해 직접적인 이해관계가 있는 경우에는 B의 정보공개거부에 대해 정보공개의 이행을 구하는 당사자소송을 제기하여 다툴 수 있다. ✕ (취소소송 ○)
> ③ A가 공개청구한 정보의 일부가 「공공기관의 정보공개에 관한 법률」상 비공개사유에 해당하는 때에는 그 나머지 정보만을 공개하는 것이 가능한 경우라 하더라도 법원은 공개 가능한 정보에 관한 부분만의 일부취소를 명할 수는 없다. ✕ (일부취소 가능)
> ④ B의 비공개사유가 정당화되기 위해서는 A가 공개청구한 정보가 진행 중인 재판의 소송기록 자체에 포함된 내용이어야 한다. ✕ (진행 중인 재판의 소송기록 자체에 포함된 내용일 필요는 없다. 그러나 재판에 관련된 일체의 정보가 그에 해당하는 것은 아니고 진행 중인 재판의 심리 또는 재판결과에 구체적으로 영향을 미칠 위험이 있는 정보에 한정된다. ○)

2024 공무원 시험 대비

제4편
행정상의 의무이행 확보수단

제1장 행정강제

제2장 행정벌

제3장 새로운 의무이행확보수단

제1장 | 행정강제

제1절 행정상 강제집행

1. 행정상 강제집행
- 행정법상의 의무를 명하는 명령권의 근거 규정만으로는 그 의무 불이행에 대한 행정상 강제집행의 근거가 될 수는 없다.
- 즉 행정상 강제집행을 위해서는 의무부과의 근거법규 외에 별도의 법적 근거를 요한다.
- 행정상 강제집행이 법률에 규정되어 있는 경우에 민사상 강제집행은 인정되지 않는다.
- 관계 법령상 행정대집행의 절차가 인정되어 행정청이 행정대집행의 방법으로 건물 철거 등 대작위의무의 이행을 실현할 수 있는 경우에는 따로 민사소송의 방법으로 그 의무의 이행을 구할 수 없다. [22지7] [23지9]
- 「공유재산 및 물품 관리법」에 따라 지방자치단체장이 행정대집행의 방법으로 공유재산에 설치한 시설물을 철거할 수 있는 경우, 민사소송의 방법으로 시설물의 철거를 구할 수 없다.
- 권원 없이 국유재산에 설치한 시설물에 대하여 관리청이 행정대집행을 통해 철거를 하지 않는 경우 그 국유재산에 대하여 사용청구권을 가진 자는 국가를 대위하여 민사소송으로 그 시설물의 철거를 구할 수 있다. [22지9]

2. 행정대집행
- 행정대집행은 「행정기본법」상 행정상 강제에 해당한다. [23국9]
- 대집행의 원인이 되는 의무불이행은 법령에 의하여 직접 부과된 의무와 법령에 의거한 행정청의 처분에 의해 부과된 의무를 불이행한 경우를 모두 포함한다.
- 당해 행정청은 의무자가 하여야 할 행위를 제3자로 하여금 행하게 할 수도 있다.
- 의무를 명하는 행정행위가 불가쟁력이 발생하지 않은 경우에는 그 행정행위에 따른 의무의 불이행에 대하여 대집행을 할 수 없다? ✗

1) 대집행의 요건

(1) 공법상 대체적 작위의무의 불이행

(가) 대집행의 대상이 되는 대체적 작위의무는 공법상 의무여야 한다. [23국9]

- 구 「공공용지의 취득 및 손실보상에 관한 특례법」에 의한 협의취득 시 건물소유자가 협의취득 대상건물에 대하여 약정한 철거의무는 공법상 의무가 아닐 뿐만 아니라, 구 「공익사업을 위한 토지 등의 취득 및 보상에 관한 법률」 제89조에서 정한 「행정대집행법」의 대상이 되는 '이 법 또는 이 법에 의한 처분으로 인한 의무'에도 해당하지 아니한다.

- 공유재산 대부계약이 적법하게 해지되었음에도 불구하고 공유재산의 점유자가 그 지상물을 점유하고 있는 경우, 지방자치단체의 장은 원상회복을 위해 행정대집행의 방법으로 그 지상물을 철거시킬 수 있다. (별도 규정 존재 O)

- 공유재산 대부계약 해지에 따라 원상회복을 위하여 실시하는 지상물의 철거는 대집행의 대상이다.

- 공유재산 대부계약의 해지에 따른 원상회복으로 행정대집행의 방법에 의하여 그 지상물을 철거시킬 수 있다.

(나) 대체적 작위의무의 불이행 (비대체적 의무 ✗, 부작위의무 ✗)

- 퇴거의무 및 점유인도의무(=비대체적 의무)의 불이행은 행정대집행의 대상이 되지 않는다.
  (=공공재산의 무단점유에 대해 점유자의 퇴거를 강제하기 위해 대집행을 사용할 수는 없다.)

- 「공익사업을 위한 토지 등의 취득 및 보상에 관한 법률」 제43조에 의한 토지소유자의 토지인도의무는 대집행의 대상이 되지 않는다.

- 건물을 불법점거하고 있는 경우, 건물의 명도의무는 일반적으로 행정대집행의 대상이 아니다. [23지7]

- 도로나 공원부지를 불법점용하여 그 위에 공작물을 설치한 경우 불법 점용 및 공작물설치는 대집행의 대상이 되지 않는다.

- 甲이 계속 거주하고 있는 건물과 토지의 인도를 거부하는 경우에도 행정대집행의 대상이 될 수 없다. (있다 ✗) [22국9]

- 행정대집행의 방법으로 건물철거의무이행을 실현할 수 있는 경우, 철거의무자인 건물 점유자의 퇴거 의무를 실현하려면 퇴거를 명하는 별도의 집행권원은 필요하지 않고(별도의 집행권원이 있어야 하고 ✗), 철거 대집행 과정에서 부수적으로 건물 점유자들에 대한 퇴거 조치를 할 수 있다. [22지9]

- 행정대집행에 있어 대집행 대상인 건물의 점유자가 철거의무자일 때에는 건물철거의무에 퇴거의무도 포함되어 있는 것이어서 별도로 퇴거를 명하는 집행권원이 필요하지 않다. [22지7]

> - 대집행에 대해 상대방이 저항할 경우 그 저항을 배제하기 위하여 최소한의 실력행사는 허용된다고 보는 견해가 있다.
> - 대집행실행에 대한 항거가 있을 경우 실력에 의한 항거의 배제를 대집행실행권에 당연히 포함된 것으로 볼 수는 없다(다수설).

- 부작위의무는 작위의무로 전환시킬 수 있는 근거 규범이 없다면, 법률유보의 원칙상 대집행이 불가능하다. [23지7]
    (= 관계 법령에서 금지규정 및 그 위반에 대한 벌칙 규정은 두고 있으나 금지규정 위반행위에 대한 시정명령의 권한에 대해서는 규정하고 있지 않은 경우에 위 금지규정으로부터 작위의무, 즉 위반결과의 시정을 명하는 권한이 당연히 추론되는 것은 아니다.)
    (=관계 법령에 위반하여 장례식장 영업을 하고 있는 자의 장례식장 사용중지의무는 「행정대집행법」제 2조의 규정에 따른 대집행의 대상이 되지 않는다.)
    (=법률상 시설설치금지의무를 위반하여 시설을 설치한 경우 별다른 규정이 없어도 대집행요건이 충족된다 ✘)
    (=관계법령에 위반하여 장례식장 영업을 하고 있는 자에게 부과된 장례식장 사용중지의무는 공법상 의무로서 행정대집행의 대상이 된다. ✘ [22지9])
    (=법령이 일정한 행위를 금지하고 있는 경우, 그 금지규정으로부터 위반결과의 시정을 명하는 행정청의 처분권한은 당연히 도출되므로 행정청은 그 금지규정에 근거하여 시정을 명하고 행정대집행에 나아갈 수 있다. ✘ [22지7])

(2) **다른 수단으로는 의무이행 확보가 곤란**
- 대집행은 다른 수단으로 그 이행확보가 불가능한 경우 부득이한 수단으로서만 발동될 수 있다.
    (다른 수단에 의한 이행의 확보도 가능하지만 그 수단이 행정대집행보다 비용이 많이 들어야 한다. ✘)

(3) **불이행을 방치함이 심히 공익을 해할 것**

2) 대집행의 절차

- 「행정대집행법」제2조에 따른 대집행의 실시여부는 행정청의 재량에 속한다.

(0) **철거명령**
- 「건축법」에 특별한 규정이 없더라도 「행정절차법」상 예외에 해당하지 않는 한 乙은 원상복구명령을 하면서 甲에게 원상복구명령을 사전통지하고 의견제출의 기회를 주어야 한다. [23국7]
- 乙이 대집행영장을 통지한 경우, 원상복구명령이 당연무효라면 대집행영장통지도 당연무효이다. [23국7]

(1) **계 고**
- 원칙적으로 '의무의 불이행을 방치하는 것이 심히 공익을 해하는 것으로 인정되는 경우'의 요건은 계고를 할 때에 충족되어 있어야 한다.

- 허가 없이 신축, 증축한 불법건축물의 철거의무를 대집행하기 위한 <u>계고처분 요건의 주장, 입증책임은 처분 행정청에 있다.</u>
- 구두에 의한 계고는 무효

- 위법건축물 철거명령과 대집행한다는 계고처분은 <u>1장의 문서로도 가능하다.</u>
  (각각 별도의 처분서에 의하여야만 한다. ✗)
- 판례는 계고서라는 명칭의 1장의 문서로서 일정 기간 내에 위법 건축물의 자진철거를 명함과 동시에 그 소정기한 내에 자진철거를 하지 아니할 때에는 대집행의 뜻을 미리 계고한 경우라도 「건축법」에 의한 <u>철거명령과 「행정대집행법」에 의한 계고처분은 독립하여 있는 것으로서 각 그 요건이 충족되었다고 본다.</u> [23국가]
- 철거명령과 계고를 각각 따로 하지 않고, 일정한 기간 내에 위법건축물의 자진철거를 명함과 동시에 그 소정기간 내에 자진철거하지 아니하면 대집행할 뜻을 미리 계고하는 것과 같이 1장의 문서로 철거명령과 계고를 행하는 것은 허용된다.

- 계고가 <u>반복적으로</u> 부과된 경우 제1차 계고가 행정처분이라면 같은 내용이 반복된 <u>제2차, 제3차 계고는 새로운 의무를 부과하는 것이 아니어서 행정처분이 아니다.</u>
- 건물철거명령 및 철거대집행계고를 한 후에 이에 불응하자 다시 제2차, 제3차의 계고를 하였다면 철거의무는 처음에 한 건물철거명령 및 철거대집행계고로 이미 발생하였고 그 이후에 한 제2차, 제3차의 계고는 새로운 철거의무를 부과한 것이 아니라 <u>대집행 기한을 연기하는 통지에 불과하다.</u> [23국9]
- 철거명령과 철거대집행 계고처분을 이미 했음에도 그 후에 제2차, 제3차 계고처분을 하였다면, <u>맨 처음의 계고에 대하여</u>(최종적인 제3차 계고처분 ✗) 항고소송을 제기해야 한다.

- 대집행계고를 함에 있어서는 의무자가 스스로 이행하지 않는 경우에 <u>대집행할 행위의 내용 및 범위가 구체적으로 특정되어야 하는데 그 내용범위는 대집행 계고서뿐만 아니라 계고처분 전후에 송달된 문서나 기타 사정 등을 종합하여 특정될 수 있다.</u>
- 판례는 행정청이 구「행정대집행법」제3조 제1항에 의한 대집행계고를 함에 있어서는 '의무자가 스스로 이행하지 아니하는 경우에 대집행할 행위의 내용 및 범위'가 구체적으로 특정되어야 하나, 그 행위의 내용 및 범위는 <u>반드시 대집행계고서에 의하여서만 특정되어야 하는 것이 아니고 계고처 분 전후에 송달된 문서나 기타 사정을 종합하여 행위의 내용이 특정되면 족하다고 본다.</u>
- 계고처분시 대집행할 행위의 내용 및 범위는 반드시 대집행 계고서에 의하여서만 특정되어야 하는 것은 아니다.

(2) 통 지
- 행정대집행을 함에 있어 <u>비상시 또는 위험이 절박한 경우에 당해 행위의 급속한 실시를 요하여</u> 절차를 취할 여유가 없을 때에는 계고 및 대집행영장 통지 절차를 생략할 수 있다.

- 계고와 통지는 동시에 생략할 수 있다. (계고와 통지는 동시에 생략할 수 없다 ✘)

(3) 대집행의 실행
- 의무자가 동의한 경우 해가 뜨기 전이나 해가 진 후에도 대집행을 할 수 있다.
- 해가 지기 전에 대집행을 착수한 경우에는 야간에 대집행실행이 가능하다. (행정대집행법 제4조 제1항)

(4) 비용징수
- 대집행에 소용된 비용을 납부하지 아니할 때에는 국세 징수의 예에 의하여 징수할 수 있다. [23국9]
- 대집행에 요한 비용에 대하여서는 행정청은 사무비의 소속에 따라 국세에 다음가는 순위(동일한 순위 ✘)의 선취득권을 가진다. [23국9]
- 대집행에 요한 비용을 징수하였을 때에는 그 징수금은 사무비의 소속에 따라 국고 또는 지방자치단체의 수입으로 한다.
- 행정청이 행정대집행을 한 경우 그에 따른 비용의 징수는 「행정대집행법」의 절차에 따라 「국세징수법」의 예에 의하여 징수하여야 하며, 손해배상을 구하는 민사소송으로 징수할 수는 없다. [22지7]
- 공법인이 대집행 권한을 위탁받아 공무인 대집행 실시에 지출한 비용을 「행정대집행법」에 따라 강제 징수할 수 있음에도 민사소송절차에 의하여 상환을 청구하는 것은 허용되지 않는다. (따로 민사소송으로 대부료의 지급을 구하는 것이 허용된다. ✘ [22지9])

3) 그 외의 쟁점

(1) 하자의 승계
- 철거명령과 대집행 절차를 이루는 행위는 별개의 법적 효과를 가져오는 행위이므로 철거명령의 흠은 대집행 절차를 이루는 각 행위에 승계되지 아니한다.
- 대행절차상 계고, 대집행영장통지, 대집행비용 납부명령 상호 간에는 선행행위의 하자가 후행행 위에 승계된다.

(2) 소의 이익
- 대집행 계고처분 취소소송의 변론종결 전에 대집행영장에 의한 통지절차를 거쳐 대집행의 실행이 완료된 경우에는 처분의 취소를 구할 법률상 이익이 없다. (법률상 이익이 있다 ✘)

(3) 국가배상
- 대법원은 「공익사업을 위한 토지 등의 취득 및 보상에 관한 법률」상 수용대상물의 인도, 이전 의무불이행에 대한 지방자치단체장의 대집행 권한을 구 한국토지공사에 위탁한 것은 구 한국토지공사를 대집행을 수권 받은 자로서 행정주체의 지위에 있다고 본다.
(행정보조자로 고용한 것으로 본다. ✘)

3. 이행강제금

1) 의의 및 성질
- 「건축법」상 이행강제금은 의무자에게 심리적 압박을 주어 시정명령에 따른 의무이행을 간접적으로 강제하는 강제집행수단에 해당한다. [23지7]
- 이행강제금은 강학상 직접강제에 해당 ✕

- 이행강제금은 현재의 의무위반에 대한 의무이행 확보 수단이라는 점에서 과거의 위반행위에 대한 제재인 행정형벌과 구별된다.
- 시정명령의 불이행이라는 과거의 위반행위에 대한 금전적 제재에 해당 ✕

- 「건축법」상 이행강제금 납부의무는 상속인 기타의 사람에게 승계될 수 없는 일신전속적 성질의 것이다.
- 사망한 건축주에 대하여 「건축법」상 이행강제금이 부과된 경우 그 이행강제금 납부의무는 상속인에게 승계되지 않는다.
- 「건축법」상의 이행강제금은 간접강제의 일종으로서 그 이행강제금 납부의무는 일신전속적인 성질의 것이므로 이미 사망한 사람에게 이행강제금을 부과하는 내용의 처분은 당연무효이다. [23국7]

2) 형사처벌·행정대집행과의 병과 및 선택가능성
- 무허가 건축행위에 대한 형사처벌과 시정명령 위반에 대한 이행강제금 부과는 이중처벌에 해당한다고 볼 수 없다.
- 「건축법」상 시정명령 위반에 따른 이행강제금의 부과와 건축행위에 대한 형사처벌은 그 처벌 내지 제재대상이 되는 기본적 사실관계가 다르므로 이중처벌에 해당하지 않는다.
- 이행강제금과 행정벌은 병과하여도 「헌법」상 이중 처벌금지의 원칙에 위반되지 않는다.
- 헌법재판소에 따르면 이행강제금과 형사처벌이 병과되더라도 「헌법」 제13조 제1항이 정하는 이중처벌금지원칙에 반하지 않는다.

- 이행강제금은 대체적 작위의무의 위반에 대하여도 부과될 수 있으며, 「건축법」상 위법건축물에 대한 이행강제수단으로 행정대집행과 이행강제금을 합리적인 재량에 의해 선택적으로 활용하는 이상 이는 중첩적인 제재에 해당하지 않는다. [23국7]

3) 계고, 시정명령
- 「건축법」상 시정명령 불이행에 대한 이행강제금 부과의 경우 허가권자는 부과하기 전에 이행강제금을 부과, 징수한다는 뜻을 미리 문서로써 계고하여야 한다.
- 「건축법」상 이행강제금은 장래의 의무이행을 확보하려는 수단이며(시정명령의 불이행이라는 과거의 위

반행위에 대한 제재 ✗), 건축주가 장기간 시정명령을 이행하지 않은 경우 <u>그 기간 중에 시정명령의 이행 기회가 제공되지 않았다가 뒤늦게 이행 기회가 제공된 경우라 하더라도 이행 기회가 제공되지 않은 과거의 기간에 대한 이행강제금을 부과할 수 없고, 만약 부과했다면 당연무효이다.</u> [23국7]

(이행강제금은 법령으로 정하는 바에 따라 계고나 시정명령 없이 부과할 수 있다 ✗)

- 공무원이 위법건축물임을 알지 못하여 공사 도중에 시정명령이 내려지지 않아 건축물이 완공되었다 하더라도 <u>위법건축물 완공 후에도 시정명령을 할 수 있고</u> 그 불이행에 대하여 이행강제금을 부과할 수 있다.

4) 부과, 징수

- 이행강제금은 해당 의무가 이행될 때까지 <u>반복적으로 부과할 수 있다.</u> [23지7]
- 행정법상 의무를 이행하지 않는다는 사유로 이행강제금을 부과한 뒤 다시 같은 사유로 반복하여 이행강제금을 부과할 수 있다.
- 「건축법」상 이행강제금은 일정한 기한까지 의무를 이행하지 않을 때에는 일정한 금전적 부담을 과할 뜻을 미리 계고함으로써 의무자에게 심리적 압박을 주어 장래에 그 의무를 이행하게 하려는 행정상 간접적인 강제집행 수단의 하나로서 반복적으로 부과되더라도 「헌법」상 <u>이중처벌금지의 원칙이 적용될 여지가 없다.</u>
- 「건축법」에 위반된 건축물의 <u>철거를 명하였으나 불응하자 이행강제금을 부과, 징수한 후 이후에도 철거를 하지 아니하자 다시 행정대집행계고처분을 한 경우 그 계고처분은 유효하다.</u>
- 「건축법」상 시정명령 불이행에 대한 이행강제금 부과의 경우 허가권자는 최초의 시정명령이 있었던 날을 기준으로 하여 <u>1년에 2회 이내의 범위에서</u> 그 시정명령이 이행될 때까지 반복하여 이행강제금을 부과, 징수할 수 있다.

- 시정명령을 받은 의무자가 그 시정명령의 취지에 부합하는 의무를 이행하기 위한 <u>정당한 방법으로 행정청에 신청 또는 신고를 하였으나 행정청이 위법하게 이를 거부 또는 반려함으로써 결국 그 처분이 취소되기에 이르렀다면, 특별한 사정이 없는 한 그 시정명령의 불이행을 이유로 이행강제금을 부과할 수는 없다.</u> [23국9]

5) 시정명령 기간을 지나서 이행한 경우

- 「건축법」상 <u>이행강제금은 행정상의 간접강제 수단에 해당하므로, 시정명령을 받은 의무자가 이행강제금이 부과되기 전에 그 의무를 이행한 경우에는</u> 비록 시정명령에서 정한 기간을 지나서 이행한 경우라도 이행강제금을 <u>부과할 수 없다.</u> [23국7]
- 이행강제금은 금전의 징수가 목적이 아니라 의무 이행을 촉구하기 위한 것이므로 일단 의무이행이 있으면 비록 시정명령에서 정한 기간을 지나서 이행한 경우라도 이행강제금을 <u>부과할 수 없고</u>, 만약 부과했다면 당연무효이다.

- 「부동산 실권리자명의 등기에 관한 법률」상 장기 미등기자가 이행강제금 부과 전에 등기신청의무를 이행하였다면 동법에 규정된 기간이 지나서 등기신청의무를 이행하였더라도 이행강제금을 <u>부과할 수 없다.</u>
- 「국토의 계획 및 이용에 관한 법률」에 의해 이행명령을 받은 의무자가 이행명령에서 정한 기간을 지나서 그 명령을 이행한 경우, 의무불이행에 대한 이행강제금을 새로이 <u>부과할 수 없다.</u>
- 「건축법」 제80조 제6항에 따르면 시정명령을 받은 자가 시정명령을 이행한 경우에는 더 이상 이행강제금을 부과하지 않지만, <u>이미 부과된 이행강제금은 징수한다.</u>

6) 불복방법

- 이행강제금 부과처분에 대한 불복방법에는 ① 개별법의 규정에 의한 방법(예 농지법)과 ② 일반 행정쟁송에 의하는 방법(예 건축법)이 있다.
- 「건축법」상 이행강제금 부과처분은 이에 대한 불복방법에 관하여 별도의 규정을 두지 않고 있으므로 이는 행정소송의 대상이 된다.
- 「건축법」상 이행강제금의 최초 독촉은 행정 처분에 해당한다.
- 「농지법」상 이행강제금 부과처분에 대한 불복은 「비송사건절차법」에 따른 재판절차에 의하도록 하고 있으므로, 「행정소송법」상 항고소송 절차에 따를 수 없다. [23지9]
- 관할청이 「농지법」상의 이행강제금 부과처분을 하면서 재결청에 행정심판을 청구하거나 관할 행정법원에 행정소송을 할 수 있다고 잘못 안내한 경우에도 행정법원의 항고소송 재판관할이 생기는 것은 아니다. [22국9]

4. 직접강제

- 관계 공무원이 계고 등 사전조치 이후 행한 영업 표지물의 제거나 삭제는 직접강제(즉시강제 ✗)에 해당한다.
- 적법한 영업소가 아님을 알리는 게시문 등의 부착에 대해서는 행정상 <u>결과제거 청구소송</u>(취소소송 ✗)이 적절한 구제 수단이 된다.
- 공무원이 <u>적법하게</u> 영업소의 간판을 제거했다면 <u>손해배상의 문제는 발생하지 않는다.</u>

5. 강제징수

1) 강제징수의 절차

(0) 세금부과처분(=과세처분)

(1) 독 촉

(2) 압 류
- 「국세징수법」에 의한 체납처분절차는 '재산압류 - 압류재산매각 - 청산'으로 이루어진다.
- 체납자는 압류된 재산에 대하여 사실상·법률상의 처분을 할 수 없다.

(3) 매 각
- 체납자에 대한 공매통지는 공매사실 자체를 체납자에게 알려주는 데 불과 한 것으로서 체납자의 법적 지위나 권리, 의무에 직접적인 영향을 주는 처분에 해당하지 않는다.
- 한국자산공사의 공매통지는 공매의 절차적 요건이다. (공매의 요건이 아니다 ✗)
- 「국세징수법」상 체납자에 대한 공매 통지는 국가의 강제력에 의하여 진행되는 공매에서 체납자의 권리 내지 재산상의 이익을 보호하기 위하여 법률로 규정한 절차적 요건으로, 이를 이행하지 않은 경우 그 공매처분은 위법하다. [23지9]
- 통지를 하지 아니한 채 공매처분을 하였다 하여도 그 공매처분이 당연무효로 되는 것은 아니다.
- 한국자산관리공사가 인터넷을 통하여 재공매(입찰)하기로 한 결정 자체는 행정처분에 해당하지 않는다. (상대방의 법적 지위나 권리·의무에 직접 영향을 주는 것이다. ✗)
- 과세관청이 체납처분으로서 행하는 공매는 우월한 공권력의 행사로서 행정소송의 대상이 되는 행정처분이며, 공매에 의하여 재산을 매수한 자는 그 공매처분이 취소된 경우에 그 취소처분의 위법을 주장하여 행정소송을 제기할 법률상 이익이 있다.

(4) 청 산(충당)
- 청산 후 배분하거나 충당하고 남은 금액이 있으면 이를 체납자에게 지급하여야 한다.
- 「국세기본법」에 의하면 강제징수절차에 불복하는 당사자는 심사청구 또는 심판청구를 거친 후 행정 소송을 제기하여야 한다.

제2절 행정상 즉시강제

1. 의의 및 성질
- 즉시강제란 목전의 급박한 장해를 제거할 필요가 있는 경우에 행정기관이 즉시 국민의 신체 또는 재산에 실력을 행사하여 행정상의 필요한 상태를 실현하는 작용을 말한다.
  (법령 또는 행정처분에 의한 선행의 구체적 의무의 불이행이 있는 경우 ✗)
  (과거의 의무위반에 대하여 가해지는 제재이다. ✗ [22국9])

- 행정강제는 행정상 강제집행을 원칙으로 하고, 행정상 즉시강제는 예외적으로 인정되는 강제수단이다.
- 행정상 즉시강제는 직접강제와는 달리 행정상 강제집행에 해당하지 않는다.

- 행정상 즉시강제는 실정법의 근거를 필요로 하고, 그 발동에 있어서는 법규의 범위 안에서도 행정상의 장해가 목전에 급박하고, 다른 수단으로는 행정목적을 달성할 수 없는 경우이어야 하며, 이러한 경우에도 그 행사는 필요 최소한도에 그쳐야 함을 내용으로 하는 한계에 기속된다.
  (목전에 급박한 장해를 예방하기 위한 경우에는 예외적으로 법률의 근거가 없이도 발동될 수 있다는 것이 일반적인 견해이다. ✗ [22국9])

- 항고소송의 대상이 되는 처분의 성질을 갖는다. (권력적 사실행위) [22국9]
- 위법한 즉시강제작용으로 손해를 입은 자는 국가나 지방자치단체를 상대로 「국가배상법」이 정한 바에 따라 손해배상을 청구할 수 있다. [22국9]

2. 즉시강제에 해당하는 것
- 「경찰관 직무집행법」에 의하여 행한 보호조치
- 「소방기본법」에 의한 물건의 파기
- 마약중독자의 격리 및 치료를 위한 치료보호
- 구 「음반, 비디오물 및 게임물에 관한 법률」상 불법게임물에 대한 수거 및 폐기 조치 [23지9]
- 화재진압작업을 위해서 화재발생현장에 불법주차 차량을 제거하는 것은 즉시강제에 해당하므로 법적 근거가 필요하다.
  (급박성을 이유로 법적 근거가 없더라도 최후수단으로서 실행이 가능하다. ✗)
- 강제 건강진단과 예방접종은 대인적 강제수단에 해당한다. [22국9]

3. 즉시강제에 해당하지 않는 것
- 수도법상의 단수처분 (⇒ 공급거부)

- 세금납부의무 불이행에 따른 영업의 인허가의 거부, 정지 (⇒ 관허사업의 제한)
- 국세체납자에 대한 체납처분 (⇒ 강제징수절차)
- 「건축법」상의 이행강제금의 부과 (⇒ 행정상 강제집행 중 이행강제금)
- 「대기환경보전법」상의 배출 부과금의 부과 (⇒ 공법상의 금전부담. 특별부담금)

4. 영장주의 적용여부

- **대법원** : 사전영장주의원칙은 인신보호를 위한 헌법상의 기속원리이기 때문에 인신의 자유를 제한하는 국가의 모든 영역(예컨대, 행정상의 즉시강제)에서도 존중되어야 하고 다만 사전영장주의를 고수하다가는 도저히 그 목적을 달성할 수 없는 지극히 예외적인 경우에만 형사절차에서와 같은 예외가 인정된다고 할 것이다.
- **헌법재판소** : 영장주의가 행정상 즉시강제에도 적용되는지에 관하여는 논란이 있으나, 행정상 즉시강제는 상대방의 임의이행을 기다릴 시간적 여유가 없을 때 하명 없이 바로 실력을 행사하는 것으로서, 그 본질상 급박성을 요건으로 하고 있어 법관의 영장을 기다려서는 그 목적을 달성할 수 없다고 할 것이므로, 원칙적으로 영장주의가 적용되지 않는다고 보아야 할 것이다.

- 불법 게임물을 발견한 경우 관계 공무원으로 하여금 영장 없이 이를 수거하여 폐기하게 할 수 있도록 규정한 구「음반. 비디오물 및 게임물에 관한 법률」의 조항은 급박한 상황에 대처하기 위해 행정상 즉시강제를 행할 불가피성과 정당성이 인정되므로 「헌법」상 영장주의에 위배되지 않는다.

- 불법게임물을 단속하기 전 甲에게 사전통지나 의견제출의 기회를 부여하지 않았다고 하여 적법절차 원칙에 위반 되는것으로는 볼 수 없다.

제3절 행정조사

1. 행정조사의 의의, 성격
- 행정조사에는 현장조사, 문서열람, 시료채취, 보고요구, 자료제출요구, 진술요구 및 출석요구가 포함된다. (국민의 신체나 재산에 대한 실력행사 ✗)
- 일반적으로 행정조사 그 자체는 법적 효과를 가져오지 않는 사실행위에 해당한다.
- 권력적 성격을 가지는 행정조사의 경우에는 근거 된 법규의 범위 내에서만 가능하다.

2. 행정조사기본법의 적용범위

> 행정조사기본법 제3조(적용범위) ② 다음 각 호의 어느 하나에 해당하는 사항에 대하여는 이 법을 적용하지 아니한다.
>   4. 「근로기준법」 제101조에 따른 근로감독관의 직무에 관한 사항
>   5. 조세·형사·행형 및 보안처분에 관한 사항
>   6. 금융감독기관의 감독·검사·조사 및 감리에 관한 사항
> ③ 제2항에도 불구하고 제4조(행정조사의 기본원칙), 제5조(행정조사의 근거) 및 제28조(정보통신수단을 통한 행정조사)는 제2항 각 호의 사항에 대하여 적용한다. [22국7]

- 금융감독기관의 감독·검사·조사에 대하여는 「행정조사기본법」이 적용될 여지가 없다. ✗

3. 위법한 행정조사
- 위법한 행정조사에 기초하여 내려진 행정처분은 위법한 처분이다.
- 위법한 세무조사를 통하여 수집된 과세자료에 기초하여 과세처분을 하였다면 이는 위법하다. [22국7]
- 위법한 행정조사로 손해를 입은 국민은 「국가배상법」에 따른 손해배상을 청구할 수 있다.

4. 영장주의 적용여부
- 우편물 통관검사절차에서 이루어지는 우편물의 개봉, 시료채취, 성분분석 등의 검사는 수출입물품에 대한 적정한 통관 등을 목적으로 한 행정조사의 성격을 가지는 것으로서 수사기관의 강제처분이라고 할 수 없다.

5. 행정조사기본법의 주요 내용
- 조사대상자가 행정조사의 실시를 거부하거나 방해하는 경우 조사원이 조사대상자의 신체와 재산에 대해 실력을 행사할 수 있는지에 관하여 「행정조사기본법」상은 규정을 두고 있지 않다.

제4조(행정조사의 기본원칙)
- 행정조사는 조사목적을 달성하는 데 필요한 최소한의 범위 안에서 실시하여야 한다.
- 행정기관은 조사목적에 적합하도록 조사대상자를 선정하여 행정조사를 실시하여야 한다.
- 행정기관은 유사하거나 동일한 사안에 대하여는 공동조사 등을 실시함으로써 행정조사가 중복되지 아니하도록 하여야 한다.
- 행정조사는 법령 등의 위반에 대한 처벌보다는 법령 등을 준수하도록 유도하는데 중점을 두어야 한다. (법령 등의 위반사항을 발견하고 처벌하는 데 중점을 두어야 한다. ✘)
- 다른 법률에 따르지 아니하고는 행정조사의 대상자 또는 행정조사의 내용을 공표하거나 직무상 알게 된 비밀을 누설하여서는 아니 된다.

제5조(행정조사의 근거)
- 행정기관은 법령 등에서 행정조사를 규정하고 있는 경우에 한하여 행정조사를 실시할 수 있지만 조사대상자의 자발적인 협조를 얻어 실시하는 경우에는 그러하지 아니하다. [23국9]
  (= 임의조사를 제외하고 행정기관은 법령 등에서 행정조사를 규정하고 있는 경우에 한하여 행정조사를 실시할 수 있다.)
  (= 행정기관은 조사대상자의 자발적인 협조가 없는 한 법령 등에서 행정조사를 규정하고 있는 경우에 한하여 행정조사를 실시할 수 있다.)
  (= 조사대상자의 자발적인 협조를 얻어 실시하는 행정조사의 경우에는 법령의 근거가 없어도 가능하다.)

제7조(조사의 주기)
- 행정조사는 정기적으로(수시로 ✘) 실시함을 원칙으로 한다.
  (행정조사는 그 실효성 확보를 위해 수시조사를 원칙으로 한다. ✘)

제8조(조사대상자의 선정)
- 행정기관의 장은 행정조사의 목적, 법령준수의 실질적·자율적인 준수를 위한 노력, 규모와 업종 등을 고려하여 명백하고 객관적인 기준에 따라 행정조사의 대상을 선정하여야 한다.

제12조(시료채취)
- 조사원이 조사목적의 달성을 위하여 시료채취를 하는 경우 이로 인하여 조사대상자에게 손실을 입힌 때에는 법령이 정하는 절차와 방법에 따라 그 손실을 보상하여야 한다. [23국9]

제13조(자료등의 영치)
- 조사원이 현장조사 중에 자료, 서류, 물건 등을 영치하는 경우에 조사대상자의 생활이나 영업이 사실상 불가능하게 될 우려가 있는 때에는 조사원은 증거인멸의 우려가 있는 경우가 아니라면 사진촬영 등의 방법으로 영치에 갈음할 수 있다.

제14조(공동조사)
- 당해 행정기관 내의 2 이상의 부서가 동일하거나 유사한 업무분야에 대하여 동일한 조사대

상자에게 행정조사를 실시하는 경우 행정기관의 장은 공동조사를 하여야 한다. [23국9]
(행정기관이 유사하거나 동일한 사안이라고 하여 공동조사 등을 실시하는 것은 국민의 권익을 침해할 수 있으므로 허용되지 않는다. ✗)

제17조(조사의 사전통지)
- 행정조사를 실시하는 경우 조사개시 7일 전까지 조사대상자에게 출석요구서, 보고요구서, 자료제출요구서, 현장 출입 조사서를 서면으로 통지하여야 하나, 조사대상자의 자발적인 협조를 얻어 행정조사를 실시하는 경우에는 미리 서면으로 통지하지 않고 행정조사의 개시와 동시에 이를 조사대상자에게 제시할 수 있다

제20조(자발적인 협조에 따라 실시하는 행정조사)
- 행정기관의 장이 조사대상자의 자발적인 협조를 얻어 행정조사를 실시하고자 하는 경우 조사대상자는 문서, 전화, 구두 등의 방법으로 당해 행정조사를 거부할 수 있다. [23지9]

제24조(조사결과의 통지)
- 행정기관의 장은 법령 등에 특별한 규정이 있는 경우를 제외하고는 행정조사의 결과를 확정한 날부터 7일 이내에 그 결과를 조사대상자에게 통지하여야 한다. [22국7]

제25조(자율신고제도)
- 행정기관의 장은 조사대상자가 신고한 내용이 거짓의 신고라고 인정할 만한 근거가 있거나 신고내용을 신뢰할 수 없는 경우를 제외하고는 그 신고 내용을 행정조사에 갈음할 수 있다. (갈음하여야 한다. ✗)

제28조(정보통신수단을 통한 행정조사)
- 행정기관의 장은 인터넷 등 정보통신망을 통하여 조사대상자로 하여금 자료의 제출 등을 하게 할 수 있다. [23국9]
- 행정기관의 장은 정보통신망을 통하여 자료의 제출 등을 받은 경우에는 조사대상자의 신상이나 사업비밀 등이 유출되지 아니하도록 제도적·기술적 보안조치를 강구하여야 한다.

6. 세무조사

- 「헌법」에 12조 제1항에서 규정하고 있는 적법절차의 원칙은 형사소송절차에 국한되지 않고 모든 국가작용 전반에 대하여 적용되는 원칙이므로 세무 공무원의 세무조사권의 행사에서도 적법절차의 원칙은 준수되어야 한다.
- 과세관청의 질문조사권이 행해지는 세무조사결정은 납세의무자의 권리·의무에 직접 영향을 미치는 공권력의 행사에 따른 행정작용으로서 항고소송의 대상이 된다. [22국7]

제2장 │ 행정벌

1. 행정형벌
- 어떤 행정법규 위반행위에 대해 과태료를 과할 것인지 행정형벌을 과할 것인지는 기본적으로 입법 재량에 속한다.
- 행정행위의 실효성을 확보함에 있어서 간접적인 의무이행확보수단이 된다.
- 형사소송절차에 의하여 과벌된다.

1) 고의 또는 과실 필요
- 행정형벌을 과하기 위해서는 <u>고의 또는 과실이 필요</u>하다.
- 행정범의 경우에는 과실행위를 벌한다는 명문의 규정이 없는 경우에도 <u>그 법률 규정 중에 과실행위를 벌한다는 명백한 취지를 알 수 있는 경우에는 과실행위에 행정형벌을 부과할 수 있다.</u>
  (= 과실범을 처벌한다는 명문의 규정이 없더라도 <u>행정형벌법규의 해석에 의하여</u> 과실 행위도 처벌한다는 뜻이 도출되는 경우에는 과실범도 처벌될 수 있다.)

2) 양벌규정
- 행정범의 경우에는 법인의 대표자 또는 종업원 등의 행위자뿐 아니라 <u>법인도 아울러 처벌</u>하는 규정을 두는 경우가 있다.
- 양벌규정은 행위자에 대한 처벌규정임과 동시에 그 위반행위의 이익귀속주체인 영업주에 대한 처벌규정이다. [22국9]
- 양벌규정에 의한 법인의 처벌은 행정형벌의 성격을 가진다.
  (양벌규정에 의한 법인의 처벌은 어디까지나 행정적 제재처분일 뿐 형벌과는 성격을 달리한다. ✗) [22국9]
- 종업원의 위반행위에 대해 사업주도 처벌하는 경우, <u>사업주가 지는 책임은 그 자신의 종업원에 대한 선임감독상의 과실로 인한 것</u>(무과실책임 ✗)이다.
- 종업원 등의 범죄에 대해 법인에게 어떠한 잘못이 있는지를 전혀 묻지 않고, 곧바로 그 종업원 등을 고용한 법인에게도 종업원 등에 대한 처벌조항에 규정된 벌금형을 과하도록 규정하는 것은 책임주의에 반한다.
- 양벌규정에 의한 영업주의 처벌에 있어서 <u>종업원의 범죄성립이나 처벌이 영업주 처벌의 전제조건이 될 필요는 없다.</u> (전제조건이 된다 ✗) [22국9] [23국7]
  (= 양벌규정에 의해 영업주를 처벌하는 경우, 금지위반행위자인 종업원을 처벌할 수 없는 경우에도 영업주만 따로 처벌할 수 있다. (없다 ✗) [22지9]

- 지방자치단체 소속 공무원이 지방자치단체 고유의 자치사무를 수행하던 중 「도로법」 제81조 내지 제85조의 규정에 의한 위반행위를 한 경우에는 지방자치단체는 「도로법」 제86조의 양벌규정에 따라 처벌대상이 되는 법인에 해당한다. [23지9]
- 양벌규정의 대상이 되는 법인에 국가는 포함되지 않지만 지방자치단체가 그 고유의 자치사무(기관위임사무 ✕)를 처리하는 경우 독립한 공법인으로서 포함된다.
- 지방자치단체가 그 고유의 자치사무를 처리하는 경우 지방자치단체는 양벌규정에 의한 처벌대상이 된다.
- 소방공무원이 자치사무를 수행하던 중 「도로법」을 위반한 경우 지방자치단체는 「도로법」의 양벌규정에 따라 처벌대상이 된다.
- 법인 대표자의 법규위반행위에 대한 법인의 책임은 법인 자신의 법규위반행위로 평가될 수 있는 행위에 대한 법인의 직접책임이다. [22국9]

2. 통고처분

- 조세범, 출입국사범, 교통사범 등의 경우에 인정되고 있다.
- 「관세법」상 통고처분과 관련하여 통고처분을 할 것인지의 여부는 행정청의 재량에 맡겨져 있다는 것이 판례의 입장이다.
- 통고처분을 이행하면 일사부재리의 원칙이 적용되어 동일사건에 대하여 다시 처벌받지 아니한다.
  (= 통고처분에 따른 범칙금을 납부한 후에 동일한 사건에 대하여 다시 형사처벌을 하는 것은 일사부재리의 원칙에 반한다.)
- 지방국세청장 또는 세무서장이 「조세범 처벌절차법」에 따라 통고처분을 거치지 아니하고 즉시 고발하였다면 이로써 조세범칙사건에 대한 조사 및 처분 절차는 종료되고 형사사건 절차로 이행되어 지방국세청장 또는 세무서장으로서는 동일한 조세범칙행위에 대하여 더 이상 통고처분을 할 권한이 없다. [23국7]
- 통고처분은 상대방의 임의의 승복을 그 발효요건으로 하기 때문에 그 자체만으로는 통고이행을 강제하거나 상대방에게 아무런 권리·의무를 형성하지 않으므로 행정심판이나 행정소송의 대상으로서의 처분성을 인정할 수 없다. [22지9] [22국7] [23지9] [23지7]
- 조세범 처벌절차에 의하여 범칙자에 대한 세무관서의 통고처분은 행정소송의 대상이 아니다.
- 「도로교통법」에 따른 경찰서장의 통고처분에 대하여 항고소송을 제기할 수 없다.

3. 행정질서벌(과태료)

- 행정법규 위반행위에 대하여 과하여지는 과태료는 행정형벌이 아니라 행정질서벌에 해당한다.
- 과태료는 행정질서벌에 해당할 뿐 형벌이라고 할 수 없어 <u>죄형법정주의의 규율대상에 해당하지 아니한다.</u>
- 행정법상의 질서벌인 과태료의 부과처분과 형사처벌은 그 성질이나 목적을 달리하는 별개의 것이므로 행정법상의 질서벌인 과태료를 납부한 후에 형사처벌을 한다고 하여 이를 일사부재리의 원칙에 반하는 것이라고 할 수는 없다. [23국9]
- 구「행형법」에 의한 징벌을 받은 집행을 종료하였다고 하더라도 행형법상의 징벌은 행정상의 질서벌의 일종으로서 형법 법령에 위반한 행위에 대한 형사책임과는 그 목적, 성격을 달리하는 것이므로, 징벌을 받은 뒤에 형사처벌을 한다고 하여 일사부재리의 원칙에 반하는 것은 아니다. [22국가]
- 임시운행허가기간을 벗어난 무등록차량을 운행한 자는 <u>과태료와 별도로 형사처벌의 대상이 된다.</u>
- 과태료부과에 대해서는 일반적으로「질서위반행위규제법」이 적용되므로 그 부과처분에 대해 불복이 있을 때에는 법원에서「비송사건절차법」을 준용하여 이에 대해 재판하고 <u>과태료 부과처분에 대해 항고소송은 원칙적으로 허용되지 않는다.</u> [23지7]
- 「지방자치법」상 사기나 부정한 방법으로 사용료 징수를 면한 자에 대한 과태료의 부과·징수 등의 절차에 관한 사항은「질서위반행위규제법」에 따른다. [22국가]

■ 질서위반행위규제법의 주요내용

제2조(정의)
1) 질서위반행위란 법률(조례를 포함한다)상의 의무를 위반하여 과태료를 부과하는 행위를 말하고,
2) 이에는 대통령령으로 정하는 <u>사법상·소송법상 의무를 위반하여 과태료를 부과하는 행위</u>와 대통령령으로 정하는 법률에 따른 징계사유에 해당하여 과태료를 부과하는 행위는 <u>포함되지 않는다.</u>

- <u>지방자치단체의 조례도 과태료 부과의 근거가 될 수 있다.</u>
- 「지방자치법」제27조 조례위반에 대한 과태료의 경우에는「질서위반행위규제법」이 적용되므로 그에 대한 불복 방법으로 항고소송을 제기할 수는 없다.
- 「지방자치법」제139조 제2항 및 제3항에 따라 사기나 그 밖의 부정한 방법으로 사용료, 수수료 또는 분담금의 징수를 면한 자, 그리고 공공시설을 부정사용한 자에 대한 과태료

부과에는 「질서위반행위규제법」이 적용된다.
- '수도조례' 및 '하수도사용조례'에 기한 과태료의 부과여부 및 그 당부는 최종적으로 「질서위반행위규제법」에 의한 절차에 의하여 판단되어야 하므로 그 과태료부과처분은 행정청을 피고로 하는 행정소송의 대상이 되는 처분이라고 할 수 없다.

제3조(법 적용의 시간적 범위)
- 질서위반행위의 성립과 과태료 처분은 행위시의 법률에 따른다.
- 질서위반행위 후 법률이 변경되어 그 행위가 질서 위반행위에 해당하지 아니하게 되거나 과태료가 변경되기 전의 법률보다 가볍게 된 때에는 법률에 특별한 규정이 없는 한 변경된 법률(행위 시 법률 ✕)을 적용한다. [23지9]
- 행정청의 과태료 처분이나 법원의 과태료 재판이 확정된 후 법률이 변경되어 그 행위가 질서위반행위에 해당하지 아니하게 된 때에는 변경된 법률에 특별한 규정이 없는 한 과태료의 징수 또는 집행을 면제한다. [22국7] [23지7]

- 질서위반행위에 대하여 과태료를 부과하는 근거 법령이 개정되어 행위시의 법률에 의하면 과태료 부과대상이었지만 재판시의 법률에 의하면 부과 대상이 아니게 된 때에는 개정 법률의 부칙 등에서 행위시의 법률을 적용하도록 명시하는 등 특별한 사정이 없는 한 재판시의 법률을 적용하여야한다.

제4조(법 적용의 장소적 범위)
- 「질서위반행위규제법」은 대한민국 영역 밖에서 질서위반행위를 한 대한민국의 국민에게 적용한다.

제5조(다른 법률과의 관계)
- 과태료의 부과 징수, 재판 및 집행 등의 절차에 관하여 「질서위반행위규제법」과 타 법률이 달리 규정하고 있는 경우에는 전자(후자 ✕)를 따른다.
- 「지방자치법」 제139조 제2항 및 제3항에 따라 사기나 그 밖의 부정한 방법으로 사용료, 수수료 또는 분담금의 징수를 면한 자, 그리고 공공시설을 부정 사용한 자에 대한 과태료 부과에는 「질서위반행위규제법」이 적용된다.

제7조(고의 또는 과실)
- 「질서위반행위규제법」에 의하면, 고의 또는 과실이 없는 질서위반행위는 과태료를 부과하지 아니한다. [23지9]
- 질서위반행위를 한 자가 자신의 책임 없는 사유로 위반행위에 이르렀다고 주장하는 경우 법원으로서는 그 내용을 살펴 행위자에게 고의나 과실이 있는지를 따져 보아야 한다. [23국7]

제8조(위법성의 착오)

- 자신의 행위가 위법하지 아니한 것으로 오인하고 행한 질서위반행위는 <u>그 오인에 정당한 이유가 있는 때에 한하여 과태료를 부과하지 아니한다.</u> (= 위법성의 착오는 과태료 부과에 영향을 미친다.) [23국9]

제9조(책임연령)
- 다른 법률에 특별한 규정이 없는 경우, 14세가 되지 아니한 자의 질서위반행위는 과태료를 부과하지 아니한다.

제10조(심신장애)
- 심신(心神)장애로 인하여 행위의 옳고 그름을 판단할 능력이 없거나 그 판단에 따른 행위를 할 능력이 없는 자의 질서위반행위는 과태료를 부과하지 아니한다. [23지7]
- 심신장애로 인하여 제1항에 따른 능력이 미약한 자의 질서위반행위는 과태료를 감경한다.
- 스스로 심신장애 상태를 일으켜 질서위반행위를 한 자에 대하여는 과태료를 감경하지 않는다.

제11조(법인의 처리 등)
- 「질서위반행위규제법」상 개인의 대리인이 업무에 관하여 그 개인에게 부과된 법률상의 의무를 위반한 때에는 <u>의무자 개인에게</u>(행위자인 대리인에게 ✗) 과태료를 부과한다.

제12조(다수인의 질서위반행위 가담)
- <u>2인 이상이 질서위반행위에 가담한 때에는 각자가 질서위반행위를 한 것</u>으로 본다.
- 신분에 의하여 성립하는 질서위반행위에 <u>신분이 없는 자가 가담한 때에는 신분이 없는 자</u>에 대하여도 질서위반행위가 성립한다. [23국9]
- 신분에 의하여 과태료를 감경 또는 가중하거나 과태료를 부과하지 아니하는 때에는 <u>그 신분의 효과는 신분이 없는 자에게는 미치지 아니한다.</u>

제13조(수개의 질서위반행위의 처리)
- 하나의 행위가 2 이상의 질서위반행위에 해당하는 경우에는 2개의 과태료 중 <u>가장 중한 과태료를 부과한다.</u> (각 질서위반행위에 대하여 정한 과태료를 가중하여 부과한다. ✗) [23국9]

제16조(사전통지 및 의견 제출 등)
- 행정청이 질서위반행위에 대하여 과태료를 부과하고자 하는 때에는 미리 당사자에게 대통령령으로 정하는 사항을 통지하고, 10일 이상의 기간을 정하여 의견을 제출할 기회를 주어야 한다.

제19조(과태료 부과의 제척기간) ① 행정청은 **질서위반행위가 종료된 날**(다수인이 질서위반행위에 가담한 경우에는 최종행위가 종료된 날을 말한다)**부터 5년이 경과한 경우에는 해당 질서위반행위에 대하여 과태료를 부과할 수 없다.** [23지7]

제15조(과태료의 시효) ① 과태료는 행정청의 **과태료 부과처분**이나 **법원의 과태료 재판이 확정**(질서위반행위가 종료된 날 ✘)된 후 **5년간 징수하지 아니하거나 집행하지 아니하면 시효로 인하여 소멸**한다.

제17조(과태료의 부과) ① 행정청은 제16조의 의견 제출 절차를 마친 후에 서면(당사자가 동의하는 경우에는 전자문서를 포함한다. 이하 이 조에서 같다)으로 과태료를 부과하여야 한다.

- 행정청이 위반사실을 적발하면 과태료를 부과받을 자의 주소지를 관할하는 지방법원에 통보하여야 하고, 당해 법원은 「비송사건절차법」에 따라 결정으로써 과태료를 부과한다. ✘ [23국9]

제18조(자진납부자에 대한 과태료 감경)
- 행정청은 당사자가 의견 제출 기한 이내에 과태료를 자진 납부하고자 하는 경우에는 과태료를 감경할 수 있다.

제20조(이의제기)
- 행정청의 과태료 부과처분을 받은 자가 그 통지를 받은 날부터 **60일 이내에 해당 행정청에 서면으로 이의를 제기**하면 행정청의 과태료 부과처분은 그 효력을 상실한다. [22지9] [23지9](행정소송을 제기할 수 있다. ✘)

제21조(법원에의 통보)
- 이의제기를 받은 행정청은 이의제기를 받은 날부터 14일 이내에 이에 대한 의견 및 증빙서류를 첨부하여 관할 법원에 통보하여야 하는 것이 원칙이다.

제24조(가산금 징수 및 체납처분 등) ① 행정청은 당사자가 납부기한까지 과태료를 납부하지 아니한 때에는 납부기한을 경과한 날부터 체납된 과태료에 대하여 **100분의 3**(100분의 10 ✘)에 상당하는 가산금을 징수한다.
③ 행정청은 당사자가 제20조제1항에 따른 기한 이내에 이의를 제기하지 아니하고 제1항에 따른 가산금을 납부하지 아니한 때에는 **국세 또는 지방세 체납처분의 예에 따라 징수한다**.

제24조의2(상속재산 등에 대한 집행)
- 과태료는 당사자가 과태료 부과처분에 대하여 이의를 제기하지 아니한 채, 이의제기 기한이 종료한 후 사망한 경우에는 그 상속재산에 대하여 집행할 수 있다.

제25조(관할 법원)
- 과태료 사건은 다른 법령에 특별한 규정이 있는 경우를 제외하고는 **당사자**(과태료 부과관청 ✘)의 소재지의 지방법원 또는 그 지원(행정법원 ✘)의 관할로 한다. [23국7]

제33조(직권에 의한 사실탐지와 증거조사) 참조
- 과태료 재판의 경우, 법원으로서는 기록상 현출되어 있는 사항에 관하여 직권으로 증거조

사를 하고 이를 기초로 하여 판단할 수 있는 것이나, 그 경우 행정청의 과태료 부과처분 사유와 기본적 사실관계에서 동일성이 인정되는 한도 내에서만 과태료를 부과할 수 있다.

제36조(재판)
- 과태료의 재판은 이유를 붙인 결정으로써 한다.

제38조(항고)
- 당사자와 검사는 과태료 재판에 대하여 즉시항고를 할 수 있다. 이 경우 항고는 집행정지의 효력이 있다

제42조(과태료 재판의 집행)
- 과태료 재판은 검사의 명령으로써 집행하며, 이 경우 그 명령은 집행력 있는 집행권원과 동일한 효력이 있다.

제44조(약식재판) 법원은 상당하다고 인정하는 때에는 제31조제1항에 따른 심문 없이 과태료 재판을 할 수 있다.

제45조(이의신청)
- 법원이 과태료 재판을 약식재판으로 진행하고자 하는 경우 당사자와 검사는 약식재판의 고지를 받은 날부터 7일 이내에 이의신청을 할 수 있다. [23지9]

제3장 | 새로운 의무이행확보수단

1. 과징금

- 과징금의 원래 취지는 <u>위반행위의 경제적 인센티브를 제거</u>하고자 하는 것이다.
- 위반행위로 인한 <u>수익을 정확히 계산할 수 없는 경우에도 과징금제도가 인정</u>되고 있다.
- 과징금의 근거가 되는 법률에는 과징금의 상한액을 명확하게 규정하여야 한다. [22지7]
- 행정청은 법령등에 따른 의무를 위반한 자에 대하여 법률로 정하는 바에 따라 그 위반행위에 대한 제재로서 과징금을 부과할 수 있다(행정기본법 제28조 제1항).
  (「행정기본법」 제28조제1항에 과징금 부과의 법적 근거를 마련하였으므로 행정청은 직접 이 규정에 근거하여 과징금을 부과할 수 있다. ✘ [22지7])

- 「부동산 실권리자명의 등기에 관한 법률」 제5조에 의하여 부과된 과징금 채무는 대체적 급부가 가능한 의무이므로 과징금을 부과받은 자가 사망한 경우 그 상속인에게 포괄승계된다. [23국7]

- 甲이 현실적인 위반행위자가 아닌 법령상 책임자인 경우에도 甲에게 과징금을 부과할 수 있다. [22지9]
- 과징금부과처분은 원칙적으로 위반자의 고의·과실을 요하지 아니하나, 위반자의 의무 해태를 탓할 수 없는 정당한 사유가 있는 등의 특별한 사정이 있는 경우에는 이를 부과할 수 없다. [22지9] [22지7]

- 과징금 부과처분의 기준을 정하는 경우에 여러 요소를 종합적으로 고려하여 사안에 따라 적정한 과징금의 액수를 정하여야 할 것이므로 그 수액은 <u>정액이 아니라 최고한도액</u>이다. (최고한도액이 아니라 정액이다 ✘)

- <u>영업정지에 갈음하는 과징금을 변형된 과징금</u>이라 하며 변형된 과징금제도는 일반공중의 이용 편의를 도모하기 위한 것이다.
  (변형과징금의 일차적 목적은 영업정지처분을 받는 자에 대한 최소 침해의 수단을 찾는 것이다. ✘)
- 영업정지처분에 갈음하는 과징금이 규정되어 있는 경우 과징금을 부과할 것인지 영업정지처분을 내릴 것인지는 통상 <u>행정청의 재량</u>에 속한다. [22지7]
- 영업정지에 갈음하여 부과되는 이른바 변형된 과징금의 부과 여부는 통상 행정청의 재량행위이다. [22국9]

> **[비교]** 「부동산 실권리자명의 등기에 관한 법률」상 명의신탁자에 대한 과징금의 부과 여부는 행정청의 기속행위이다. (재량행위 ✘) [22국9]

- 과징금은 형사처벌이 아니므로 이론상으로는 동일한 위반행위에 대하여 벌금과 과징금을 병과하는 것도 가능하다.
- 구 「독점규제 및 공정거래에 관한 법률」 제24조의2에 의한 부당내부거래 행위에 대한 과징금은 부당내부거래 억지라는 행정목적을 실현하기 위하여 그 위반행위에 대한 행정상의 제재금으로서의 기본적 성격에 부당이득환수적 요소도 부가되어 있는 것으로, 이는 「헌법」 제13조 제1항에서 금지하는 국가형벌권의 행사로서의 '처벌'에 해당하지 아니한다.
   (= 과징금은 행정상 제재금이고 범죄에 대한 국가 형벌권의 실행이 아니므로 행정법규 위반에 대해 벌금 이외에 과징금을 부과하는 것은 이중처벌금지의 원칙에 위반되지 않는다. [22국9])
   (= 하나의 위반행위에 대해 과징금과 벌금을 병과하는 것은 이중처벌금지원칙에 반하지 않는다.)
   (= 위반행위에 대한 확정판결을 받지 않고도 과징금을 강제징수하는 것은 무죄추정의 원칙에 반하지 않는다.)
- 위법한 과징금의 부과행위는 행정소송을 통하여 취소 등을 구할 수 있다. [22지9]
- 甲은 납부한 과징금을 돌려받기 위해 관할 행정법원에 과징금반환을 구하는 당사자소송을 제기할 수 있다. ✘ (과징금부과처분 그 자체를 다투기 위해서는 항고소송을 제기하여야 하고, 이미 납부한 과징금의 반환을 청구하는 것은 부당이득반환청구에 해당하므로 민사소송을 제기하여야 한다.) [22국9]
- 재량행위인 과징금부과처분이 해당 법령이 정한 한도액을 초과하여 부과된 경우 이러한 과징부과처분은 법이 정한 한도액을 초과하여 위법하므로 법원으로서는 그 전부를 취소할 수밖에 없고, 그 한도액을 초과한 부분만 취소할 수는 없다. [22지9]
   (그 한도액을 초과한 부분이나 법원이 적정하다고 인정되는 부분을 조과 한 부분만을 취소할 수 있다. ✘)
- 「부동산 실권리자명의 등기에 관한 법률」상 실권리자명의 등기의무에 위반하여 부과된 과징금 채무는 대체적 급부가 가능한 의무이므로 과징금을 부과 받은 자가 사망한 경우 그 상속인에게 포괄 승계된다.
- 「독점규제 및 공정거래에 관한 법률」상의 과징금은 법이 규정한 범위 내에서 그 부과처분 당시까지 부과관청이 확인한 사실을 기초로 일의적으로 확정되어야 할 것이지, 추후에 부과금 산정기준이 되는 새로운 자료가 나왔다고 하여 새로운 부과처분을 할 수 있는 것은 아니다. [22국9]
- 관할 행정청이 여객자동차운송사업자가 범한 여러 가지 위반행위 중 일부만 인지하여 과징금 부과처분을 하였는데 그 후 과징금 부과처분 시점 이전에 이루어진 다른 위반행위를 인지하여 이에 대하여 별도의 과징금 부과처분을 하게 되는 경우, 종전 과징금 부과처분의 대상이 된 위반행위와 추가 과징금 부과처분의 대상이 된 위반행위에 대하여 일괄하여 하나의 과징금 부과처분을 하는 경우와의 형평을 고려하여 추가 과징금 부과처분의 처분양정이 이루어져야 한다. [23국9]

2. 가산세, 가산금

- 가산세는 세법에서 규정하는 의무의 성실한 이행을 확보하기 위하여 세법에 따라 산출한 본세의 세액에 가산하여 징수하는 독립된 조세로서, 본세에 감면사유가 인정된다고 해서 가산세도 당연히 감면대상에 포함되는 것은 아니다. 그리고 가산세 납부의무를 이행하지 않은 데 정당한 사유가 있는 경우에는 본세 납부의무가 있더라도 가산세는 부과하지 않는다. [23국가]

- 가산세는 과세권의 행사 및 조세채권의 실현을 용이하게 하기 위하여 개별 세법이 정하는 바에 따라 부과되는 행정상의 제재로서, 가산세를 부과하기 위해서는 원칙적으로 조세 채무를 이행하지 않은 데 대한 납세자의 고의 또는 과실을 요하지 않는다. (요한다 ✗)

- 세법상 가산세를 부과할 때 납세자에게 조세 납부를 거부 또는 지연하는데 고의 또는 과실이 있었는지는 원칙적으로 고려하지 않지만, 납세의무자의 의무해태를 탓할 수 없는 정당한 사유가 있는 경우에는 가산세를 부과할 수 없다. [23국가]

- 납세의무자가 세무공무원의 잘못된 설명을 믿고 신고납부의무를 이행하지 아니하였다 하더라도 그것이 관계 법령에 어긋나는 것임이 명백한 때에는 그러한 사유만으로는 가산세를 부과할 수 없는 정당한 사유가 있는 경우에 해당한다고 할 수 없다. (해당한다 ✗)

- 가산금은 행정법상의 금전급부의무의 불이행에 대한 제재로서 가해지는 금전부담으로, 금전채무의 이행에 대한 간접강제의 효과를 갖는다.

- 국세징수법 상 가산금 또는 중가산금은 국세를 납부기한까지 납부하지 아니하면 과세청의 확정절차 없이도 법률 규정에 의하여 당연히 발생하는 것이므로 가산금 또는 중가산금의 고지가 항고소송의 대상이 되는 처분이라고 볼 수 없다. [23지9]

3. 명단공개

- 병무청장이 구 「병역법」에 따라 병역의무 기피자의 인적사항 등을 인터넷 홈페이지에 게시하는 등의 방법으로 공개한 경우 병무청장의 공개결정은 항고소송의 대상이 되는 행정처분에 해당한다. [23국가]

- 「병역법」에 따라 관할 지방병무청장이 1차로 병역의무기피자 인적사항 공개 대상자 결정을 하고 그에 따라 병무청장이 같은 내용으로 최종적 공개결정을 한 경우 해당 공개 대상자는 관할 지방병무청장의 공개 대상자 결정을 다툴 별도로 다툴 소의 이익은 없다. [22국가]

4. 제재적 행정처분

> **행정기본법 제23조(제재처분의 제척기간)** ① 행정청은 법령등의 위반행위가 종료된 날부터 5년이 지나면 해당 위반행위에 대하여 제재처분(인허가의 정지·취소·철회, 등록 말소, 영업소 폐쇄와 정지를 갈음하는 과징금 부과를 말한다. 이하 이 조에서 같다)을 할 수 없다.
> ② 다음 각 호의 어느 하나에 해당하는 경우에는 제1항을 적용하지 아니한다. [23국9]
>   1. 거짓이나 그 밖의 부정한 방법으로 인허가를 받거나 신고를 한 경우
>   2. 당사자가 인허가나 신고의 위법성을 알고 있었거나 중대한 과실로 알지 못한 경우
>   3. 정당한 사유 없이 행정청의 조사·출입·검사를 기피·방해·거부하여 제척기간이 지난 경우
>   4. 제재처분을 하지 아니하면 국민의 안전·생명 또는 환경을 심각하게 해치거나 해칠 우려가 있는 경우
> ③ 행정청은 제1항에도 불구하고 행정심판의 재결이나 법원의 판결에 따라 제재처분이 취소·철회된 경우에는 재결이나 판결이 확정된 날부터 1년(합의제행정기관은 2년)이 지나기 전까지는 그 취지에 따른 새로운 제재처분을 할 수 있다.
> ④ 다른 법률에서 제1항 및 제3항의 기간보다 짧거나 긴 기간을 규정하고 있으면 그 법률에서 정하는 바에 따른다.

- 행정벌에 대하여 <u>명문 규정이 없는 경우에도</u> 법령의 입법목적이나 제반 관계규정의 취지 등을 고려하여 <u>과실범을 처벌할 수 있다</u>는 것이 대법원의 입장이다.
- 구 「대기환경보전법」에 따라 배출허용기준을 초과하는 배출가스를 배출하는 자동차를 운행하는 행위를 처벌하는 규정은 과실범도 처벌한다. (구 「대기환경보전법」 제57호 제6호)

- 행정법규 위반에 대한 영업정지 처분은 행정목적의 달성을 위하여 행정법규 위반이라는 객관적 사실에 착안하여 가하는 제재이므로, 반드시 현실적인 행위자가 아니라도 법령상 책임자로 규정된 자에게 부과되고, 특별한 사정이 없는 한 위반자에게 고의나 과실이 없더라도 부과할 수 있다. [22국7]

- 일정한 법규 위반 사실이 행정처분의 전제사실이자 형사법규의 위반 사실이 되는 경우에 동일한 행위에 관하여 독립적으로 행정처분이나 형벌을 부과하거나 이를 병과할 수 있다. 법규가 예외적으로 형사소추 선행 원칙을 규정하고 있지 않은 이상 형사판결 확정에 앞서 일정한 위반 사실을 들어 행정처분을 하였다고 하여 절차적 위반이 있다고 할 수 없다. [22국7]

5. 그 외

- 시정명령이란 행정법령의 위반행위로 초래된 위 법상태의 제거 내지 시정을 명하는 행정행위를 말하는 것으로서, <u>그 위법행위의 결과가 더 이상 존재하지 않는다면 시정명령을 할 수 없다.</u>

2024 공무원 시험대비

제5편
행정구제법

제1장 행정상 손해전보

제2장 행정쟁송

제1장 | 행정상 손해전보

제1절 국가배상

1. 공무원의 직무상 불법행위의 성립요건 (국가배상법 제2조 제1항)

1) 공무원
- 공무를 위탁받아 실질적으로 공무에 종사하고 있는 자는 그 위탁이 일시적이고 한정적인 경우에도 「국가배상법」 제2조의 공무원에 해당한다. [22지7]
- 서울특별시 강서구 교통할아버지사건과 같은 경우 공무를 위탁받아 수행하는 사인 또한 「국가배상법」 제2조 제1항에 따른 공무원이 될 수 있다.

> ■ 공법인은 공무원 ✕
> - 시·도지사 등의 업무에 속하는 대집행권한을 위탁받은 한국토지공사가 대집행을 실시하는 과정에서 국민에게 손해가 발생할 경우 한국토지공사는 행정주체에 해당한다.
> (한국토지공사는 공무수탁사인에 해당하므로, 「국가배상법」 제2조의 공무원과 같은 지위를 갖게 된다. ✕)
> (비교 : 한국토지공사의 직원은 공무원 지위)

2) 직무행위
(1) 「국가배상법」 제2조 제1항의 공무원의 직무에는 권력적 작용만이 아니라 행정지도와 같은 비권력적 작용도 포함되지만, 행정주체가 사경제주체로서 하는 활동은 제외된다. [22지9]
  - 강남구청이 도시계획사업의 주무관청으로서 그 사업을 적극적으로 대행, 지원하는 과정에서 토지 소유권 이전에 필요한 일체의 서류를 반대급부로 제공할 것을 조건으로 토지수용보상금을 공탁한 경우, 이는 행정지도의 일환으로 직무수행으로서 행하였다고 할 것이므로, 비권력적 작용인 공탁으로 인한 손해배상책임은 성립할 수 있다.
  - 도로개설 등 공사로 인한 무허가건물의 강제철거와 관련하여 이루어지는 지방자치단체의 그 철거 건물 소유자에 대한 시영아파트 분양권 부여 등의 업무는, 공권력행사 기타 공행정 작용과 관련된 활동이다. (사경제 주체로서의 활동 ✕)
  - 서울특별시장의 대행자인 도봉구청장이 서울지하철 도봉차량기지 건설사업의 부지로 예정된 원고 소유의 토지를 구 「공공용지의 취득 및 손실보상에 관한 특례법」에 따라 매수하기로 하는 내용의 매매계약을 체결한 경우, 이 매매계약은 공공기관이 사경제주체로서

행한 사법상 매매이므로 이에 대하여는 「국가배상법」을 적용하기는 어렵고 일반 「민법」의 규정을 적용할 수 있을 뿐이다.

(2) 「국가배상법」상 공무원의 직무행위는 객관적으로 직무행위로서의 외형을 갖추고 있으면 해당한다. (주관적 공무집행의 의사도 있어야 한다. ✗)
- 인사업무담당 공무원이 다른 공무원의 공무원증 등을 위조한 행위는 실질적으로 직무행위에 속하지 아니한다 할지라도 외관상으로는「국가배상법」상의 직무집행에 해당한다.
- 육군중사 갑이 다음 날 실시예정인 독수리 훈련에 대비하여 사전정찰 차 훈련지역 일대를 살피고 귀대하던 중 교통사고가 일어났다면, 갑이 비록 개인소유의 오토바이를 운전하였다 하더라도 실질적·객관적으로 위 갑의 운전행위는 그에게 부여 된 훈련지역의 사전정찰임무를 수행하기 위한 직무와 밀접한 관련이 있다고 보아야 한다.
- 국가배상책임의 요건으로서 직무행위에는 국회의 입법작용도 포함된다.

3) 고의 또는 과실
- 「국가배상법」상 과실을 판단할 경우 보통 일반의 공무원을 그 표준으로 하고 반드시 누구의 행위인지 가해공무원을 특정할 필요는 없다.

- 「국가배상법」상 과실은 행정처분의 담당 공무원이 보통 일반의 공무원을 표준으로 하여 볼 때 객관적 주의의무를 결하여 그 행정처분이 객관적 정당성을 상실하였다고 인정될 정도에 이른 경우를 말한다.

- 법령에 대한 해석이 복잡, 미묘하여 워낙 어렵고, 이에 대한 학설·판례조차 귀일되어 있지 않는 등의 특별한 사정이 없는 한 공무원이 관계법규를 알지 못하거나 필요한 지식을 갖추지 못하고 잘못된 법규해석으로 행정처분을 하였다면 그가 법률전문가가 아니라 할지라도 과실을 인정할 수 있다.
- 공무원이 관계 법령의 해석이 확립되기 전에 어느 한 설을 취하여 업무를 처리한 것이 결과적으로 위법하더라도 처분 당시 그 이상의 업무처리를 성실한 평균적 공무원에게 기대하기 어려웠던 경우라면 원칙적으로 공무원의 과실을 인정할 수 없다. [22국9]
- 재량권의 행사에 관하여 행정청 내부에 일응의 기준을 정해 둔 경우 그 기준에 따른 행정처분을 하 였다면 이에 관여한 공무원에게 그 직무상의 과실이 있다고 할 수 없다.
- 어떠한 행정처분이 후에 항고소송에서 취소되었다고 할지라도 그 판결의 기판력에 의하여 당해 처분이 곧바로 공무원의 고의 또는 과실로 인한 것으로서 불법행위를 구성한다고 단정할 수는 없다. [22국9] [22지9]

- 영업허가취소처분이 행정심판에 의하여 재량권의 일탈을 이유로 취소되었다고 하더라도 그 처분이 당시 시행되던 「공중위생법 시행규칙」에 정해진 행정처분의 기준에 따른 것인 이상 그

영업허가취소처분을 한 행정청 공무원에게 그와 같은 위법한 처분을 한 데 있어 직무집행상의 과실이 있다고 할 수는 없다.

4) 법령에 위반(=위법성)

(1) 법령 위반의 의미
- 국가배상책임에 있어서 공무원의 행위는 법령에 위반한 것이어야 하고, 법령위반이라 함은 엄격한 의미의 법령위반뿐만 아니라 인권존중, 권력남용 금지, 신의성실 등의 위반도 포함하여 그 행위가 객관적인 정당성을 결여하고 있음을 의미한다.
- 공무원의 가해행위에 대해 형사상 무죄판결이 있었더라도 그 가해행위를 이유로 국가배상책임이 인정될 수 있다.
- 성폭력범죄의 수사를 담당하거나 수사에 관여하는 경찰관이 피해자의 인적사항 등을 공개 또는 누설함으로써 피해자가 손해를 입은 경우, 국가의 배상책임이 인정된다는 것이 판례의 태도이다.
- 공무원에 대한 전보인사가 인사권을 다소 부적절하게 행사한 것으로 볼 여지가 있다 하더라도 그러한 사유만으로 그 전보인사가 당연히 불법행위를 구성한다고 볼 수는 없다. [22국가]

- 상급행정기관이 소속 공무원이나 하급행정기관에 대하여 업무처리지침이나 법령의 해석·적용 기준을 정해 주는 행정규칙을 위반한 공무원의 조치가 있다고 해서 그러한 사정만으로 곧바로 그 조치의 위법성이 인정되는 것은 아니다. [22지7]

- 국가나 지방자치단체가 행정절차를 진행하는 과정에서 주민들의 의견제출 등 절차적 권리를 보장하지 않은 위법이 있다고 하더라도 그 후 이를 시정하여 절차를 다시 진행한 경우, 종국적으로 행정처분 단계까지 이르지 않거나 처분을 직권으로 취소하거나 철회한 경우, 행정소송을 통하여 처분이 취소되거나 처분의 무효를 확인하는 판결이 확정된 경우 등에는 주민들이 절차적 권리의 행사를 통하여 환경권이나 재산권 등 사적 이익을 보호하려던 목적이 실질적으로 달성된 것이므로 특별한 사정이 없는 한 절차적 권리 침해로 인한 정신적 고통에 대한 배상은 인정되지 않는다. 다만 이러한 조치로도 주민들의 절차적 권리 침해로 인한 정신적 고통이 여전히 남아 있다고 볼 특별한 사정이 있는 경우에 국가나 지방자치단체는 그 정신적 고통으로 인한 손해를 배상할 책임이 있다. 이때 특별한 사정이 있다는 사실에 대한 주장·증명책임은 이를 청구하는 주민들에게 있다.

(2) 부작위에 의한 국가배상 성립여부

(가) 작위의무 인정여부
- 부작위로 인한 손해에 대한 국가배상청구는 공무원의 작위의무는 법령의 명시적 규정뿐

만 아니라 법령의 해석, 조리에 의해서도 인정될 수 있다.
(작위의무를 명시한 형식적 의미의 법령에 위배된 경우에 한한다. ✗)

- 공무원의 부작위가 공무원으로서 마땅히 지켜야 할 준칙이나 규범을 위반한 경우를 포함하여 널리 객관적인 정당성이 없는 경우, 그 부작위는 '법령을 위반'하는 경우에 해당한다. [22지7]
- 음주운전으로 적발된 주취운전자가 도로 밖으로 차량을 이동하겠다며 단속 경찰관으로부터 보관 중이던 차량열쇠를 반환받아 몰래 차량을 운전하여 가던 중 사고를 일으킨 경우, 국가배상책임이 인정된다.
- 인감증명사무를 처리하는 공무원은 인감증명이 타인과의 권리·의무에 관계되는 일에 사용되는 것을 예상하여 그 발급된 인감증명으로 인한 부정행위의 발생을 방지할 직무상의 의무가 있다.

(나) **재량행위의 경우**
- 직무수행에 재량이 인정되는 경우라도 그 권한을 부여한 취지와 목적에 비추어 볼 때 구체적 사정에 따라 그 권한을 행사하여 필요한 조치를 취하지 아니하는 것이 현저하게 불합리하다고 인정되는 때에는 그러한 권한의 불행사는 직무상의 의무를 위반한 것이 되어 위법하게 된다.

(다) **법령이 없는 경우**
- 관계 법령에서 A시장에게 일정한 조치를 취하여야 할 작위의무를 규정하고 있지 않더라도 甲의 공장에서 나온 매연물질과 오염물질로 인해 질환을 앓게 된 주민들이 많고 그 정도가 심각하여 주민들의 생명, 신체에 가해지는 위험이 절박하고 중대하다고 인정된다면 A시장에게 그러한 위험을 배제하는 조치를 하여야 할 작위의무를 인정할 수 있다.
- 甲의 공장에서 배출된 물질 때문에 피해를 입은 주민이 A시장의 부작위를 원인으로 하여 국가배상을 청구한 경우에 국가배상책임이 인정되기 위해서는 A시장의 작위의무위반 뿐만 아니라(작위의무위반만으로 충분하고 ✗), A시장이 그와 같은 결과를 예견하여 그 결과를 회피하기 위한 조치를 취할 수 있는 가능성까지 인정되어야 한다.

(3) **입법작용에 의한 국가배상 성립여부**
- 국회의원은 입법행위에 관하여 원칙적으로 국민 전체에 대한 관계에서 정치적 책임을 질 뿐 국민 개개인의 권리에 대응하여 법적 의무를 지는 것은 아니다.
- 국회의원의 입법행위는 그 입법 내용이 「헌법」의 문언에 명백히 위배됨에도 불구하고 국회가 굳이 당해 입법을 한 것과 같은 특수한 경우가 아닌 한 「국가배상법」 제2조 제1항 소정의 위법행위에 해당된다고 볼 수 없다.

(4) **입법부작위의 경우**
- 국가가 일정한 사항에 관하여 「헌법」에 의하여 부과되는 구체적인 입법의무(일반적으로 부과

된 의무 ✗)를 부담하고 있음에도 불구하고 그 입법에 필요한 상당한 기간이 경과하도록 고의, 과실로 입법의무를 이행하지 아니하는 경우, 국가배상책임이 인정될 수 있다.

(5) 사법작용에 의한 국가배상 성립여부
- 재판행위로 인한 국가배상에 있어서 위법은 판결 자체의 위법이 아니라 법관의 공정한 재판을 위한 직무수행 상 의무의 위반으로서의 위법이다.
- 법령의 규정을 따르지 아니한 법관의 재판상 직무 행위는 곧바로 「국가배상법」 제2조 제1항에서 규정하고 있는 위법행위가 되어 국가의 손해배상책임이 발생하는 것은 아니고(발생한다 ✗) 법관이 부당한 목적을 가지고 법령에 위반하여 재판상 직무행위를 한 경우에야 국가배상책임이 성립할 수 있게 된다.

- 헌법재판소 재판관이 청구기간 내에 제기된 헌법소원심판청구 사건에서 청구기간을 오인하여 각하결정을 한 경우, 이에 대한 불복절차 내지 시정 절차가 없는 때에는 국가배상책임을 인정할 수 있다. [23지9]
(= 재판에 대하여 불복절차 내지 시정절차 자체가 없는 경우, 부당한 재판으로 인하여 불이익 내지 손해를 입은 사람에게는 배상책임의 요건이 충족되는 한 국가배상 책임이 인정될 수 있다.)
(= 헌법재판소 재판관이 잘못된 각하결정을 하여 청구인으로 하여금 본안판단을 받을 기회를 상실하게 하였다면, 본안판단에서 어차피 청구가 기각되었을 것이라는 사정이 있다 하더라도 국가배상책임이 인정된다.)

5) 타인에게 손해발생
- 국가배상책임의 대상이 되는 손해에는 재산상의 손해는 물론 정신상의 손해도 포함된다.

6) 인과관계

■ **사익보호성의 요구**
- 국가배상책임에 있어서 국가는 직무상의 의무 위반과 피해자가 입은 손해 사이에 상당인과관계가 인정되는 범위 내에서만 배상책임을 지는 것이고, 이 경우 상당인과관계가 인정되기 위해서는 공무원에게 부과된 직무상 의무의 내용이 전적으로 또는 부수적으로 사회구성원 개인의 안전과 이익을 보호하기 위하여 설정된 것이어야 한다. [22지7]
(= 국가배상책임이 인정되려면 공무원의 직무상 의무위반 행위와 손해 사이에 상당인과관계가 인정 되어야 하는데 공무원에게. 직무상 의무를 부과한 법령이 단순히 공공의 이익을 위한 것이고 사익을 보호하기 위한 것이 아니라면 상당인과관계가 부인되어 배상책임이 인정되지 않는다.)
(= 공무원이 직무를 수행하면서 그 근거가 되는 법령의 규정에 따라 구체적으로 의무를 부여받았어도 그것이 국민의 이익과 관계없이 순전히 행정기관 내부의 질서를 유지하기 위한 것이라면 그 의무에 위반하여 국민에게 손해를 가하여도 국가 등은 배상책임을 부담하지 않는다. [22국9] [22지9])

2. 영조물의 설치·관리의 하자로 인한 국가배상책임 (국가배상법 제5조)

1) 공공의 영조물

- 「국가배상법」 제5조 제1항의 "공공의 영조물"이라 함은 국가 또는 지방자치단체에 의하여 특정 공공의 목적에 공여된 유체물 내지 물적 설비를 지칭하며, 특정 공공의 목적에 공여된 물이라 함은 일반공중의 자유로운 사용에 직접적으로 제공되는 공공용물에 한하지 아니하고, 행정주체 자신의 사용에 제공되는 공용물도 포함하며 국가 또는 지방자치단체가 소유권, 임차권 그 밖의 권한에 기하여 관리하고 있는 경우뿐만 아니라 사실상의 관리를 하고 있는 경우도 포함한다. [23국7] [23지7]

  (지방자치단체가 권원 없이 사실상 관리하고 있는 도로는 국가배상책임의 대상이 되는 영조물에 해당하지 않는다. ✗ [22지9])

  (국가 또는 지방자치단체가 관리하지만 사인의 소유에 속하는 공물에 대하여는 「국가배상법」 제5조 가 적용되지 아니한다. ✗)

- 사실상 군민의 통행에 제공되고 있던 도로라고 하여도 군에 의하여 노선인정 기타 공용개시가 없었던 이상 이 도로를 '공공의 영조물'이라 할 수 없다.
- '공공의 영조물'에는 철도시설물인 대합실과 승강장 및 도로상에 설치된 보행자 신호기와 차량 신호기도 포함된다.
- 공공의 영조물에는 ① 도로 ② 수도 ③ 서울시청사 ④ 관용자동차는 포함 ○ / ⑤ 현금은 ✗

2) 설치 또는 관리에 하자

(1) 하자의 의미

- 도로의 설치, 관리상의 하자가 있는지 여부는 위 도로가 그 용도에 따라 통상 갖추어야 할 안전성을 갖추었는지 여부에 따라 결정된다.
- 영조물의 설치 및 관리에 있어서 항상 완전무결한 상태를 유지할 정도의 고도의 안전성을 갖추지 아니하였다고 하여 영조물의 설치 또는 관리에 하자가 있다고 단정할 수 없다.

- 강설에 대처하기 위하여 완벽한 방법으로 도로 자체에 융설설비를 갖추는 것은 현대의 과학기술 수준이나 재정사정에 비추어 사실상 불가능하다고 하더라도, 고속도로의 관리자에게 도로의 구조, 기상예보 등을 고려하여 사전에 충분한 인적·물적 설비를 갖추어 강설 시 신속한 제설작업을 하고 필요한 경우 제때에 교통통제 조치를 취할 관리의무가 있다.
- 적설지대가 아닌 지역의 도로 또는 고속도로 등 특수 목적의 도로가 아닌 일반 도로의 경우 강설로 인하여 발생한 도로통행상의 위험을 즉시 배제하여 그 안전성을 확보할 의무가 인정되지 않는다.

- 하천의 제방이 계획홍수위를 넘고 있다면, 하천 이 그 후 새로운 하천시설을 설치할 때 '하천시설 기준'으로 정한 여유고를 확보하지 못하고 있다하더라도 그 사정만으로 안정성이 결여된 하자가 있다고 볼 수는 없다.

- 학생이 담배를 피우기 위하여 3층 건물 화장실 밖의 난간을 지나다가 실족하여 사망한 경우, 학교 관리자에게 그와 같은 이례적인 사고가 있을 것을 예상하여 화장실 창문에 난간으로의 출입을 막기 위한 출입금지장치나 추락 위험을 알리는 경고표지판을 설치할 의무는 없으므로 학교시설의 설치·관리상의 하자는 인정되지 아니한다.

- 객관적으로 보아 영조물의 결함이 영조물의 설치·관리자의 관리행위가 미칠 수 없는 상황 아래에 있는 경우에는 영조물의 설치·관리의 하자를 인정할 수 없다. [23국가]

- 주관적 요소를 고려하는 최근의 판례에 따르면 영조물의 결함이 영조물의 설치·관리자의 관리행위가 미칠 수 없는 상황 아래에 있는 것이 입증되는 경우 영조물의 설치, 관리상의 하자를 인정할 수 없다. (있다 ✖)

(2) 기능적 의미의 하자

- '공공의 영조물의 설치·관리의 하자'에는 영조물 이 공공의 목적에 이용됨에 있어 그 이용 상태 및 정도가 일정한 한도를 초과하여 제3자에게 사회 통념상 참을 수 없는 피해를 입히고 있는 경우가 포함된다. [23국가]

- 소음 등의 공해로 인한 법적 쟁송이 제기되거나 그 피해에 대한 보상이 실시되는 등 피해지역임이 구체적으로 드러나고 이러한 사실이 그 지역에 널리 알려진 이후에 이주하여 오는 경우에는 위와 같은 위험에의 접근에 따른 가해자의 면책여부를 보다 적극적으로 인정할 여지가 있다.
  (= 소음 등을 포함한 공해 등의 위험지역으로 이주하여 거주하는 것이 피해자가 위험의 존재를 인식하고 그로 인한 피해를 용인하면서 접근한 것이라고 볼 수 있는 경우 가해자의 면책이 인정될 수 있다.)

(3) 고려사항

- 안전성의 구비 여부는 영조물의 설치자 또는 관리자가 그 영조물의 위험성에 비례하여 사회통념상 일반적으로 요구되는 정도의 방호조치의무를 다하였는지를 기준으로 판단하여야 하고, 아울러 그 설치자 또는 관리자의 재정적·인적·물적 제약 등도 고려하여야 한다. [23국가]

- 예산부족 등 설치, 관리자의 재정사정은 배상책임 판단에 있어 참작사유는 될 수 있으나 안전성을 결정지을 절대적 요건은 아니다.
  (= 영조물의 하자 유무는 객관적 견지에서 본 안전성의 문제이며, 국가의 예산 부족으로 인해 영조물 의 설치·관리에 하자가 생긴 경우에도 국가는 면책될 수 없다.)

3) 타인에게 손해 발생

3. 이중배상금지

- 「국가배상법」제2조 제1항 단서에 대해서는 위헌성 시비가 있으나, 헌법재판소와 대법원은 「헌법」에 위반되지 않는 것으로 보고 있다.

1) 요 건

(1) 군인, 군무원, 경찰공무원 + 예비군대원
- 경비교도나 공익근무요원은 「국가배상법」제2조 제1항 단서의 적용대상에 해당하지 아니하나, 전투경찰순경은 「국가배상법」제2조 제1항 단서의 적용대상에 해당한다.
- 공익근무요원은 「국가배상법」제2조 제1항 단서의 군인, 군무원, 경찰공무원 또는 향토예비군대원 에 해당하지 않으므로 이중배상청구가 제한되지 않는다. [22국가]
- 현역병으로 입영한 후 군사교육을 마치고 경비교도로 전임되어 근무하는 자는 「국가배상법」제2조 제1항 단서 소정의 군인 등에 해당하지 않는다.

(2) 전투·훈련 등 직무 집행과 관련하여 전사·순직하거나 공상을 입은 경우
- 군인, 군무원 등의 특례규정(국가배상법 제2조 제1항 단서의 면책조항)은 전투, 훈련 또는 이에 준하는 직무집행뿐만 아니라 일반 직무집행과 관련해서도 적용될 수 있다.
- 경찰서 숙직실에서 순직한 경찰공무원의 유족들은 「국가배상법」에 의한 손해배상을 청구할 권리 가 있다.

(3) 다른 법령에 따라 보상을 지급받을 수 있을 때에는 국가배상청구금지
- 군인이 교육훈련으로 공상을 입은 경우라도 「군인연금법」 또는 「국가유공자예우등에관한법률」에 의하여 재해보상금·유족연금·상이연금 등 별도의 보상을 받을 수 없는 경우에는 「국가배상법」제2조제1항 단서의 적용 대상에서 제외하여야 한다. [23국9]
- 「국가배상법」제2조제1항 단서에서 정한 '다른 법령의 규정'에 따른 보상금청구권이 모두 시효로 소멸된 경우라고 하더라도 「국가배상법」제2조제1항 단서 규정이 적용된다. [23국9]

- 경찰공무원인 피해자가 「공무원연금법」에 따라 공무상 요양비를 지급받는 것은 「국가배상법」제2조제1항 단서에서 정한 '다른 법령의 규정'에 따라 보상을 지급받는 것에 해당하지 않는다. [23국9]

- 직무집행과 관련하여 공상을 입은 군인이 먼저 「국가배상법」상 손해배상을 받은 다음 구 「국가 유공자 등 예우 및 지원에 관한 법률」상 보훈급여금을 지급 청구하는 경우, 국가배상을 받았다는 이유로 그 지급을 거부할 수 없다. [23국9]
  (=직무집행과 관련하여 공상을 입은 군인이 먼저 「국가배상법」에 따라 손해배상금을 지급받았다면 「국가유공자 등 예우 및 지원에 관한 법률」이 정한 보상금 등 보훈급여금의 지급을 청구하는 것은 이중배상금지원칙에 따라 인정되지 아니한다. ✗ [22국가])

- 군 복무 중 사망한 군인 등의 유족이 「국가배상법」에 따른 손해배상금을 지급받은 경우 그 손해배상금 상당 금액에 대해서는 「군인연금법」에서 정한 사망보상금을 지급받을 수 없다. [23지9]

2) 민간인과 직무집행 중인 군인의 공동불법행위의 경우
- **헌법재판소** : 민간인과 직무집행 중인 군인의 공동불법행위로 인하여 직무집행 중인 다른 군인이 피해를 입은 경우 민간인이 피해 군인에게 자신의 과실비율에 따라 내부적으로 부담할 부분을 초과하여 피해금액 전부를 배상한 경우에 민간인은 국가에 대해 가해군인의 과실비율에 대한 구상권을 행사할 수 있다.
- **대법원** : 일반국민이 직무집행 중인 군인과의 공동불법행위로 다른 군인에게 공상을 입혀 그 피해자에게 손해 전부를 배상했을지라도, 공동불법행위자인 군인의 부담부분에 관하여 국가에 대한 구상권은 허용되지 않는다고 본다.

4. 국가배상청구권의 소멸시효
- 배상청구권의 시효와 관련하여 '가해자를 안다는 것'은 피해자나 그 법정대리인이 가해 공무원이 국가 또는 지방자치단체와 공법상 근무관계가 있다는 사실을 알고, 또한 일반인이 당해 공무원의 불법행위가 국가 또는 지방자치단체의 직무를 집행함에 있어서 행해진 것이라고 판단하기에 족한 사실까지 인식하는 것을 의미한다. (사실까지 인식할 필요는 없다 ✗)
- 공무원의 불법행위로 손해를 입은 피해자의 국가배상청구권의 소멸시효 기간이 지났으나 국가가 소멸시효 완성을 주장하는 것이 신의성실의 원칙에 반하는 권리남용으로 허용될 수 없어 배상책임을 이행한 경우에는, 소멸시효 완성 주장이 권리남용에 해당하게 된 원인행위와 관련하여 공무원이 원인이 되는 행위를 적극적으로 주도하였다는 등의 특별한 사정이 없는 한, 국가가 공무원에게 구상권을 행사하는 것은 신의칙상 허용되지 않는다. [22국9]

5. 배상책임의 성질 / 공무원의 책임
1) 가해 공무원에 대한 (국가 또는 지방자치단체의) 구상권

> **국가배상법 제2조(배상책임)** ② 제1항 본문의 경우에 **공무원에게 고의 또는 중대한 과실이 있으면 국가나 지방자치단체는 그 공무원에게 구상**(求償)**할 수 있다.**

- 국가 또는 지방자치단체가 공무원의 위법한 직무 집행으로 발생한 손해에 대해 「국가배상법」에 따라 배상한 경우에 당해 공무원에게 구상권을 행사할 수 있는지에 대해 「국가배상법」은 규정을 두고 있다. (있지 않다 ✗)
- 국가가 가해 공무원에 대하여 구상권을 행사하는 경우 신의칙상 상당하다고 인정되는 한도 내에서(국가가 배상한 배상액 전액에 대하여 ✗) 구상을 행사하여야 한다.

2) 가해 공무원에 대한 (피해자의) 청구

- 공무원의 직무수행 중 불법행위로 인한 배상과 관련하여, 피해자가 공무원에 대해 직접적으로 손해 배상을 청구할 수 있는지 여부에 대한 명시적 규정은 「국가배상법」상으로 존재하지 않는다.
- 공무원 개인이 고의 또는 중과실이 있는 경우에는 불법행위로 인한 손해배상책임을 진다고 할 것이지만, 공무원의 위법행위가 경과실에 기한 경우에는 공무원은 손해배상책임을 부담하지 않는다.
- 공무원의 직무상 불법과 관련해서 공무원에게 고의 또는 중과실이 인정되면 피해자는 공무원 개인에 대해 선택적으로 배상을 청구할 수 있다.
- 공중보건의 甲이 직무수행 중 불법행위로 乙에게 손해를 입힌 경우 국가 등이 국가배상책임을 부담 하는 외에 甲 개인도 고의 또는 중과실이 있다고 한다면 민사상 불법행위로 인한 손해배상책임을 진다.

> **사례**
>
> 공무원 甲이 심각한 주의의무 태만으로 乙의 영업시설 일부를 손괴하였다.
>
> 1) 국가가 乙에 대한 손해배상책임을 부담한 경우. 국가는 甲에 대해 구상권을 행사할 수 있다.
> 2) 乙이 甲에 대해 불법행위에 기한 손해배상청구소송을 제기할 경우, 甲의 민사상 책임이 인정될 수 있다.

3) 경과실 있는 공무원이 피해자에게 손해를 배상한 경우

- 피해자에게 손해를 직접 배상한 경과실이 있는 공무원은 특별한 사정이 없는 한, 국가의 피해자에 대한 손해배상 책임의 범위 내에서 자신 이 변제한 금액에 관하여 국가에 대한 구상권을 취득한다.
- 경과실로 불법행위를 한 공무원이 피해자에게 손해를 배상하였다면 이는 민법 제469조의 '제3자의 변제' 또는 민법 제744조의 '도의관념에 적합한 비채변제'에 해당하여 피해자는 공무원에 대하여 이를 반환할 의무가 없다. (피해자는 공무원에게 이를 반환할 의무가 있다. ✘ [22지9])

6. 국가배상책임자

- 국가나 지방자치단체는 공무원이 직무를 집행하면서 고의 또는 과실로 위법하게 타인에게 손해를 가한 때에 「국가배상법」상 배상책임을 지고, 공무원의 선임 및 감독에 상당한 주의를 한 경우에도 그 배상책임을 면할 수 없다.

■ **비용부담자 책임**

- 국가나 지방자치단체가 손해를 배상할 책임이 있는 경우에 공무원의 선임감독 또는 영조물의 설치·관리를 맡은 자와 공무원의 봉급·급여, 그 밖의 비용 또는 영조물의 설치·관리 비용을 부담하는 자가 동일하지 아니하면 그 비용을 부담하는 자도 손해를 배상하여야 한다.
  (=「국가배상법」의 규정에 의하면 영조물의 설치·관리를 맡은 자와 영조물의 설치·관리 비용을 부담하는 자가 동일하지 아니한 경우에는 영조물의 설치·관리 비용을 부담하는 자도 (우선적으로 ✗) 손해를 배상하여야 한다.)

- 도로가 국도이며 그 관리권이 A지방자치단체의 장에게 위임되었다면, A지방자치단체가 도로의 관리에 필요한 일체의 경비를 대외적으로 지출하는 자에 불과하더라도 甲은 A지방자치단체에 대해 국가배상을 청구할 수 있다.
- 위 경우 甲이 배상을 받기 위하여 소송을 제기하는 경우에는 민사소송을 제기하여야 한다.
- 지방자치단체의 장인 시장이 국도의 관리청이 되었다 하더라도 국가는 도로관리상 하자로 인한 손해배상책임을 면할 수 없다.
- 지방자치단체장이 설치하여 관할 지방경찰청장에게 관리권한이 위임된 교통신호기의 고장으로 인하여 교통사고가 발생한 경우, 지방자치단체뿐만 아니라 국가도 손해배상책임을 부담한다. [23지9]
- 군수 또는 그 보조 공무원이 농수산부장관으로부터 도지사를 거쳐 군수에게 재위임된 국가사무(기관위임사무)인 개간허가 및 그 취소사무를 처리함에 있어 고의 또는 과실로 타인에게 손해를 가한 경우, 「국가배상법」 제6조에 의하여 지방자치단체인 군이 비용을 부담한다고 볼 수 있는 경우에 한하여 국가와 함께 손해배상책임을 부담한다.
- 영조물의 설치·관리상의 하자로 인한 손해의 원인에 대하여 책임을 질 사람이 따로 있는 경우에는 국가, 지방자치단체는 그 사람에게 구상할 수 있다.
- 영조물의 설치·관리자와 비용부담자가 다른 경우 피해자에게 손해를 배상한 자는 내부관계에서 그 손해를 배상할 책임이 있는 자에게 구상할 수 있다. [23지9]

7. 그 외 국가배상책임의 쟁점

- 국가배상법 제3조의 배상액 기준은 배상심의회 배상액 결정의 기준이 될 뿐 배상 범위를 법적으로 제한하는 규정이 아니므로 법원을 기속하지 않는다.
- 국가배상을 청구하기 위해서는 배상심의회를 반드시 거쳐야하는 것은 아니다. (임의적 전치주의)
- 외국인이 피해자인 경우에는 해당 국가와 상호보증이 있을 때에만 「국가배상법」이 적용되며, 상호보증은 외국의 법령, 판례 및 관례 등에 의하여 승인요건을 비교하여 인정되면 충분하고

반드시 당사국과 조약이 체결되어 있을 필요는 없으며, 해당 외국에서 구체적으로 우리나라의 같은 종류의 판결을 승인한 사례가 없다고 하더라도 실제로 승인할 것 이라고 기대할 수 있을 정도이면 충분하다. [22국가]

> ■ **입증책임**
> - 국가배상청구소송에서 공공의 영조물에 하자가 있다는 입증책임은 피해자가 지지만, 관리주체에게 손해발생의 예견가능성과 회피가능성이 없다는 입증책임은 관리주체가 진다.
> - 고속도로의 관리상 하자를 판단할 때 고속도로의 점유관리자가 손해의 방지에 필요한 주의의무를 해태하지 않았다는 주장·입증책임은 점유관리자에게 있다. (주의의무를 해태하였다는 주장·입증책임은 피해자에게 있다. ✗)

제2절 손실보상

1. 행정상 손실보상

- 손실보상은 원칙적으로 적법한 공권력 행사로 인한 손해의 전보제도로서 위법한 공권력 행사로 인한 침해에 대한 보상인 국가배상제도와는 다르다.
- 평등의 원칙으로부터 파생된 '공적 부담 앞의 평등'은 손실보상의 이론적 근거가 될 수 있다.

- 「헌법」 제23조 제3항에서 보상은 법률로써 하되 정당한 보상을 지급하여야 한다고 하여 구체적인 보상액의 산출기준은 법률에 유보하고 있다.
- 「헌법」 제23조 제1항의 규정이 재산권의 존속을 보호하는 것이라면 제23조 제3항의 수용제도를 통해 존속보장은 가치보장으로 변하게 된다.

- 손실보상의 이론적 근거로서 특별희생설에 의하면, 사유재산권의 보장은 절대적이지 않으므로 국가의 행정권에 의한 침해가 가능하며, 재산권의 내재적 제약을 넘어서는 특별한 희생이 발생한 경우에는 보상을 해줌으로 충분하다고 본다. (즉 특별희생설은 개인의 권리가 우선한다고 보는게 아님)

> - 보상규정 없는 공용침해에 대한 구제방법
>   ① 직접적용설 ② 유추적용설 ③ 위헌무효설 등
> - 위헌무효설의 경우, 헌법 제23조 제3항의 재산권의 수용·사용·제한 규정과 보상규정을 불가분조항으로 본다.
> - 「헌법」 제23조 제3항을 불가분조항으로 볼 경우, 보상규정을 두지 아니한 수용 법률은 「헌법」 위반이 된다.

- 헌법재판소는 보상규정을 결한 공용침해조항은 공용 침해 시 정당한 보상을 요구하는 「헌법」 제23조 제3항에 반하는 위헌조항이며 따라서 이를 근거로 이루어진 공용침해처분도 위헌이라고 본다.
- 대법원은 손실보상에 관한 직접적인 보상규정이 없는 경우 다른 법령을 유추적용하여 그 손실을 보상하여야 한다고 본다.

2. 손실보상청구권의 성질

- 「하천법」상 하천구역에의 편입에 따른 손실보상청구권은 공법상 권리이다.
- 대법원은 구 「하천법」 부칙 제2조와 이에 따른 특별조치법에 의한 손실보상청구권의 법적 성질을 공법상의 권리(사법상의 권리 ✗)로 보아 그에 대한 쟁송은 공법상 당사자소송(민사소송절차 ✗)에 의하여야 한다고 판시하고 있다.

- 농업손실에 대한 보상청구권은 「행정소송법」상 당사자소송에 의해야 한다.

3. 손실보상의 요건

1) 공공필요성
- 헌법재판소는 「헌법」 제23조 제3항의 '공공필요'는 '국민의 재산권을 그 의사에 반하여 강제적으로라도 취득해야 할 공익적 필요성'을 의미하고, 이 요건 중 공익성은 기본권 일반의 제한사유인 '공공복리'보다 좁은 것으로 보고 있다.

2) 수용·사용·제한 (재산권에 대한 침해)
- 손실보상은 공공필요에 의한 행정작용에 의하여 사인에게 발생한 특별한 희생에 대한 전보이므로 재산권 침해로 인한 손실이 특별한 희생에 해당하여야 한다.
- 손실보상은 재산권 침해에 대한 보상이며, 여기서 재산권 침해란 재산적 가치가 있는 모든 공권·사권의 침해(공권을 제외한 모든 사권 ✕)를 의미한다.
- 손실보상이 인정되기 위하여는 재산권에 대한 침해가 현실적으로 발생하여야 한다.
- 구 「공유수면매립법」상 간척사업의 시행으로 인하여 관행어업권이 상실된 경우, 실질적이고 현실적인 피해가 발생한 경우에만 「공유수면매립법」에서 정하는 손실보상청구권이 발생한다.

3) 정당한 보상 (=완전보상)
- 수용에 따른 손실보상액 산정의 경우 헌법 제23조 제3항에 따른 정당한 보상이란 원칙적으로 피수용재산의 객관적인 재산가치를 완전하게 보상하여야 한다는 완전보상을 뜻하는 것인데, 건물의 일부만이 수용되고 그 건물의 잔여부분을 보수하여 사용할 수 있는 경우 그 건물 전체의 가격에서 편입비율만큼의 비율로 손실보상액을 산정하여 보상하는 한편 보수비를 손실보상액으로 평가하여 보상하는 데 그친다면 보수에 의하여 보전될 수 없는 잔여건물의 가치하락분에 대하여는 보상을 하지 않는 셈이어서 불완전한 보상이 되는 점 등에 비추어 볼 때, 잔여건물에 대하여 보수만으로 보전될 수 없는 가치하락이 있는 경우에는, 동일한 토지소유자의 소유에 속하는 일단의 토지 일부가 공공사업용지로 편입됨으로써 잔여지의 가격이 하락한 경우에는 공공사업용지로 편입되는 토지의 가격으로 환산한 잔여지의 가격에서 가격이 하락된 잔여지의 평가액을 차감한 잔액을 손실액으로 평가하도록 되어 있는 공공용지의취득및손실보상에관한특례법시행규칙 제26조 제2항을 유추적용하여 잔여건물의 가치하락분에 대한 감가보상을 인정함이 상당하다. (2000두2426)

- 수용대상 토지에 대한 손실보상액을 평가함에 있어서는 수용재결당시의 이용 상황, 주위환경 등을 기준으로 하여야 하는 것이고, 여기서의 수용대상 토지의 현실 이용 상황은 여러 증거에 따라 객관적으로 확정된다. (법령의 규정이나 토지소유자의 주관적 의도 등에 의하여 의제 ✕)
- 수용대상 토지의 보상가격이 당해 토지의 개별공시지가를 기준으로 하여 산정한 것보다 저

렴하게 되었다는 사정만으로 그 보상액 산정이 위법한 것은 아니다.
- 공익사업시행으로 인한 개발이익은 완전보상의 범위에 포함되는 피수용 토지의 객관적 가치 내지 피수용자의 손실에 해당하지 않는다.
- 공익사업의 시행으로 지가가 상승하여 발생한 개발이익을 손실보상금액에 포함시키지 않더라도 「헌법」이 규정한 정당보상의 원리에 어긋나는 것은 아니다.

4) 법률로써 보상

5) 수용의 주체는 무관
- 헌법 제23조 제3항의 공용수용의 주체를 국가 등의 공적 기관에 한정하여 해석할 이유가 없다.
(= 민간기업을 토지수용의 주체로 정한 법률조항도 「헌법」제23조 제3항에서 정한 공공필요를 충족하면 헌법에 위반되지 아니한다.)
(= 헌법재판소는 「산업입지 및 개발에 관한 법률」에서 민간기업에게 산업단지개발사업에 필요한 토지 등을 수용할 수 있도록 규정한 조항이 「헌법」 제23조 제3항에 위반되지 않는다고 판시하였다.)

4. 보상의 대상 및 방법
- 지장물인 건물은 그 건물이 적법한 건축허가를 받아 건축된 것인지 여부에 관계없이 「토지수용 상의 사업인정의 고시 이전에 건축된 건물이기만 하면 손실보상의 대상이 된다.

> **토지보상법**
> **제64조(개인별 보상)** 손실보상은 토지소유자나 관계인에게 개인별로 하여야 한다. 다만, 개인별로 보상액을 산정할 수 없을 때에는 그러하지 아니하다.
>
> **제65조(일괄보상)** 사업시행자는 동일한 사업지역에 보상시기를 달리하는 동일인 소유의 토지등이 여러 개 있는 경우 토지소유자나 관계인이 요구할 때에는 한꺼번에 보상금을 지급하도록 하여야 한다. [23국9]
>
> **제66조(사업시행 이익과의 상계금지)** 사업시행자는 동일한 소유자에게 속하는 일단(一團)의 토지의 일부를 취득하거나 사용하는 경우 해당 공익사업의 시행으로 인하여 잔여지(殘餘地)의 가격이 증가하거나 그 밖의 이익이 발생한 경우에도 그 이익을 그 취득 또는 사용으로 인한 손실과 상계(相計)할 수 없다.

- 「공익사업을 위한 토지 등의 취득 및 보상에 관한 법률」상 손실보상은 원칙적으로 현금으로 보상하여야 하고, 토지 등의 현물로 지급하는 것은 다른 법률에 특별한 규정이 있는 경우에 예외적으로 허용된다.
- 손실보상은 현금보상이 원칙이나 일정한 경우에는 채권이나 현물로 보상할 수 있다.

- 공공용물에 관하여 적법한 개발행위 등이 이루어짐으로 말미암아 이에 대한 일정범위의 사람들의 일반사용이 종전에 비하여 제한받게 되었다면, 특별한 사정이 없는 한 그로 인한 불이익은 손실보상의 대상이 되는 특별한 손실에 해당하지 않는다.

- 문화적, 학술적 가치는 특별한 사정이 없는 한 손실보상의 대상이 되지 않는다.
  (그 토지의 부동산으로서의 경제적, 재산적 가치를 높여 주는 것이므로 「토지수용법」 제51조 소정의 손실보상의 대상이 된다. ✗)

- 구 「하천법」에 의한 하천수 사용권은 「공익사업을 위한 토지 등의 취득 및 보상에 관한 법률」이 손실보상의 대상으로 규정하고 있는 '물의 사용에 관한 권리'에 해당한다. [23지9]

■ 보상가격의 산정
- 「공익사업을 위한 토지 등의 취득 및 보상에 관한 법률」상 보상액의 산정은 협의에 의한 경우에는 협의성립 당시의 가격을, 재결에 의한 경우에는 수용 또는 사용의 재결 당시의 가격을 기준으로 한다. (해당 공익사업으로 인하여 수용대상 토지의 가격이 변동되었더라도 이를 고려하지 않는다.)
- 토지수용으로 인한 손실보상액은 당해 공공사업의 시행을 직접 목적으로 하는 계획의 승인, 고시로 인한 가격변동을 고려함이 없이 수용재결 당시의 가격을 기준으로 하여 정하여야 한다.

5. 경계이론과 분리이론

- 분리이론과 경계이론은 재산권의 내용·한계설정과 공용침해를 보다 합리적으로 구분하려는 이론이다.

- 헌법재판소는 개발제한구역제도를 공용침해가 아니라 재산권의 내용과 한계에 관한 문제로 본다.

- 개발제한구역의 지정으로 인한 개발가능성의 소멸과 그에 따른 지가의 하락이나 지가상승률의 상대적 감소는 토지소유자가 감수해야 하는 사회적 제약의 범주에 속하는 것으로 보아야 한다. 구역지정 당시의 상태대로 토지를 사용·수익·처분할 수 있는 이상, 구역지정에 따른 단순한 토지이용의 제한은 원칙적으로 재산권에 내재하는 사회적 제약의 범주를 넘지 않는다.
  (헌법재판소는 「개발제한구역의 지정 및 관리에 관한 특별조치법」 제11조제1항 등에 대한 위헌소원사건에서 토지의 효용이 감소한 토지소유자에게 토지매수청구권을 인정하는 등 보상규정을 두었지만 적절한 손실보상에 해당하지 않는다고 위헌결정을 하였다. ✗ [23국9])

- 개발제한구역 지정으로 인하여 토지를 종래의 목적으로도 사용할 수 없거나 또는 더 이상 법적으로 허용된 토지이용의 방법이 없기 때문에 실질적으로 토지의 사용·수익의 길이 없는 경우에는 토지소유자가 수인해야 하는 사회적 제약의 한계를 넘는 것으로 보아야 한다.

- 헌법재판소는 구 「도시계획법」상 개발제한구역의 지정으로 일부 토지소유자에게 사회적 제약의 범위를 넘는 가혹한 부담이 발생하는 경우에 보상규정을 두지 않은 것은 위헌성이 있는 것이고, 보상 의 구체적 기준과 방법은 입법자가 입법정책적으로 정할 사항이라고 결정하였다.
- 헌법재판소는 구 「도시계획법」제 21조의 개발제한 구역제도에 대하여 그 자체는 합헌이지만 보상규정을 결한 것에 위헌성이 있어 입법권자는 이를 시정할 의무가 있다고 보았다.
- 헌법재판소에 의할 경우 개발제한구역지정으로 인한 손실에서 손실보상에 관한 규정이 없음에도 불구하고 행정청이 손실보상을 하는 것은 국회 입법권의 침해이다.
- 정비기반시설과 그 부지의 소유, 관리, 유지관계를 정한 「도시 및 주거환경정비법」 제65조 제2항의 전단에 따른 정비기반시설의 소유권 귀속은 「헌법」 제23조 제3항의 수용에 해당하지 않는다.

6. 공용수용의 절차

1) 사업인정 + 사업인정의 고시
- 사업인정은 공익사업의 시행자에게 그 후 일정한 절차를 거칠 것을 조건으로 일정한 내용의 수용권을 설정하여 주는 형성행위이다. [23지9]
- 사업인정은 공익사업의 시행자에게 일정한 절차를 거칠 것을 조건으로 일정한 내용의 수용권을 설정하여 주는 형성행위이며, 사업시행자에게 해당 공익사업을 수행할 의사와 능력이 있어야 한다는 것도 사업인정의 한 요건이 된다. [23국7]
- 사업인정고시는 수용재결절차로 나아가 강제적인 방식으로 토지소유자나 관계인의 권리를 취득·보상하기 위한 절차적 요건에 지나지 않고 영업손실보상의 요건이 아니므로, 사업시행자가 시행하는 사업이 공익사업에 해당하고 그 사업으로 인한 폐업이 영업손실 보상대상에 해당한다면 사업인정고시가 없더라도 사업시행자는 영업손실을 보상할 의무가 있다. [23국7]

2) 협의취득
- 「공익사업을 위한 토지 등의 취득 및 보상에 관한 법률」에 의한 협의취득은 사법상 계약(공법상 계약 ✗)이다. [23국9]

3) 토지수용위원회의 수용재결
- 「공익사업을 위한 토지 등의 취득 및 손실보상에 관한 법률」에 따를 경우, 피수용자는 수용재결을 신청할 수 없고 사업인정고시가 있은 후 협의가 성립되지 아니한 때에는 토지소유자 및 관계인은 서면으로 사업시행자에게 재결을 신청할 것을 청구할 수 있다.

4) 이의신청 (임의적 행정심판)
- 지방토지수용위원회의 재결에 이의가 있는 자는 해당 지방토지수용위원회를 거쳐 중앙토지수

용위원회에 이의를 신청할 수 있다. [22국가]
- 이의신청에 대한 재결에 대하여 기한 내에 행정소송이 제기되지 않거나 그 밖의 사유로 이의신청에 대한 재결이 확정된 때에는 민사소송법상의 확정판결이 있는 것으로 본다
- 이의의 신청이나 행정소송의 제기는 <u>사업의 진행 및 토지의 수용 또는 사용을 정지시키지 아니한다</u>. [22국9]

5) 행정소송 (수용재결에 대한 취소·무효확인소송 / 보상금증감청구소송)

(1) 수용재결에 대한 취소·무효확인소송
- 사업시행자, 토지소유자 또는 관계인은 토지수용위원회의 재결에 불복할 때에는 <u>재결서를 받은 날부터 90일 이내에</u>, 이의신청을 거쳤을 때에는 <u>이의신청에 대한 재결서를 받은 날부터 60일 이내에</u> 각각 행정소송을 제기할 수 있으며, 이 경우 행정소송의 제기는 사업의 진행 및 토지의 수용 또는 사용을 정지시키지 아니한다. [23지7] [23지9] [22국가]
- 수용재결에 불복하여 <u>이의신청</u>을 거친 후 취소소송을 제기하는 경우 <u>취소소송의 대상은 수용재결</u>(이의재결 ✖)이다.
  (= 토지수용위원회의 수용재결에 대한 불복으로 취소소송을 제기하는 경우, 이의신청을 거친 경우에도 원칙적으로 수용재결을 한 지방토지수용위원회 또는 중앙토지수용위원회를 피고로 하여 수용재결의 취소를 구하여야 한다. [22국9])
  (= 甲이 지방토지수용위원회의 수용재결에 대하여 중앙토지수용위원회의 이의재결을 거친 후 취소소송을 제기할 경우, 이의재결에 고유한 위법이 없는 경우에도 중앙토지수용위원회를 피고로 하여 수용재결의 취소를 구하여야 한다.
  ✖ (지방토지수용위원회를 피고로 수용재결의 취소를 구해야 함) [22국가])

- 하나의 재결에서 피보상자별로 여러 가지의 토지, 물건, 권리 또는 영업의 손실에 관하여 심리·판단이 이루어졌을 때, 피보상자 또는 사업시행자가 여러 보상항목들 중 일부에 관해서만 불복하는 경우 반드시 재결 전부에 관하여 불복하여야 하는 것은 아니다. [23지7]

(2) 보상금증감청구소송
- 「공익사업을 위한 토지 등의 취득 및 보상에 관한 법률」상 토지소유자가 <u>보상금의 증감</u>에 관한 소송을 제기하고자 하는 경우에는 <u>사업시행자</u>(지방토지수용위원회 또는 중앙토지수용위원회 ✖)를 피고로 <u>당사자소송</u>(항고소송 ✖)을 제기하여야 한다.
  (甲은 보상금 증액을 위해 A를 상대로 손실보상을 구하는 민사소송을 제기할 수 있다. ✖ [22국9])
  (甲이 보상금의 증액청구를 하고자 하는 경우에는 경기도 지방토지수용위원회를 피고로 하여 당사자소송을 제기하여야 한다. ✖ [22국가])

- 어떤 보상항목이 공익사업을 위한 토지 등의 취득 및 보상에 관한 법령상 손실보상대상에 해당함에도 관할 토지수용위원회가 사실을 오인하거나 법리를 오해함으로써 손실보상대상에 해당하지 않는다고 잘못된 내용의 재결을 한 경우에는, 피보상자는 관할 토지수용위원회를 상대로 그 재결에 대한 취소소송을 제기할 것이 아니라, 사업시행자를 상

대로 공익사업을 위한 토지 등의 취득 및 보상에 관한 법률 제85조 제2항에 따른 보상금 증감소송을 제기하여야 한다. [23지9]

7. 생활보상
- 생활보상은 새로운 생활기반을 재건할 수 있게 주는 보상으로 원상회복적 성격을 띠고 있다

1) 이주대책

(1) 헌법적 근거(입법재량)
- 「공익사업을 위한 토지 등의 취득 및 보상에 관한 법률」상 이주대책은 이주대책대상자들에 대하여 종전의 생활상태를 원상으로 회복시키면서 동시에 인간다운 생활을 보장하여 주기 위한 생활보상의 일환이다. (헌법 제23조 제3항이 규정하는 손실보상 ✗)
- 이주대책은 이주자들에게 종전의 생활상태를 회복시키기 위한 생활보상의 일환으로서 국가의 정책적인 배려에 의하여 마련된 제도이므로, 이주 대책의 실시 여부는 입법자의 입법정책적 재량의 영역에 속한다.

(2) 사업시행자의 이주대책 수립의무
- 이주대책의 내용에는 이주정착지에 대한 도로, 하수시설, 배수시설 그 밖의 공공시설 등 통상적 수준의 생활기본시설이 포함되어야 한다.
- 주거용 건물의 거주자에 대하여는 주거 이전에 필요한 비용과 가재도구 등 동산의 운반에 필요한 비용을 보상하여야 한다.

- 공익사업을 위한 토지 등의 취득 및 보상에 관한 법률상의 공익사업시행자가 하는 이주대책대상자 확인·결정은 구체적인 이주대책상의 수분양권을 부여하는 요건이 되는 행정작용으로서의 처분에 해당한다.
  (법률이 사업시행자에게 이주대책의 수립·실시의무를 부과하였다면 이로부터 사업시행자가 수립한 이주대책상의 택지분양권 등의 구체적 권리가 이주자에게 직접 발생한다 ✗)

- 이주대책에 필요한 비용은 사업시행자의 부담으로한다.

- 「공익사업을 위한 토지 등의 취득 및 보상에 관한 법률상 주거용 건축물 세입자의 주거이전비 보상 청구권은 공법상의 권리(사법상의 권리 ✗)이고, 주거이전비 보상청구소송은 당사자소송(민사소송 ✗)에 의해야 한다.

2) 생활대책
- 헌법재판소는 생업의 근거를 상실하게 된 자에 대하여 일정 규모의 상업용지 또는 상가분양권 등을 공급하는 생활대책은 생활보상의 일환으로서 국가의 정책적인 배려에 의해 마련된 제도

(「헌법」제23조 제3항이 규정 하는 정당한 보상에 포함된다. ✘)라고 결정하였다.

8. 잔여지 수용청구

- 동일한 소유자에게 속하는 일단의 토지의 일부가 협의에 의하여 매수되거나 수용됨으로 인하여 잔여지를 종래의 목적에 사용하는 것이 현저히 곤란할 때에는 해당 토지소유자는 사업시행자에게 잔여지를 매수하여 줄 것을 청구할 수 있으며, 사업인정 이후에는 관할 토지수용위원회에 수용을 청구할 수 있고, 이 경우 수용의 청구는 매수에 관한 협의가 성립되지 아니한 경우에만 할 수 있으며 사업완료일까지 하여야 한다.
- 잔여지 수용청구를 받아들이지 않는 토지수용위원회의 재결에 대해서는 <u>토지수용자는 사업시행자에 대해 보상금증감청구소송을 제기할 수 있다.</u> (재결에 대한 취소소송 ✘) [23지7]
- 공익사업으로 인해 농업손실을 입은 자가 사업시행자에게서 「공익사업을 위한 토지 등의 취득 및 보상에 관한 법률」에 따른 보상을 받으려면 <u>재결 절차를 거쳐야 하고, 이를 거치지 않고 곧바로 민사소송으로 보상금을 청구하는 것은 허용되지 않는다.</u>

9. 간접손실보상

- 공공사업 시행으로 <u>사업시행지 밖에서 발생한 간접손실도 손실발생을 쉽게 예견할 수 있고 손실 범위도 구체적으로 특정할 수 있다면</u> 보상의 대상이 된다.
  (사업시행자와 협의가 이루어지지 않고 그 보상에 관한 명문의 근거 법령이 없는 경우에는 보상의 대상이 아니다. ✘)

10. 사용하는 토지의 매수청구 등

> 토지보상법 제72조(사용하는 토지의 매수청구 등) 사업인정고시가 된 후 다음 각 호의 어느 하나에 해당할 때에는 **해당 토지소유자는 사업시행자**(중앙토지수용위원회 ✘)**에게 해당 토지의 매수를 청구하거나** 관할 토지수용위원회에 그 토지의 수용을 청구할 수 있다. 이 경우 관계인은 사업시행자나 관할 토지수용위원회에 그 권리의 존속(存續)을 청구할 수 있다. [23국9]
> 1. 토지를 사용하는 기간이 3년 이상인 경우
> 2. 토지의 사용으로 인하여 토지의 형질이 변경되는 경우
> 3. 사용하려는 토지에 그 토지소유자의 건축물이 있는 경우

제3절 부당이득반환청구권

- 변상금부과처분이 당연무효인경우, 납부자가 납부한 오납금은 부당이득에 해당한다.
- 판례는 공법상 부당이득반환청구권은 사권에 해당되며, 그에 관한 소송은 민사소송절차에 따라야 한다고 보고 있다.
- 공법상 부당이득에 관한 일반법은 없으므로 특별한 규정이 없는 경우, 민법상 부당이득반환의 법리가 준용된다.
- 공법상 부당이득반환에 대한 청구권의 행사는 개별적인 사안에 따라 행정주체도 주장할 수 있다.
- 잘못지급된 보상금에 해당하는 금액의 징수처분을 해야할 공익상 필요가 당사자가 입게 될 불이익을 정당화할만큼 강한 경우, 보상금을 받은 당사자로부터 오지급금액의 환수처분이 가능하다.

제4절 결과제거청구권

- 공법상 결과제거청구권은 공행정작용으로 인하여 야기된 위법한 상태를 제거하여 그 원상회복을 목적으로 하는 권리이다.
- 위법한 즉시강제로 위법한 권리침해상태가 '계속'되고 있는 경우 위법한 상태를 제거해 줄 것을 요구할 수 있는 청구권이다.
- 결과제거청구권은 토지수용 재결이 취소되었음에도 불구하고 행정주체가 사인의 토지를 정당한 권원 없이 도로로 사용하고 있는 경우에 불법점유 된 토지를 반환받고자 할 때와 같이 기존의 행정구제방식인 손해배상이나 행정쟁송으로는 권익구제가 어려운 경우 구제제도를 보완하기 위해서 나온 제도이다.
- 종래 행정청의 정당한 권원 없는 행위로 인해 사인의 물권적 지배권이 침해된 경우에 발생하는 물권적 청구권이라는 견해도 있었으나 비재산적 침해에 대해서도 발생할 수 있으므로 물권적 청구권으로 한정할 것은 아니라는 것이 일반적인 견해이다.
- 공법상 결과제거청구권은 공행정작용의 직접적인 결과제거만을 그 대상으로 한다.
- 공법상 결과제거청구는 가해행위의 위법 및 가해자의 고의 또는 과실을 요건으로 하지 않는다.
- 결과제거청구권에 의해 보호되는 개인의 권리는 법률상 보호 받을 만한 가치가 있는 것으로 재

<u>산적 가치뿐만 아니라 명예 등 비재산적 가치도 포함될 수 있다.</u>
- 공법상 결과제거청구에 있어서 위법한 상태는 적법한 행정작용의 효력의 상실에 의해 사후적으로 발생할 수도 있다.
- 행정상 결과제거청구권과 별도로 손해배상청구가 가능하다.

제2장 행정쟁송

제1절 행정심판

1. 행정심판

> **행정심판법 제3조(행정심판의 대상)** ① 행정청의 처분 또는 부작위에 대하여는 다른 법률에 특별한 규정이 있는 경우 외에는 「행정심판법」에 따라 행정심판을 청구할 수 있다.
>
> **제5조(행정심판의 종류)** 행정심판의 종류는 다음 각 호와 같다.
> 1. 취소심판: 행정청의 위법 또는 부당한 처분을 취소하거나 변경하는 행정심판
> 2. 무효등확인심판: 행정청의 처분의 효력 유무 또는 존재 여부를 확인하는 행정심판
> 3. 의무이행심판: 당사자의 신청에 대한 행정청의 위법 또는 부당한 거부처분이나 부작위에 대하여 일정한 처분을 하도록 하는 행정심판

- 취소심판에서는 스스로 처분을 취소하거나 다른 처분으로 변경할 수 없다.
- 행정청의 부당한 처분을 변경하는 행정심판은 현행법상 허용된다. (=취소심판)

- 무효등확인심판은 심판청구기간의 제한이 없고 사정재결도 인정되지 않는다.

- 거부처분의 상대방은 이에 대하여 의무이행심판 또는 취소심판을 청구할 수 있다.
- 당사자의 신청에 대한 행정청의 부당한 거부처분에 대하여 일정한 처분을 하도록 하는 행정심판은 현행법상 허용된다. (=의무이행심판)

- 당사자의 신청에 대한 행정청의 위법한 부작위에 대하여 행정청의 부작위가 위법하다는 것을 확인하는 행정심판은 현행법상 허용되지 않는다. (=부작위 위법확인심판 없음)

2. 항고소송과의 중요한 차이점
- 취소심판에서의 처분의 '변경'은 적극적 변경을 의미하지만, 취소소송에서의 처분의 '변경'은 소극적 변경(=일부취소)를 의미한다.
  (행정심판위원회는 영업정지 2개월 처분을 이에 갈음하는 「식품위생법」 소정의 과징금으로 변경할 수 있으나, 법원은 그럴 수 없다. [23지9])

- 행정심판을 청구하려는 자는 행정심판위원회 뿐만 아니라 피청구인인 행정청에도 행정심판청구서를 제출할 수 있으나 행정소송을 제기하려는 자는 법원에 소장을 제출하여야 한다.
- 행정심판에서는 행정청이 상대방에게 심판청구기간을 법정심판청구기간보다 긴 기간으로 잘못 알린 경우에 그 잘못 알린 기간 내에 심판청구가 있으면 그 심판청구는 법정 심판청구기간 내에 제기 된 것으로 보나 행정소송에서는 그렇지 않다.
- 「행정심판법」은 「행정소송법」과는 달리 집행정지뿐만 아니라 임시처분도 규정하고 있다.
- 개선조치를 요청한 주민이 A시장을 상대로 개선 조치를 해달라는 행정쟁송을 하고자 할 때 가능한 쟁송 유형으로 의무이행심판은 가능하나 의무이행소송은 허용되지 않는다.

3. 이의신청과 행정심판의 구별
- 이의신청은 그것이 준사법적 절차의 성격을 띠어 실질적으로 행정심판의 성질을 가진다면 이를 행정심판에 해당하는 이의신청으로 볼 수 있다.
- 이의신청이 「민원 처리에 관한 법률」의 민원이의신청과 같이 별도의 행정심판 절차가 존재하고 행정심판과는 성질을 달리하는 경우에는 그 이의신청은 행정심판과는 다른 것으로 본다.
- 행정심판이 아닌 이의신청의 경우, 개별 법률에 이의신청제도를 두면서 행정심판에 대한 명시적인 규정이 없다면 이의신청과는 별도로 행정심판을 제기할 수 있다.
- 이의신청을 제기하여야 할 사람이 처분청에 표제를 '행정심판청구'로 한 서류를 제출한 경우 그 서류의 실질이 이의신청이라면 이의신청으로 인정된다. (행정심판으로 다룬다. ✗)

※ 「행정심판법」에 따른 행정심판을 제기할 수 없는 경우 [22국9]
- 「공익사업을 위한 토지 등의 취득 및 보상에 관한 법률」상 토지수용위원회의 수용재결에 이의가 있어 중앙토지수용위원회에 이의를 신청한 경우
- 「난민법」상 난민불인정결정에 대해 법무부장관에게 이의신청을 한 경우

※ 「행정심판법」에 따른 행정심판을 제기할 수 있는 경우 [22국9]
- 「공공기관의 정보공개에 관한 법률」상 정보공개와 관련한 공공기관의 비공개결정에 대하여 이의신청을 한 경우
- 「민원 처리에 관한 법률」상 법정민원에 대한 행정기관의 장의 거부처분에 대해 그 행정기관의 장에게 이의신청을 한 경우

※ 「행정심판법」에 따른 행정심판기관이 아닌 특별행정심판기관에 의하여 처리되는 특별행정심판 [22국7]
- 「국세기본법」상 조세심판

- 「국가공무원법」상 소청심사
- 「공익사업을 위한 토지 등의 취득 및 보상에 관한 법률」상 토지수용재결에 대한 이의신청

(비교 : 「도로교통법」상 행정심판은 행정심판법에 따른 행정심판기관인 중앙행정심판위원회에서 처리함)

4. 행정심판의 적법요건

1) 청구인적격 - 법률상이익
- 행정심판의 대상과 관련되는 권리나 이익을 양수한 특정승계인은 행정심판위원회의 허가를 받아 청구인의 지위를 승계할 수 있다(행정심판법 제16조 5항).
- 법인이 아닌 사단 또는 재단으로서 대표자나 관리인이 정하여져 있는 경우에는 그 사단이나 재단의 이름으로 심판청구를 할 수 있다(행정심판법 제14조).
    (= 종중이나 교회와 같은 비법인사단은 사단 자체의 명의로(대표자의 명의 ✘) 행정심판을 청구할 수 있다.)

2) 피청구인적격 - 처분을 행한(행하지 않은) 행정청
- 의무이행심판의 경우에는 청구인의 신청을 받은 행정청을 피청구인으로 하여 행정심판을 청구하여야한다.
- 심판청구의 대상과 관계되는 권한이 다른 행정청에 승계된 경우에는 권한을 승계한 행정청을 피청구인으로 하여야 한다.
- 행정심판의 제기에 있어서 청구인이 피청구인을 잘못 지정한 경우에 행정심판위원회는 직권으로 또는 당사자의 신청에 의하여 결정으로써 피청구인을 경정할 수 있다.
- 행정심판위원회는 피청구인을 경정하는 결정을 하면 결정서 정본(부본 ✘)을 당사자(종전의 피청구인과 새로운 피청구인을 포함한다)에게 송달하여야 한다.
- 피청구인의 경정이 있으면 심판청구는 처음 심판청구 시에(피청구인 경정시 ✘) 제기된 것으로 본다.

3) 대상적격 - 처분 또는 부작위
- 대통령의 처분 또는 부작위에 대하여는 다른 법률에서 행정심판을 청구할 수 있도록 정한 경우 외에는 행정심판을 청구할 수 없다(행정심판법 제3조 2항).

4) 심판청구기간
- 행정심판은 처분이 있음을 알게 된 날부터 90일 이내에 청구하여야 한다.
- 청구 기간의 기산점인 '처분이 있음을 안 날' 이라 함은 당사자가 통지, 공고 기타의 방법에 의하여 당해 처분이 있었다는 사실을 현실적으로 안 날을 의미한다.

- 고시 또는 공고에 의하여 행정처분을 하는 경우에는 고시 또는 공고의 효력발생일을 처분이 있는 날로 보아 그날로부터 90일(180일 ✗) 이내에 행정심판을 청구할 수 있다.

- 청구인이 천재지변, 전쟁, 사변, 그 밖의 불가항력으로 인하여 그 기간 내에 심판청구를 할 수 없었을 때에는 그 사유가 소멸한 날부터 14일 이내에 행정심판을 청구할 수 있다. 다만, 국외에서 행정심판을 청구하는 경우에는 그 기간을 30일로 한다.

- 「행정심판법」의 규정과 달리 개별법에서 심판청구 기간을 짧게 정하고 있다고 하여 위헌은 아니다.

- 개별 법률에서 정한 심판청구기간이 「행정심판법」이 정한 심판청구기간보다 짧은 경우, 행정청이 행정처분을 하면서 그 개별법률상의 심판청구기간을 고지하지 아니하였다면 심판청구기간은 처분이 있은 날로부터 180일 이내이다.

- 취소심판이 제기된 경우, 행정청이 처분시에 심판청구 기간을 알리지 아니하였다 할지라도 당사자가 처분이 있음을 알게 된 날부터 180일이 경과하면 행정심판위원회는 부적법 각하재결을 하여야 한다.

- 불고지나 오고지가 행정처분의 하자를 구성하는 것은 아니다.
  (행정청이 행정처분을 하면서 상대방에게 불복절차에 관한 고지의무를 이행하지 않았다면 이는 절차적 하자로서 그 행정처분은 위법하게 된다. ✗ [22지9] [23지7])

- 처분시에 행정청으로부터 행정심판 제기기간에 관하여 법정 심판청구기간보다 긴 기간으로 잘못 통지받은 경우에 보호할 신뢰 이익은 그 통지받은 기간 내에 행정소송을 제기한 경우에까지 확대되지 않는다. [22지9]

- 무효등확인심판에는 심판청구기간의 제한이 없다.
- 부작위에 대한 의무이행심판에는 심판청구에 기간상의 제한이 없다.
  (= 행정청의 부작위에 대한 의무이행심판은 심판청구기간 규정의 적용을 받지 않는다.)
- 거부처분에 대한 의무이행심판에는 심판청구에 기간상의 제한이 있다★.

5) 심판청구서(서면주의)
- 행정심판청구는 엄격한 형식을 요하지 아니하는 서면행위이다.
- 비록 제목이 '진정서'로 되어 있고, 재결청의 표시, 심판청구의 취지 및 이유, 처분을 한 행정청의 고지의 유무 및 그 내용 등 행정심판법 제19조 제2항 소정의 사항들을 구분하여 기재하고 있지 아니하여 행정심판청구서로서의 형식을 다 갖추고 있다고 볼 수는 없으나 … 보정이 가능하므로 위 문서를 행정처분에 대한 행정심판청구로 보는 것이 옳다.
- 행정심판을 청구하려는 자는 심판청구서를 작성하여 피청구인이나 위원회에 제출하여야 하며 피청구인의 수만큼 심판청구서 부본을 함께 제출하여야 한다.

6) 관　할 - 피청구인 또는 위원회에 제출

- 중앙행정심판위원회의 상임위원은 일반직공무원으로서 국가공무원법 제6조에 따른 임기제공무원으로 임명하며(별정직공무원 ✕), 중앙행정심판위원회 위원장의 제청으로 국무총리를 거쳐 대통령이 임명한다(행정심판법 제8조 제3항).

  (1) **해당 행정청에 설치하는 행정심판위원회**
  - 국가정보원장의 행정처분(+감사원, 국회사무총장·법원행정처장·헌법재판소사무처장, 중앙선거관리위원회 사무총장, 국가인권위원회)

  (2) **국민권익위원회에 두는 중앙행정심판위원회가 심리·재결**
  - 서울특별시 의회의 행정처분
  - 대구광역시 교육감의 행정처분
  - 해양경찰청장의 행정처분

  (3) **서울특별시 행정심판위원회**(시·도 행정심판위원회)
  서울특별시 소속 행정청의 처분

5. 행정심판 심리

- 행정심판에서는 항고소송과 마찬가지로 처분청이 당초 처분의 근거로 삼은 사유와 <u>기본적 사실관계가 동일성이 인정되지 않는 다른 사유를 처분사유로 추가하거나 변경할 수 없다.</u>
  (= 행정처분의 취소를 구하는 항고소송에서 처분청은 당초 처분의 근거로 삼은 사유와 기본적 사실 관계가 동일성이 있다고 인정되는 한도 내에서만 다른 사유를 추가 또는 변경할 수 있다는 법리는 행정심판 단계에서도 그대로 적용된다.)

- 행정심판위원회는 필요하면 <u>당사자가 주장하지 않은 사실에 대하여도 심리할 수 있다.</u> (39조)

- 행정심판의 심리는 <u>구술심리나 서면심리</u>로 한다. (당사자가 구술심리를 신청한 경우를 제외하고는 서면심리주의를 원칙으로 하고 있다. ✕) (행정심판법 제40조)

6. 가구제수단

1) 집행정지
- 거부에 대한 의무이행심판에는 집행정지가 적용되지 않는다.

2) 임시처분
- 행정심판위원회는 심판청구 된 행정청의 부작위가 위법·부당하다고 상당히 의심되는 경우로서 당사자가 받을 우려가 있는 <u>중대한 불이익</u>이나 당사자에게 생길 급박한 위험을 막기 위하여 임시지위를 정할 필요가 있는 경우 <u>직권 또는 당사자의 신청</u>에 의하여 임시처분을 결정할 수 있다.

- 임시처분은 집행정지로 그 목적을 달성 할 수 있는 경우에는 허용되지 않는다. [23지7]
  (임시처분은 의무이행심판을 인정하면서도 가처분 제도를 인정하지 않아 제한된 재결의 실효성을 제고하기 위한 것이므로 집행정지로 그 목적을 달성 할 수 있는 경우에도 허용된다 ✗)

7. 조정제도 (행정심판법 제43조의2)
- 행정심판위원회는 공공복리에 적합하지 아니 하거나 해당 처분의 성질에 반하는 경우가 아니라면 당사자의 권리 및 권한의 범위에서 당사자의 동의를 받아 조정을 할 수 있다.
- 행정심판위원회는 당사자의 권리 및 권한의 범위에서 당사자의 동의를 받아 행정심판 청구의 신속하고 공정한 해결을 위하여 조정을 할 수 있으나, 그 조정이 공공복리에 적합하지 아니하거나 해당 처분의 성질에 반하는 경우에는 그러하지 아니하다.

8. 재 결
- 취소심판의 인용재결에는 취소재결, 변경재결, 변경명령재결이 있다. (취소명령재결 ✗)
- 甲이 취소심판을 제기한 경우, B 행정심판위원회는 심판청구가 이유가 있다고 인정하면 처분변경명령재결을 할 수 있다. [22지9]

- 사정재결은 무효등 확인심판에는 적용되지 아니한다.
  (= 甲이 무효확인심판을 제기한 경우, B 행정심판위원회는 심판청구가 이유있다고 인정하면서도 이를 인용하는 것이 공공복리에 크게 위배된다고 인정하면 甲의 심판청구를 기각할 수 있다. ✗ [22지9])
- 거부에 대한 의무이행심판에는 사정재결이 적용된다.
- 부작위에 대한 의무이행심판도 사정재결은 인정된다.

- 재결은 「행정심판법」 제23조에 따라 피청구인 또는 위원회가 심판청구서를 받은 날 부터 60일 이내에 하여야 한다. 다만, 부득이한 사정이 있는 경우에는 위원장이 직권으로 30일을 연장할 수 있다.

- 행정심판위원회는 심판청구의 대상이 되는 처분 또는 부작위 외의 사항에 대하여는 재결하지 못한다. (47조)

9. 재결의 범위
- 위원회는 심판청구의 대상이 되는 처분 또는 부작위 외의 사항에 대하여는 재결하지 못한다.
- 위원회는 심판청구의 대상이 되는 처분보다 청구인에게 불리한 재결을 하지 못한다. [23지9]

10. 재결의 효력

1) 재청구금지

- 심판청구에 대한 재결이 있으면 그 재결 및 같은 처분 또는 부작위에 대하여 <u>다시 행정심판을 청구할 수 없다.</u> [23지7]

  (= 시·도행정심판위원회의 기각재결이 내려진 경우 청구인은 중앙행정심판위원회에 그 재결에 대하여 <u>다시 행정심판을 청구할 수 없다.</u>)

  (= 심판청구에 대하여 일부 인용하는 재결이 있는 경우에도 그 재결 및 같은 처분에 대하여 <u>다시 행정 심판을 청구할 수 없다.</u>)

  (= B 행정심판위원회의 재결에 고유한 위법이 있는 경우에는 甲은 다시 행정심판을 청구할 수 있다. ✗ [22지9])

2) 형성력

- 행정심판위원회가 <u>처분을 취소하거나 변경하는 재결</u>을 하면, 재결의 형성력에 의해 당해 처분은 당연히 처분시에 소급하여 소멸되거나 변경된다. 즉 행정청의 별도의 취소나 변경처분을 필요로 하지 않는다.

  (행정심판위원회가 <u>처분을 취소하거나 변경하는 재결</u>을 하면, 행정청은 재결의 기속력에 따라 취소 또는 변경하는 처분을 하여야 하고, 이를 통하여 <u>당해 처분은 처분 시에 소급하여 소멸되거나 변경된다.</u> ✗)

- 의무이행심판의 재결에서 처분재결은 형성재결의 성질을, 처분명령재결은 이행재결의 성격을 가지고 있다.

- 재결의 형성력은 행정심판위원회가 직접처분의 취소, 변경 등을 하지 않은 처분의 <u>변경명령재결</u> 또는 <u>의무이행명령</u>재결의 경우에는 발생하지 않는다. (발생한다 ✗)

3) 기속력

(1) 범 위

- 재결의 기속력은 <u>인용재결</u>의 경우에만 인정되고, 기각재결에서는 인정되지 않는다.
- 행정심판위원회가 원처분인 침익적 처분을 취소하는 재결을 할 경우, 원처분청은 이 인용재결의 취소를 구하는 행정소송을 제기할 수 없다. [23지9]
- 행정심판위원회의 기각재결이 있은 후에도 행정청은 원처분을 직권으로 취소할 수 있다. (없다 ✗) [22지9]
- 재결은 피청구인인 행정청을 기속하는 효력을 가지므로 당초의 처분에 대하여 변경명령재결이 있다면 행정청으로서는 그 재결에 따를 수밖에 없다. 그러나 <u>재결에 따른 처분이 위법한 경우 그 처분의 상대방은 항고소송으로 다툴 수 있다.</u>
- 재결의 기속력은 <u>재결의 주문 및 그 전제가 된 요건사실의 인정과 판단</u>에 대하여만 미친다.

  (= 기속력은 재결의 주문 및 그 전제가 된 요건사실의 인정과 판단, 즉 처분 등의 구체적 위법사유에 관한 판단에만 미친다. (주문에만 미친다 ✗))

(2) 내 용

(가) 반복금지의무
- 양도소득세부과처분에 대한 불복심사청구에서 이유 있다고 인정되어 취소되었음에도 처분청이 동일한 사실에 관하여 부과처분을 되풀이 한다면 설령 그 부과처분이 감사원의 시정요구에 의한 것이라 하더라도 위법하다.

(나) 재처분의무
- 취소재결의 기속력으로서 재처분의무가 있다. (재처분의무 없으므로 현행법상 거부처분에 불복할 때에는 취소심판보다 의무이행심판이 더 효과적이다. ✗)
- 거부처분취소재결이 있는 경우에는 행정청은 그 재결의 취지에 따라 이전의 신청에 대한 처분을 하여야 하는 것이므로 행정청이 그 재결의 취지에 따른 처분을 하지 아니하고 그 처분과는 양립할 수 없는 다른 처분을 하는 것은 재결의 기속력에 반하여 위법하다.
- 당사자의 신청을 거부하거나 부작위로 방치한 처분의 이행을 명하는 재결이 있으면 행정청은 지체 없이 이전의 신청에 대하여 재결의 취지에 따라 처분을 하여야 한다.
- 당사자의 신청을 받아들이지 않은 거부처분이 재결에서 취소된 경우, 그 재결의 취지에 따라 이전의 신청에 대하여 다시 어떠한 처분을 하여야 할지는 처분을 할 때의 법령과 사실을 기준으로 판단하여야 하므로, 행정청은 종전 거부처분 또는 재결 후에 발생한 새로운 사유를 내세워 다시 거부처분을 할 수 있다.
- 처분의 절차적 위법사유를 시정한 후 행정청이 종전과 같은 처분을 하는 것은 재결의 기속력에 반하지 않는다.

4) 기판력 없음
- 행정심판의 재결에는 기판력이 없다.
- 재결이 확정된 경우에도 처분의 기초가 된 사실관계나 법률적 판단이 확정되고 당사자들이나 법원이 이에 기속되어 모순되는 주장이나 판단을 할 수 없게 되는 것은 아니다.
  (= 행정심판의 재결에도 판결에서와 같은 기판력이 인정되는 것이어서 재결이 확정되면 처분의 기초가 된 사실관계나 법률적 판단이 확정되는 것이므로 당사자는 이와 모순되는 주장을 할 수 없게 된다. ✗ [22지9])

11. 간접강제와 직접처분

1) 간접강제
- 행정심판위원회는 피청구인이 의무이행 재결의 취지에 따른 처분을 하지 아니하면 청구인의 신청에 의하여(신청이 없어도 ✗) 결정으로 상당한 기간을 정하고 피청구인이 그 기간 내에 이행하지 아니하는 경우 에는 그 지연기간에 따라 일정한 배상을 하도록 명하거나 즉시 배상을 할

것을 명할 수 있다. [23지7]

2) 직접처분
- 직접처분은 의무이행심판에서만 인정된다.
  (행정심판위원회는 피청구인이 거부처분의 취소재결에도 불구하고 처분을 하지 아니하는 경우에는 당사자가 신청하면 기간을 정하여 서면으로 시정을 명하고, 그 기간에 이행하지 아니하면 직접처분을 할 수 있다. ✘)
- 처분청이 처분이행명령재결에 따른 처분을 하지 아니한 경우에는 행정심판위원회는 당사자의 신청으로 직접처분을 할 수 있다.
  (당사자의 신청 여부를 불문하고 직권으로 직접처분을 할 수 있다. ✘)
  (乙이 의무이행심판을 제기하여 처분명령재결이 있었음에도 B 시장이 허가를 하지 않는 경우 행정심판위원회는 직권으로 시정을 명하고 이를 이행하지 아니하면 직접 건축허가처분을 할 수 있다. ✘ [22지9])
- 행정심판에서 행정심판위원회는 행정청의 부작위가 위법, 부당하다고 판단되면 직접처분을 할 수 있으나 행정소송에서 법원은 직접처분을 할 수 없다.
  (법원은 행정청의 부작위가 위법한 경우에만 직접처분을 할 수 있다. ✘)

12. 그 외
- 중앙행정심판위원회는 심판청구를 심리, 재결할 때에 처분 또는 부작위의 근거가 되는 명령 등이 법령에 근거가 없거나 상위법령에 위배되거나 국민에게 과도한 부담을 주는 등 크게 불합리하면 관계 행정기관에 그 명령 등의 개정·폐지 등 적절한 시정조치를 요청할 수 있다.

- 사안의 전문성과 특수성을 살리기 위하여 특히 필요한 경우 외에는「행정심판법」에 따른 행정심판을 갈음하는 특별한 행정불복절차나「행정심판법」에 따른 행정심판절차에 대한 특례를 다른 법률로 정할 수 없다.
- 다른 법률에서 특별행정심판이나「행정심판법」에 따른 행정심판절차에 대한 특례를 정한 경우에도 그 법률에서 규정하지 아니한 사항에 대해서는「행정심판법」에서 정하는 바에 따른다.
- 관계 행정기관의 장이 특별행정심판 또는「행정심판법」에 따른 행정심판절차에 대한 특례를 신설하거나 변경하는 법령을 제정, 개정할 때에는 미리 중앙행정심판위원회와 협의하여야 한다. (동의를 구하여야 한다. ✘) (행정심판법 제4조 제3항)

- 피청구인 또는 행정심판위원회는 전자정보처리조직을 통하여 행정심판을 청구하거나 심판참가를 한 자가 동의한 경우에 전자정보처리조직과 그와 연계된 정보통신망을 이용하여 재결서나「행정심판법」에 따른 각종 서류를 청구인 또는 참가인에게 송달할 수 있다. [23지7]

13. 이의신청

행정기본법 제36조(처분에 대한 이의신청) ① 행정청의 처분(「행정심판법」제3조에 따라 같은 법에 따른 행정심판의 대상이 되는 처분을 말한다. 이하 이 조에서 같다)에 이의가 있는 당사자는 **처분을 받은 날부터 30일 이내에 해당 행정청에 이의신청을 할 수 있다.**
② 행정청은 제1항에 따른 이의신청을 받으면 그 신청을 받은 날부터 14일 이내에 그 이의신청에 대한 결과를 신청인에게 통지하여야 한다. 다만, 부득이한 사유로 14일 이내에 통지할 수 없는 경우에는 그 기간을 만료일 다음 날부터 기산하여 10일의 범위에서 한 차례 연장할 수 있으며, 연장 사유를 신청인에게 통지하여야 한다.
③ 제1항에 따라 이의신청을 한 경우에도 **그 이의신청과 관계없이 「행정심판법」에 따른 행정심판 또는 「행정소송법」에 따른 행정소송을 제기할 수 있다.**
④ **이의신청에 대한 결과를 통지받은 후 행정심판 또는 행정소송을 제기하려는 자는 그 결과를 통지받은 날**(제2항에 따른 통지기간 내에 결과를 통지받지 못한 경우에는 같은 항에 따른 통지기간이 만료되는 날의 다음 날을 말한다)**부터 90일 이내에 행정심판 또는 행정소송을 제기할 수 있다.**
⑤ 다른 법률에서 이의신청과 이에 준하는 절차에 대하여 정하고 있는 경우에도 그 법률에서 규정하지 아니한 사항에 관하여는 이 조에서 정하는 바에 따른다.
⑦ 다음 각 호의 어느 하나에 해당하는 사항에 관하여는 이 조를 적용하지 아니한다.
  1. 공무원 인사 관계 법령에 따른 징계 등 처분에 관한 사항
  2. 「국가인권위원회법」 제30조에 따른 진정에 대한 국가인권위원회의 결정
  3. 「노동위원회법」 제2조의2에 따라 노동위원회의 의결을 거쳐 행하는 사항
  4. 형사, 행형 및 보안처분 관계 법령에 따라 행하는 사항
  5. 외국인의 출입국·난민인정·귀화·국적회복에 관한 사항
  6. 과태료 부과 및 징수에 관한 사항

사례

공익신고자 丙은 甲이 「국민기초생활 보장법」상의 복지급여를 부정수급하고 있다고 관할 乙행정청에 신고하였다. 이에 대하여 甲은 乙에게 부정수급 신고를 한 자와 그 내용에 대해 정보공개청구를 하였다. 이후 甲은 乙의 비공개결정통지를 받았고(2022. 8. 26.) 이에 대해 국민권익위원회에 고충민원을 제기하였으나(2022. 9. 16.), 국민권익위원회로부터 乙의 결정은 문제가 없다는 안내를 받았다(2022. 10. 26.). 그리고 甲은 乙의 비공개결정의 취소를 구하는 행정심판을 제기하게 되었다(2022. 12. 27.). [23국9]

① 「개인정보 보호법」상 정보주체에게 열람청구권이 보장되어 있더라도, 甲은 이에 근거하여 乙에게 신고자에 대한 정보공개를 요구하여 그 정보를 받을 수 없다.
② 학술·연구를 위하여 일시적으로 체류하는 외국인 丙은 「국민기초생활 보장법」상의 복지급여 지급기준에 대해 정보공개를 청구할 권리가 인정된다.
③ 甲의 국민권익위원회에 대한 고충민원 제기는 이의신청에 해당하지 않으므로, 고충민원에 대한 답변을 받은 날은 행정심판 제기기간의 기산점이 되지 않는다.
④ 따라서 甲의 행정심판청구는 행정심판 제기기간을 도과하였으므로 부적법하다.

제2절 행정소송

- 「행정소송법」 제3조에서는 행정소송을 항고소송, 당사자소송, 민중소송, 기관소송으로 구분한다. (예방적 금지소송 ✗)
- 행정소송법에 특별한 규정이 없는 사항은 법원조직법, 민사소송법, 민사집행법 규정이 준용된다.

I 항고소송

1. 취소소송·무효확인소송의 대상적격

1) 대상적격 일반론

- 취소소송의 대상은 행정청의 '처분 등', 즉 처분과 재결이다.
- 행정청의 재량행위에 속하는 처분도 취소소송의 대상이 된다.

- 행정청이 자신과 상대방 사이의 법률관계를 일방적인 의사표시로 종료시켰다고 하더라도 곧바로 그 의사표시가 행정청으로서 공권력을 행사하여 행하는 행정처분이라고 단정할 수는 없고, 관계법령이 상대방의 법률관계에 관하여 구체적으로 어떻게 규정하고 있는지에 따라 개별적으로 판단하여야 한다.
- 행정청의 행위가 '처분'에 해당하는지가 불분명한 경우에는 그에 대한 불복방법 선택에 중대한 이해관계를 가지는 상대방의 인식가능성과 예측가능성을 중요하게 고려하여 규범적으로 판단하여야 한다. [23국9]

- 조례가 집행행위의 개입 없이도 그 자체로써 국민의 구체적인 권리, 의무나 법적 이익에 영향을 미치는 등 법률상 효과를 발생시키는 경우 그 조례는 항고소송의 대상이 되는 처분이다.

- 어떠한 처분의 근거가 행정규칙에 규정되어 있다고 하더라도, 그 처분이 상대방에게 권리 설정 또는 의무 부담을 명하거나 기타 법적인 효과를 발생하게 하는 등으로 상대방의 권리의무에 직접 영향을 미치는 행위라면, 이 경우에도 항고소송의 대상이 되는 행정처분에 해당한다고 보아야 한다. [22지7]
- 판례에 의하면, 행정규칙에 의한 불문경고 조치는 차후 징계감경사유로 작용할 수 있는 표창대상자에서 제외되는 등의 인사상의 불이익을 줄 수 있으므로 항고소송의 대상인 행정처분에 해당한다.

- 행정행위의 부관은 부담의 경우를 제외하고는 독립하여 행정소송의 대상이 될 수 없다.

2) 처분성 인정

- 국유재산의 관리청이 무단점유자에 대하여 하는 변상금부과처분
- 시·도경찰청장이 횡단보도를 설치하여 보행자 통행방법 등을 규제하는 것은 국민의 권리·의무에 직접 관계가 있는 행위로서 행정처분이다. [22지9]
- 교통안전공단이 구「교통안전공단법」에 의거하여 교통안전 분담금 납부의무자에게 한 분담금 납부 통지
- 기반시설부담금 납부의무자의 환급신청에 대하여 행정청이 전부 또는 일부의 환급을 거부하는 결정은 항고소송의 대상인 처분에 해당하고 행정청의 환급 거부대상이 납부지체로 발생한 지체가산금인 경우에도 역시 행정처분에 해당한다.
- 종합소득세 부과처분을 위한 과세관청의 세무조사결정
  (= 과세처분을 위한 행정청의 질문조사권이 행해지는 세무조사결정)
- 지방의회 의장선거
- 지방의회 의장에 대한 지방의회의 불신임의결
- 지방의회 의원 징계(제명)의결 (피고는 지방의회) [23국9]
- 공정거래위원회의 표준약관 사용권장 행위
- 국가인권위원회의 성희롱결정 및 시정조치권고
- 금융기관의 임원에 대한 금융감독원장의 문책 경고
- 구「표시·광고의 공정화에 관한 법률」위반을 이유로 한 공정거래위원회의 경고의결은 당해 표시·광고의 위법을 확인하되 구체적인 조치까지는 명하지 않는 것으로 사업자가 다시 동법 위반행위를 할 경우 과징금 부과 여부나 그 정도에 영향을 주는 고려사항이 되어 사업자의 자유와 권리를 제한하는 행정처분에 해당한다.
- 지목변경신청반려처분 [22국7]
- 행정청이 건축물대장의 용도변경신청을 거부한 행위
- 내부행위나 중간처분이라도 그로써 실질적으로 국민의 권리가 제한되거나 의무가 부과되면 항고소송의 대상이 되는 처분이다. 따라서 개별공시지가결정은 처분이다.
- 원자력 부지사전승인처분
- 토지대장의 직권말소
- 「교육공무원법」에 따라 승진후보자명부에 포함되어 있던 후보자를 승진심사에 의해 승진임용 인사발령에서 제외하는 행위는 항고소송의 대상이 되는 처분으로 보아야 한다.
- 지방자치단체에 근무하는 청원경찰에 대한 징계 처분
- 지방계약직공무원에 대한 보수삭감 조치
- 교도소장이 특정 수형자를 '접견내용 녹음·녹화 및 접견 시 교도관 참여대상자'로 지정한 행위 [22지7]
- 구청장의 건축물 착공신고 반려행위
- 친일반민족행위자재산조사위원회의 재산 조사 개시결정

- 택지개발예정지구의 지정·고시
- 법인세법령에 따른 과세관청의 <u>원천징수의무자인 법인에 대한 소득금액변동통지</u>
- 지방자치단체 등이 건축물을 건축하기 위해 건축물 소재지 관할 허가권자인 지방자치단체의 장과 <u>건축협의를 하였는데 허가권자인 지방자치단체의 장이 그 협의를 취소한 경우</u>, 건축협의 취소는 항고소송의 대상인 행정처분에 해당한다. [22지7]
- 재단법인 한국연구재단이 대학교총장에게 연구개발비의 부당집행을 이유로 한 <u>두뇌한국 (BK)21 사업협약 해지</u>
  (= 과학기술기본법령상 사업 협약의 해지 통보는 우월적 지위에서 한 행정처분이다.)
  (= BK21 사업협약해지에 따른 징계요구통보는 처분 ✘)
- 구 「산업집적활성화 및 공장설립에 관한 법률」에 따른 <u>산업단지 입주계약의 해지통보</u>는 행정청인 관리권자로부터 관리업무를 위탁 받은 한국산업단지공단이 우월적 지위에서 그 상대방에게 일정한 법률상 효과를 발생하게 하는 것으로서 항고소송의 대상이 되는 행정처분에 해당한다.
- 「공유재산 및 물품 관리법」에 근거하여 공모제안을 받아 이루어지는 민간투자사업 '우선협상대상자 선정행위'나 '우선협상대상자 지위배제행위' [22국9]
- 구 「사회간접자본시설에 대한 민간투자법」에 근거 한 서울-춘천 간 고속도로 <u>민간투자시설사업의 사업시행자 지정</u>은 행정처분이다.
  (비교 : 지정된 사업시행자와 정부가 체결하는 민간투자협약은 공법상 계약에 해당)
- <u>국립의료원 부설주차장에 관한 위탁관리용역운영 계약</u>의 실질은 국립의료원이 원고의 신청에 의하여 공권력을 가진 우월적 지위에서 행한 행정처분이다.
  (= 국립의료원 부설 주차장 위탁관리용역운영계약은 공법상 계약에 해당한다. ✘ [22지9])
- 채용계약상 특별한 약정이 없는 한, <u>지방계약직공무원</u>에 대하여 「지방공무원법」, 「지방공무원 징계 및 소청 규정」에 정한 징계절차에 의하지 않고서는 보수를 삭감할 수 없다.
- 관할 행정청은 면허 발급 이후에도 운송사업자의 동의하에 여객자동차운송사업의 질서 확립을 위하여 운송사업자가 준수할 의무를 정하고 이를 위반할 경우 감차명령을 할 수 있다는 내용의 면허 조건을 붙일 수 있고, 운송사업자가 조건을 위반하였다면 여객자동차법 제85조 제1항 제38호에 따라 감차명령을 할 수 있으며, <u>감차명령은 처분으로서 항고소송의 대상이 된다.</u>

3) 처분성 부정
- <u>정부투자기관회계규정에 의하여 행한 입찰참가자격을 제한하는 내용의 부정당업자제재처분</u>은 사법상의 행위 (처분 ✘)
- 「소득세법 시행령」에 따른 <u>소득의 귀속자에 대한 소득금액 변동통지</u>
- <u>환지계획</u>
- 권한 있는 장관이 행한 국립공원지정처분에 따라 <u>공원관리청이 행한 경계측량 및 표지의 설치</u>
- 형사사건에 대한 <u>검사의 기소결정</u>
- 공정거래위원회의 고발조치 및 고발의결에 관한 소

- 「국가공무원법」상 결격사유에 근거한 당연퇴직 인사발령통보
- 한국마사회가 조교사 또는 기수의 면허를 부여하거나 취소하는 것은 일반사법상의 법률관계에서 이루어지는 단체 내부에서의 징계 내지 제재처분에 불과하다. [22국가]
- 사립학교 교원에 대한 학교법인의 해임처분
- 급수공사 신청자에 대한 수도사업자의 급수공사비 납부통지 (강제성이 없는 의사 또는 사실상의 통지행위)
- 의료보호진료비심사결과통지

운전면허 행정처분처리대장상의 벌점의 배점
- 임용권자가 시험승진후보자명부에서의 등재자 성명을 삭제한 행위
- 토지대장상의 소유자명의변경 신청을 거부한 행위
- 행정청이 무허가건물관리 대장에서 무허가건물을 삭제하는 행위
- 상표권의 말소등록이 이루어져도 법령에 따라 회복등록이 가능하고 회복신청이 거부된 경우에는 그에 대한 항고소송이 가능하므로 상표권의 말소 등록행위 자체는 항고소송의 대상이 될 수 없다.
- 침해적 행정처분이 내려진 후에 내려진 동일한 내용의 반복된 침해적 행정처분은 처분이 아니다.
- 반복된 제2차 대집행계고
- 국세환급금결정 신청에 대한 환급거부 결정
- 세무당국이 소외 맥주회사에 대해 갑과의 주류거래를 일정기간 정지하여 줄 것을 요청한 행위는 행정처분이라 볼 수 없다.
- 행정청이 전기공급자에게 위법건축물에 대한 단전을 요청한 행위는 행정처분이 아니다.
- 혁신도시의 최종입지 선정행위
- 「병역법」상 신체등위판정은 행정처분이 아니다.
- 중소기업 정보화지원사업 지원대상인 사업의 지원협약을 갑의 책임 있는 사유로 해지하고 협약에서 정한 대로 지급받은 정부지원금을 반환할 것을 통보한 경우, 협약의 해지 및 그에 따른 환수통보
- 재단법인 한국연구재단이 대학교총장에게 연구개발비의 부당집행을 이유로 두뇌한국(BK)21 사업협약을 해지하고 연구팀장에 대한 대학자체징계를 요구한 것
- 건축허가불허가처분을 하면서 소방서장의 건축부동의를 사유로 들고 있는 경우 소방서장의 건축부동의는 내부적행위이므로 행정행위가 아니고 행정쟁송의 대상도 아니다.
- 국민건강보험공단이 행한 '직장가입자 자격상실 및 자격변동 안내' 통보는 가입자 자격의 변동 여부 및 시기를 확인하는 의미에서 한 사실상 통지행위에 불과할 뿐, 항고소송의 대상이 되는 행정처분에 해당하지 않는다. [23국9]
- 국립대학교의 대학입학고사 주요 요강은 공권력의 행사로서 헌법소원의 대상이 된다. (행정쟁송의 대상이 될 수 있는 행정처분이다. ✘)

4) 거부처분

- 국민의 적극적 행위 신청에 대하여 행정청이 그 신청에 따른 행위를 하지 않겠다고 거부한 행위가 항고소송의 대상이 되는 행정처분에 해당하는 것이라고 하려면, 그 신청한 행위가 공권력의 행사 또는 이에 준하는 행정작용이어야 하고 그 거부행위가 신청인의 법률관계에 어떤 변동을 일으키는 것이어야 하며 그 국민에게 그 행위발동을 요구할 법규상 또는 조리상의 신청권이 있어야 한다고 할 것인바, 여기에서 '신청인의 법률관계에 어떤 변동을 일으키는 것'이라는 의미는 신청인의 실체상의 권리관계에 직접적인 변동을 일으키는 것은 물론 그렇지 않다 하더라도 신청인이 실체상의 권리자로서 권리를 행사함에 중대한 지장을 초래하는 것도 포함한다고 해석함이 상당하다. [22지9]

- 취소소송을 제기하기 위해서는 처분 등이 존재하여야 하며, 거부처분이 성립하기 위해서는 개인의 신청권이 존재하여야 하고, 신청권의 존부는 구체적 사건에서 신청인이 누구인가를 고려하지 않고 관계 법규의 해석에 의하여 일반 국민에게 그러한 신청권을 인정하고 있는가를 살펴 추상적으로 결정되는 것이고, 신청인이 그 신청에 따른 단순한 응답을 받을 권리를 넘어서 신청의 인용이라는 만족적 결과를 얻을 권리를 의미하는 것은 아니므로, 국민이 어떤 신청을 한 경우에 그 신청의 근거가 된 조항의 해석상 행정발동에 대한 개인의 신청권을 인정하고 있다고 보이면 그 거부행위는 항고소송의 대상이 되는 처분으로 보아야 하고, 구체적으로 그 신청이 인용될 수 있는가 하는 점은 본안에서 판단하여야 할 사항이다.

- 대학교원의 임용권자가 임용기간이 만료된 조교수에 대하여 재임용을 거부하는 취지로 한 임용기간만료의 통지는 대학교원의 법률관계에 영향을 주는 것으로서 처분에 해당한다.
  (= 기간제로 임용된 국·공립대학의 조교수에 대해 임용기간 만료로 한 재임용거부에 대하여 제기된 거부처분 취소소송)

- 국·공립대학교원 임용지원자가 임용권자로부터 임용거부를 당한 경우, 거부처분으로서 항고소송의 대상이 된다고 볼 수 없다.(··임용지원자에게는 임용 여부에 대한 응답을 신청할 법규상 또는 조리상 권리가 없다. 2001두7053)

- 임용지원자가 특별채용 대상자로서 자격을 갖추고 있고 유사한 지위에 있는 자에 대하여 정규교사로 특별채용한 전례가 있다 하더라도, 교사로의 특별채용을 요구할 법규상 또는 조리상의 권리가 있다고 할 수 없다. [22국9]

- 피해자의 의사와 무관하게 주민등록번호가 유출된 경우, 조리상 주민등록번호의 변경을 요구할 신청권을 인정함이 타당하다. [22국9]

5) 변경처분

- 과징금 부과처분 후 그 부과처분의 하자를 이유로 감액처분을 한 경우 감액된 원처분(그 감액처분 ✗)이 항고소송의 대상이다.

- 「도시 및 주거환경정비법」상 주택재건축사업조합이 새로이 조합설립인가처분을 받은 것과 동일한 요건과 절차를 거쳐 조합설립변경인가처분을 받은 경우, 당초의 조합설립인가처분이 유효한 것을 전제로 당해 주택재건축사업조합이 시공사 선정 등의 후속행위를 한 경우, 경미한 사항의 변경에 대한 신고를 수리하는 의미에 불과한 변경인가처분이 있다고 하더라도 설권적 처분인 조합설립인가처분을 다툴 소의 이익이 소멸된다고 볼 수는 없다. [22지7]

6) 원처분주의

- 공립학교교원에 대한 징계에 있어 교원소청심사 위원회의 결정에 불복이 있는 경우에 취소소송을 할 수 있고, 이 때 원처분을 소송의 대상으로, 원처분청을 상대로 하는 것이 원칙이다.
- 중앙토지수용위원회의 이의재결을 거친 경우에도 원칙적으로 지방토지수용위원회의 수용재결을 대상으로 취소소송을 제기하여야 한다.
- 행정청이 식품위생법령에 따라 영업자에게 행정 제재처분을 한 후 당초 처분을 영업자에게 유리하게 변경하는 처분을 한 경우, 취소소송의 대상 및 제소기간 판단기준은 변경처분이 아니라 변경된 내용의 당초처분이다.
- 출석정지 처분을 받고 행정심판을 제기한 갑이 행정심판기관의 서면사과 처분 재결이 과중한 처벌이라고 하여 불복하는 경우에는 변경된 원처분(재결 ✗)을 취소소송의 대상으로 한다
- 재결 취소소송의 경우 재결 자체의 고유한 위법을 다퉈야 한다.
  (재결 취소소송의 경우 재결 자체에 고유한 위법이 없더라도 원처분의 당부에 따라 기각 여부의 판결을 해야 한다 ✗)
- 「행정소송법」 제19조에서 말하는 '재결 자체에 고유한 위법'이란 원처분에는 없고 재결에만 있는 재결청의 권한 또는 구성의 위법, 재결의 절차나 형식의 위법, 내용의 위법 등을 뜻한다. [22국9]
- 국립대학교 교원의 징계처분에 대한 교원소청심사위원회의 결정은 그 결정에 고유한 위법이 있을 때에만 소송의 대상이 될 수 있다.
- 제3자효 행정행위에서 인용재결이 있는 경우에 그 인용재결로 인하여 비로소 권리이익을 침해받은 자는 그 인용재결에 대하여 취소를 구할 수 있다.
- 행정심판청구가 부적법하지 않음에도 각하한 재결은 심판청구인의 실체심리를 받을 권리를 박탈한 것으로서 원처분에는 없는 고유한 하자에 해당하고, 이 재결은 취소소송의 대상이 된다.
  (= 적법한 행정심판을 각하한 재결은 재결 자체에 고유한 위법이 있는 경우에 해당하므로 재결취소소송을 제기할 수 있다.)
- 징계혐의자에 대한 감봉 1월의 징계처분을 견책으로 변경한 소청결정 중 그를 견책에 처한 조치는 재량권의 남용 또는 일탈로서 위법하다라는 사유는 소청결정 자체에 고유한 위법을 주장하는 것으로 볼 수 없어 소청결정의 취소사유가 될 수 없다.
- 재결 자체에 고유한 위법이 없는 경우에는 원처분의 당부와는 상관없이 당해 재결취소소송은 이를 기각(각하 ✗)하여야 한다. [23지9]

7) (예외적) 재결주의
- 감사원의 변상판정처분에 대해서는 행정소송을 제기할 수 없고, 재결에 해당하는 재심의판정에 대해서만 감사원을 피고로 하여 행정소송을 제기할 수 있다.
- 감사원의 징계요구와 재심의결정은 항고소송의 대상이 되지 않는다.

- 지방노동위원위원회의 결정에 불복하여 중앙노동위원회의 재심판정이 있는 경우 지방노동위원회의 결정에 대해 행정소송을 제기할 수 없다.
- 지방노동위원회의 처분에 대하여 불복이 있는 경우에 중앙노동위원회에 재심을 신청할 수 있고, 중앙노동위원회의 재심에 불복하는 경우의 취소소송은 중앙노동위원회가 아니라 중앙노동위원회 위원장을 피고로 하여야 한다.

- 특허출원에 대한 심사관의 거절사정에 대하여 행정소송을 제기할 수 없고, 특허심판원에 심판청구를 한 후 그 심결을 소송대상으로 하여 특허법원에 심결취소를 요구하는 소를 제기하여야 한다.

2. 부작위위법확인소송의 대상적격
- 부작위위법확인소송에서, '부작위'라 함은 행정청이 당사자의 신청에 대하여 상당한 기간 내에 일정한 처분을 하여야 할 법률상 의무가 있음에도 불구하고 이를 하지 아니하는 것을 말한다.
  (처분을 하지 않는다는 의사를 통지하는 것을 말한다. ✗)

- 부작위위법확인소송은 처분의 신청을 한 자로서 부작위의 위법의 확인을 구할 법률상의 이익이 있는 자만이 제기할 수 있다. [22국7]
- 부작위위법확인소송의 대상이 되는 부작위는 당사자의 신청이 있어야만 성립할 수 있다.
- 당사자가 행정청에 대하여 어떠한 행정처분을 하여 줄 것을 요청할 수 있는 법규상 또는 조리상의 권리를 갖고 있지 아니한 경우에 제기한 부작위위법확인의 소는 부적법하다. [22국7]

- 부작위위법확인소송에서 예외적으로 행정심판전치가 인정될 경우 그 전치되는 행정심판은 의무이행심판이다.

- 부작위위법확인소송의 변론종결시까지 행정청의 처분으로 부작위상태가 해소된 때에는 부작위위법확인소송은 소의 이익을 상실하게 된다.
- 거부처분에 대해서는 부작위위법확인소송을 제기할 수 없다.

- 부작위위법확인소송은 부작위의 위법함을 확인함으로써 행정청의 응답을 신속하게 하여 부작위 내지 무응답이라고 하는 소극적인 위법상태를 제거하는 것을 목적으로 한다.
- 부작위위법확인소송에서 법원의 인용판결이 있는 경우, 법원은 행정청의 부작위의 위법여부만을 심리하므로(절차적 심리설), 행정청은 원고의 신청을 거부하는 처분을 할 수 있다.

- 부작위위법확인소송에서 위법판단의 기준시는 판결시(처분시 ✖)이다.
- 부작위위법확인소송의 경우 사실심의 구두변론종결시점의 법적·사실적 상황을 근거로 행정청의 부작위의 위법성을 판단하여야 한다. [22국가]

2. 원고적격

1) '법률상 이익'의 의미
- 법률상 보호되는 이익이라 함은 당해 처분의 근거 법규 및 관련 법규에 의하여 보호되는 개별적·직접적·구체적 이익이 있는 경우를 말하고, 공익보호의 결과로 국민 일반이 공통적으로 가지는 일반적·간접적·추상적 이익이 생기는 경우에는 법률상 보호되는 이익이 있다고 할 수 없다.
- '법률상 이익'에는 간접적이거나 사실적, 경제적 이해관계를 가지는 데 불과한 경우 및 공익은 포함되지 않는다.

2) 처분의 상대방
- 행정처분에 있어서 불이익처분의 상대방은 직접 개인적 이익의 침해를 받은 자로서 원고적격이 인정되지만, 수익처분의 상대방은 그의 권리나 법률상 이익이 침해되었다고 볼 수 없으므로 달리 특별한 사정이 없는 한 취소를 구할 법률상 이익이 없다.

3) 처분의 제3자
- 취소소송의 원고적격은 처분 등의 취소를 구할 법률상 이익이 있는 자에게 인정되기 때문에, 직접 처분 또는 재결을 받은 상대방 이외의 자에게도 인정될 수 있다.

(1) 경업자소송
- 수익적 행정처분의 근거가 되는 법률이 해당 업자들 사이의 과다경쟁으로 인한 경영의 불합리를 방지하는 목적도 가지고 있는 경우, 기존업자가 경업자에 대한 면허나 인·허가 등의 수익적 행정처분의 취소를 구할 원고적격이 인정된다.
- 허가를 받은 경업자에게는 일반적으로 원고적격이 인정되지 않지만, 특허사업의 경업자는 특별한 사정이 없는 한 원고적격이 인정된다.
- 신규 허가를 발급함으로 인한 기존 허가업자의 영업상 이익의 침해는 원칙적으로 반사적 이익일뿐이다.
- 의사 면허는 경찰금지를 해제하는 명령적 행위(강학상 허가)에 해당하고, 한약조제시험을 통하여 약사에게 한약조제권을 인정함으로써 한의사들의 영업상 이익이 감소되었다고 하더라도 이러한 이익은 사실상의 이익에 불과하고 약사법이나 의료법 등의 법률에 의하여 보호되는 이익이라고는 볼 수 없으므로, 한의사들이 한약조제시험을 통하여 한약조제권을 인정받은 약사들에 대한 합격처분의 무효확인을 구하는 당해 소는 원고적격이 없는 자들이 제기한 소로서 부적법하다.

- <u>기존의 고속형 시외버스운송사업자</u>는 경업관계에 있는 직행형 시외버스운송사업자에 대한 사업 계획변경인가처분의 취소를 구할 법률상 이익이 있다.
- <u>분뇨관련 영업허가를 받은 기존업자</u>는 다른 업자에 대한 영업허가처분을 다툴 법률상 이익이 있다.
- 담배 일반소매인으로 지정되어 있는 기존업자는 <u>신규 일반 소매인 지정처분</u>을 다툴 법률상 이익이 있다.
- 담배 일반소매인으로 지정되어 있는 기존업자는 <u>신규 구내소매인 지정처분</u>을 다툴 법률상 이익이 인정되지 않는다.
- <u>석탄수급조정에 관한 임시조치법 소정의 석탄가공업에 관한 허가</u>는 사업경영의 권리를 설정하는 형성적 행정행위가 아니라 질서유지와 공공복리를 위한 금지를 해제하는 명령적 행정행위여서 그 허가를 받은 자는 영업자유를 회복하는데 불과하고 독점적 영업권을 부여받은 것이 아니기 때문에 기존허가를 받은 원고들이 신규허가로 인하여 영업상 이익이 감소된다 하더라도 이는 원고들의 반사적 이익을 침해하는 것에 지나지 아니하므로 원고들은 신규허가 처분에 대하여 행정소송을 제기할 법률상 이익이 없다.

(2) 경원자소송
- 인·허가 등 수익적 처분을 신청한 여러 사람이 <u>상호 경쟁관계에 있어</u> <u>그 처분이 타방에 대한 불허가 등으로 될 수밖에 없는 때</u>에는 수익적 처분을 받지 못한 사람도 당해 수익적 처분의 취소를 구할 수 있다.

(3) 인인소송
- 환경영향평가 대상지역 <u>내</u>의 주민 : 환경피해우려 추정 O ⇒ 원고적격 O
  대상지역 <u>밖</u>의 주민 : 환경피해우려 추정 ✕ / 스스로 피해 입증하면 원고적격 O
- <u>환경영향평가대상지역 안의 주민</u>들이 전원개발사업실시 계획승인처분의 취소를 구할 경우, 법률상 이익이 인정된다.
- <u>환경영향평가 대상지역 밖에 거주하는 주민</u>에게 헌법상의 환경권 또는 환경정책기본법에 근거하여 공유수면매립면허처분과 농지개량사업 시행인가처분의 무효확인을 구할 원고적격이 없다.
- <u>원자로 시설부지 인근 주민</u>들이 방사성물질 등에 의한 생명, 신체의 안전침해를 이유로 부지사전승인처분의 취소를 구하는 경우, 법률상 이익이 인정된다.
- 1일 50톤의 쓰레기를 소각하는 시설의 부지경계선으로 부터 <u>300미터 안의 주민</u>들이 폐기물소각시설의 입지지역을 결정,고시한 처분의 무효확인을 구하는 경우, 법률상 이익이 인정된다.
- 납골당 설치장소로부터 500m 내에 20호 이상의 인가가 밀집하는 지역에 거주하는 주민들의 경우, 납골당이 누구에 의하여 설치되는지와 관계없이 납골당 설치에 대하여 환경이익 침해 또는 침해 우려가 있는 것으로 사실상 추정되어 원고적격이 인정된다.

- 주거지역 등에의 공설화장장 설치를 금지함에 의하여 보호되는 주민들의 이익 ⇒ 법률상 이익 O
- 주거지역에 거주하는 인근주민이 연탄공장 건축허가 취소를 구하는 경우 ⇒ 법률상 이익 O
- 상수원보호구역 : 공익만을 보호 / 지역주민들은 상수원보호구역변경처분 구할 법률상 이익 ✗

- 규제권한발동에 관해 행정청의 재량을 인정하는 건축법의 규정은 행정청에 건축물의 철거 등을 명할 수 있는 권한을 부여한 것이기 때문에 행정청에 그러한 의무가 있는 것은 아니고, 따라서 국민에게 철거명령을 요구할 권리도 없다.

4) 외국인의 경우
- 출입국관리법의 해석상 외국인에게는 사증발급 거부처분의 취소를 구할 법률상 이익이 인정되지 않는다.
- 국적법상 귀화불허가처분이나 출입국관리법상 체류자격변경 불허가처분, 강제퇴거명령 등을 다투는 외국인은 대한민국에 적법하게 입국하여 상당한 기간을 체류한 사람이므로, 이미 대한민국과의 실질적 관련성 내지 대한민국에서 법적으로 보호가치 있는 이해관계를 형성한 경우이어서, 해당 처분의 취소를 구할 법률상 이익이 인정된다.
- 외국 국적의 甲이 위명(僞名)인 乙 명의의 여권으로 대한민국에 입국한 뒤 乙 명의로 난민 신청을 하였고 법무부장관이 乙 명의를 사용한 甲을 직접 면담하여 조사한 후에 甲에 대하여 난민불인정 처분을 한 경우, 甲은 난민불인정 처분의 취소를 구할 법률상 이익이 있다. [23국7]
- 대한민국에서 출생하여 오랜 기간 대한민국 국적을 보유하면서 거주한 재외동포는 사증발급 거부처분의 취소를 구할 법률상 이익이 있다. [22국9]

5) 판례상 원고적격이 인정된 경우
- 국가기관인 소방청장은 국민권익위원회를 상대로 조치요구의 취소를 구할 당사자능력이 인정되고 항고소송의 원고적격이 인정된다.
  (= 국민권익위원회가 소방청장에게 일정한 의무를 부과하는 내용의 조치요구를 한 경우 소방청장은 조치요구의 취소를 구할 당사자능력 및 원고적격이 인정되지 않는다. ✗ [22국9])
- 학교법인에 의하여 임원으로 선임된 자는 자신에 대한 관할청의 임원취임승인신청 반려처분 취소소송의 원고적격이 있다.
- 제약회사가 보건복지부 고시인 약제급여, 비급여목록 및 급여상한금액표의 취소를 구할 때
- 예탁금회원제 골프장에 가입되어 있는 기존 회원은 그 골프장 운영자가 당초 승인을 받을 때 정한 예정인원을 초과하여 회원을 모집하는 내용의 회원모집계획서에 대한 시·도지사의 검토결과통보의 취소를 구할 법률상 이익이 있다.

6) 판례상 원고적격이 부정된 경우

- 자연물인 도롱뇽 또는 그를 포함한 자연 그 자체로는 소송을 수행할 당사자능력을 인정할 수 없다.
- 재단법인 甲 수녀원이, 매립목적을 택지조성에서 조선시설용지로 변경하는 내용의 공유수면매립목적 변경 승인처분으로 인하여 법률상 보호되는 환경상 이익을 침해받았다면서 행정청을 상대로 처분의 무효 확인을 구하는 소송을 제기한 사안에서, 甲 수녀원에는 처분의 무효확인을 구할 원고적격이 없다.
- 원천납세의무자는 원천징수의무자에 대한 납세고지를 다툴 수 있는 원고적격이 없다.
- 학과에 재학 중인 대학생들이 전공이 다른 교수 임용으로 인해 학습권을 침해당하였다는 이유를 들어 교수 임용처분의 취소를 구할 때
- 개발제한구역 중 일부 취락을 개발제한구역에서 해제하는 내용의 도시관리계획 변경결정에 대하여 개발제한구역 해제 대상에서 누락된 토지의 소유자는 위 결정의 취소를 구할 법률상 이익이 없다.
- 절대보전지역 변경처분에 대해 지역주민회와 주민들이 항고소송을 제기한 경우에는 절대보전지역 유지로 지역주민회, 주민들이 가지는 주거 및 생활환경 상 이익은 지역의 경관 등이 보호됨으로 써 누리는 반사적 이익에 불과하다.(법률상 이익 ✖)
- 생태·자연도 1등급으로 지정되었던 지역을 2등급 또는 3등급으로 변경하는 내용의 환경부장관의 결정에 대해 해당 1등급 권역의 인근주민 [23국9]
- 건축물의 하자를 다투는 입주자나 입주예정자들은 사용검사처분을 취소하지 않고서도 민사소송 등을 통하여 분양계약에 따른 법률관계 및 하자 등을 주장·증명함으로써 사업주체 등으로부터 하자 제거·보완 등에 관한 권리구제를 받을 수 있다. 또한 건축물에 대한 사용검사처분이 취소된다고 하더라도 사용검사 이전의 상태로 돌아가 건축물을 사용할 수 없게 되는 것에 그칠 뿐 곧바로 건축물의 하자 상태 등이 제거되거나 보완되는 것도 아니다. 입주자나 입주예정자는 사용검사처분의 취소를 구할 법률상 이익이 없다. [23국9]

3. 협의의 소의 이익

1) 소의 이익 부정

- 행정처분의 취소를 구하는 소에서, 비록 행정처분의 위법을 이유로 취소판결을 받더라도 처분에 의하여 발생한 위법상태를 원상회복시키는 것이 불가능한 경우에는 원칙적으로 취소를 구할 법률상 이익이 없으므로, 수소법원은 소를 각하하여야 한다. [22국9]
- 처분청이 당초의 운전면허 취소처분을 철회하고 정지처분을 하였다면, 당초의 처분인 운전면허 취소처분은 철회로 인하여 그 효력이 상실되어 더 이상 존재하지 않는 것이고 그 후의 운전면허정지처분만이 남아 있는 것이라 할 것이며, 존재하지 않는 행정처분을 대상으로 한 취소소송은 소의 이익이 없어 부적법하다.

- 행정처분에 그 효력기간이 정하여져 있는 경우, 그 처분의 효력 또는 집행이 정지된 바 없다면 위 기간의 경과로 그 행정처분의 효력은 상실되므로 그 기간 경과 후에는 그 처분이 외형상 잔존함으로 인하여 어떠한 법률상 이익이 침해되고 있다고 볼 만한 별다른 사정이 없는 한 그 처분의 취소를 구할 법률상 이익이 없다. [23지7]
- 주택건설사업계획 사전결정반려 처분 취소청구소송의 계속 중 구「주택건설촉진법」의 개정으로 주택건설사업 사전결정제도가 폐지된 경우 소의 이익이 없다.
- 건축허가처분의 취소를 구하는 소를 제기하기 전에 건축공사가 완료된 경우와 소를 제기한 후 사실심변론종결일 전에 건축 공사가 완료된 경우 모두 소의 이익이 없다.
- 행정청이 영업허가신청 반려처분의 취소를 구하는 소의 계속 중 사정변경을 이유로 위 반려처분을 직권취소함과 동시에 위 신청을 재반려하는 내용의 재처분을 한 경우 당초의 반려처분의 취소를 구하는 경우 소의 이익이 없다.
- 공익근무요원 소집해제신청을 거부한 후에 원고가 계속하여 공익근무요원으로 복무함에 따라 복무기간 만료를 이유로 소집해제처분을 한 경우, 원고는 거부처분의 취소를 구할 소의 이익이 없다.
- 「건축법」상 이격거리(건축한계선)를 고려하지 않은 위법한 건축허가에 기해 이미 건축공사가 완료되고 건축물의 사용승인이 내려진 후, 일조권이 침해된 인근 주민이 건축허가 또는 사용승인의 취소를 청구하는 경우 소의 이익이 없다.
- 운전면허정지처분에 대한 취소소송 계속 중 일반 사면이 내려진 경우 소의 이익이 없다.
- 사법시험 제2차 시험 불합격처분 이후 새로 실시된 제2차 및 제3차 시험에 합격한 자는 불합격처분의 취소를 구할 소의 이익이 없다.
- 법인세 과세표준과 관련하여 과세관청이 법인의 소득처분 상대방에 대한 소득처분을 경정하면서 증액과 감액을 동시에 한 결과 전체로서 소득처분 금액이 감소된 경우
- 행정청이 공무원에 대하여 새로운 사유에 기한 직위해제처분을 한 경우, 그 이전에 한 직위해제처분은 묵시적으로 철회하였다고 봄이 상당하므로, 그 이전 처분의 취소를 구할 소의 이익이 없다. [23국7]
- 공정거래위원회가 부당한 공동행위를 한 사업자들 중 자진신고자에 대하여 구 독점규제 및 공정거래에 관한 법령에 따라 과징금 부과처분(선행처분)을 한 뒤, 다시 자진신고자에 대한 사건을 분리하여 자진신고를 이유로 과징금 감면처분(후행처분)을 한 경우라면, 선행처분의 취소를 구하는 소는 적법하지 않다.
  (= 공정거래위원회가 부당한 공동행위를 한 사업자에게 과징금 부과처분을 한 뒤 다시 자진신고 등을 이유로 과징금 감면처분을 한 경우, 선행처분은 후행처분에 흡수되어 소멸하므로 선행처분의 취소를 구하는 소는 부적법하다. [22국9])

2) 소의 이익 긍정
- 취소소송 계속 중에 처분청이 계쟁 처분을 직권으로 취소하더라도, 동일한 소송 당사자 사이에서 그 처분과 동일한 사유로 위법한 처분이 반복될 위험성이 있어 그 처분에 대한 위법성의

- 확인이 필요한 경우에는 그 처분의 취소를 구할 소의 이익이 있다. [23국가]
- 제재적 행정처분에서 정한 제재기간의 경과로 그 효과가 소멸되었으나, 시행령 또는 시행규칙으로 정한 처분기준에서 제재적 행정처분을 받은 것을 가중사유나 전제요건으로 삼아 장래의 제재적 행정처분을 하도록 정하고 있는 경우, 선행처분인 제재적 행정처분을 받은 상대방이 선행처분의 제재기간이 경과하였더라도 그 처분의 취소를 구할 법률상 이익이 존재한다.
- 부령에서 장래의 제재적 가중처분 기준을 정하고 있는 경우에는 이미 제재기간이 경과한 제재적 처분의 취소를 구할 법률상 이익이 인정된다.
- 지방의회 의원에 대한 제명의결 취소소송 계속 중 의원의 임기가 만료된 사안에서, 제명의결의 취소로 의원의 지위를 회복할 수는 없다하더라도 제명의결시부터 임기만료일까지의 기간에 대한 월정수당의 지급을 구할 수 있는 등 여전히 그 제명의결의 취소를 구할 법률상 이익이 있다. [23국9]
- 한국방송공사 사장은 해임처분 무효확인 또는 취소소송 계속 중 임기가 만료되어 해임처분의 무효확인 또는 취소로 지위를 회복할 수 없다고 할지라도, 그 무효확인 또는 취소로 해임처분일부터 임기만료일까지의 기간에 대한 보수지급을 구할 수 있는 경우에는 해임처분의 무효확인 또는 취소를 구할 법률상 이익이 있다.
- 해임처분 취소소송 계속 중 임기가 만료되어 해임처분의 취소로 지위를 회복할 수는 없다고 할지라도, 그 취소로 해임처분일부터 임기만료일까지 기간에 대한 보수 지급을 구할 수 있는 경우에는 해임처분의 취소를 구할 법률상 이익이 있으므로, 수소법원은 본안에 대하여 판단하여야 한다. [22국9]
- 파면처분 취소소송의 사실심 변론종결 전에 금고 이상의 형을 선고받아 당연퇴직된 경우에도 해당 공무원은 파면처분의 취소를 구할 이익이 있다.
- 임원취임승인의 취소처분과 임시이사선임 처분의 취소소송을 동시에 제기하여 소송 계속 중 임시이사의 임기가 만료되고 새로운 임시이사가 선임된 경우
- 도시개발사업의 공사 등이 완료되고 원상회복이 사회통념상 불가능하게 된 경우 도시개발사업의 시행에 따른 도시계획변경 결정 처분과 도시개발구역지정처분 및 도시개발사업 실시계획 인가처분의 취소를 구하는 경우
- 수형자의 영치품에 대한 사용신청 불허처분 후 수형자가 다른 교도소로 이송된 경우 그 불허처분의 취소를 구할 소의 이익이 있다.
- 현역입영대상자가 입영한 후에도 현역입영통지처분이 취소되면 원상회복이 가능하므로 이미 처분이 집행된 후라고 할지라도 현역입영통지처분의 취소를 구할 소의 이익이 있다.
- 고등학교에서 퇴학처분을 받은자는 고등학교졸업학력검정고시에 합격하였다 하더라도 퇴학처분의 취소를 구할 소의 이익이 있다.

3) 무효확인소송의 경우 (보충성 폐지)
- 무효등확인소송에서는 확인의 이익 내지 보충성이 요구되지 않는다.

- 대법원은 종래 무효확인소송에서 요구해 왔던 보충성을 더 이상 요구하지 않는 것으로 판례태도를 변경하였다.
- 행정처분의 근거 법률에 의하여 보호되는 직접적이고 구체적인 이익이 있는 경우에는 행정소송법 제35조에 규정된 '무효확인을 구할 법률상 이익'이 있다고 보아야 하고, 이와 별도로 무효확인소송의 보충성이 요구되는 것은 아니므로 행정처분의 무효를 전제로 한 이행소송 등과 같은 직접적인 구제수단이 있는지 여부를 따질 필요가 없다. [23국7]
- 무효인 과세처분에 근거하여 세금을 납부한 경우 부당이득반환청구의 소로써 직접 위법상태의 제거를 구할 수 있는지 여부와 관계없이 「행정소송법」 제35조에 규정된 '무효확인을 구할 법률상 이익'을 가진다.
- 보험료를 이미 납부한 경우에는 비록 부당이득반환청구소송과 같은 직접적인 구제수단이 있 하더라도 부당이득반환청구소송을 제기하지 않고 바로 무효확인소송을 제기할 수 있다.

4. 피고적격

> 행정소송법 제13조(피고적격) ① 취소소송은 다른 법률에 특별한 규정이 없는 한 **그 처분등을 행한 행정청**을 피고로 한다. 다만, 처분등이 있은 뒤에 그 처분등에 관계되는 권한이 다른 행정청에 승계된 때에는 이를 **승계한 행정청**을 피고로 한다.
> ② 제1항의 규정에 의한 행정청이 없게 된 때에는 그 처분등에 관한 사무가 귀속되는 국가 또는 공공단체를 피고로 한다.

1) 처분등을 행한 행정청
- 취소소송에서 피고가 될 수 있는 행정청은 대외적으로 의사를 표시할 수 있는 기관을 의미하므로 국가나 공공단체의 의사를 실질적으로 결정하는 기관이더라도 대외적 표시권한이 없다면 피고가 될 수 없다.

- 세무서는 행정조직 내에서 사무분담기구일 뿐이고 대외적으로 의사를 결정, 표시할 권한을 가진 행정청이 아니므로 피고는 행정청인 세무서장이 된다.

- 행정안전부 위임 전결규정에 따라 전자정부국장이 행한 행위에 대한 소송에서 피고적격은 처분명의인인 행정안전부장관에게 있다.
- 세무서장이 압류한 재산의 공매를 성업공사로 대행하게 한 경우 피고는 성업공사이다

2) 권한행사방식을 위반한 처분의 경우
- 판례에 따르면 내부위임에 의한 처분이 수임기관의 명의로 행해진 경우에는 수임기관이 피고가 된다.

- 상급행정청으로부터 내부위임을 받은 데 불과한 하급행정청이 권한 없이 행정처분을 한 경우에는 실제로 그 처분을 행한 하급행정청을 피고로 취소 소송을 제기해야 한다.
- 권한의 내부위임이 있는 경우 내부수임기관이 착오 등으로 원처분청의 명의가 아닌 자기명의로 처분을 하였다면, 내부수임기관이 그 처분에 대한 항고소송의 피고가 된다.

- 대리권을 수여받은 행정기관이 대리관계를 명시적으로 밝히지 않고 자신의 명의로 처분을 하였다면, 원칙적으로 처분명의자인 대리 행정기관이 피고가 된다.
  그러나 처분명의자가 피대리 행정청 산하의 행정기관으로서 실제로 피대리 행정청으로부터 대리권한을 수여받아 피대리 행정청을 대리한다는 의사로 행정처분을 하였고 처분명의자는 물론 그 상대방도 그 행정처분이 피대리 행정청을 대리하여 한 것임을 알고서 이를 받아들인 예외적인 경우에는 피대리 행정청이 피고가 되어야 한다. [22지7]

3) 특수한 경우
- 공무원에 대한 징계, 면직 기타 본인의 의사에 반하는 불이익처분에 있어서 그 처분청이 대통령인 때에는 소속장관(법무부장관 ✕)을 피고로 하여야 한다.

- 건국훈장 독립장이 수여된 망인에 대하여 사후적으로 친일행적이 확인되었다는 이유로 대통령에 의하여 망인에 대한 독립유공자서훈취소가 결정되고, 그 서훈취소에 따라 훈장 등을 환수조치 하여달라는 당시 행정안전부장관의 요청에 의하여 국가보훈처장이 망인의 유족에게 독립유공자 서훈 취소결정을 통보한 사안에서, 독립유공자서훈취소결정에 대한 취소소송에서의 피고적격이 있는 자는 대통령(국가보훈처장 ✕)이다.

- 초등학교의 공용폐지를 내용으로 하는 조례를 대상으로 관할 법원에 취소소송을 제기하였다면, 피고는 교육감(조례안을 의결한 지방의회 ✕)가 되어야 한다.

- 중앙노동위원회의 재심판정에 대한 취소소송에 있어서 그 피고는 중앙노동위원회장(중앙노동위원회 ✕)가 되어야 한다. (노동위원회법 제27조)
  (=합의제행정청의 처분에 대하여는 합의제행정청이 피고가 되므로 부당노동행위에 대한 구제명령 등 중앙노동위원회의 처분에 대한 소송에서는 중앙노동위원회가 피고가 된다. ✕)

5. 피고경정
- 항고소송에서 원고가 피고를 잘못 지정하였다면 법원은 석명권을 행사하여 피고를 경정하게 하여 소송을 진행하여야 한다.
  (취소소송에서 원고가 처분청 아닌 행정관청을 피고로 잘못 지정한 경우, 법원은 석명권의 행사 없이 소송요건의 불비를 이유로 소를 각하할 수 있다. ✕)

- 법원이 소의 종류의 변경을 허가함으로써 피고를 달리하게 될 때에는 새로이 피고가 될 자의 의견을 반드시 들어야 한다.

- 소의 종류의 변경에 따른 피고의 변경은 교환적 변경에 한한다고 봄이 상당하므로 예비적 청구만이 있는 피고의 추가경정신청은 예외적 규정이 있는 경우를 제외하고는 원칙적으로 허용되지 않는다.

6. 소송참가, 재심
1) 제3자의 소송참가, 재심
- 처분등을 취소하는 확정판결은 제3자에 대하여도 효력이 있다. [23지9]
- 「행정소송법」상 취소소송의 결과에 대하여 이해관계 있는 제3자는 취소소송에 참가할 수 있으나, 그 소송에 참가하지 못한 것이 자신에게 책임없는 사유인 경우에는 그 확정판결에 대하여 재심을 청구할 수 있다.

- 특정소송사건에서 당사자 일방을 보조하기 위하여 보조참가를 하려면 당해 소송의 결과에 대하여 법률상의 이해관계가 있을 것이 요구된다.
  (당해 소송의 결과에 대하여 사실상, 경제상 또는 감정상 이해관계가 있으면 충분하며 법률상의 이해관계가 요구되는 것은 아니다. ✘)

- 행정청의 소송참가는 처분의 효력 유무가 민사소송의 선결문제가 되어 당해 민사소송의 수소법원이 이를 심리·판단하는 경우에도 허용된다(행정소송법 제11조 제1항, 제17조).

- 「행정소송법」상 제3자 소송참가의 경우 참가인이 상소를 하였다면 소송당사자 본인인 피참가인은 참가인의 의사에 반하여 상소취하나 상소포기를 할 수 없다.

- 소송참가 할 수 있는 제3자가(행정청이 ✘) 자기에게 책임 없는 사유로 소송에 참가하지 못함으로써 판결의 결과에 영향을 미칠 공격방어방법을 제출하지 못한 때에는 이를 이유로 확정된 종국판결에 대하여 재심을 청구할 수 있다. (31조)

2) 행정청의 소송참가
- 법원은 다른 행정청을 취소소송에 참가시킬 필요가 있다고 인정할 때에는 당사자 또는 당해 행정청의 신청 또는 직권에 의하여 결정으로써 그 행정청을 소송에 참가시킬 수 있다. (17조 1항)

7. 행정심판전치주의
- 행정심판절차에서 주장하지 아니한 사항에 대해서도 원고는 취소소송에서 주장할 수 있다.
  (원고가 전심절차에서 주장하지 아니한 처분의 위법사유를 소송절차에서 새로이 주장한 경우 다시 그 처분에 대하여 별

도의 전심절차를 거쳐야 한다 ✘)

1) (원칙) 임의적 전치주의
- 취소소송은 법령의 규정에 의하여 당해 처분에 대한 행정심판을 제기할 수 있는 경우에도 이를 거치지 아니하고 제기할 수 있다. 다만, 다른 법률에 당해처분에 대한 행정심판의 재결을 거치지 아니하면 취소소송을 제기할 수 없다는 규정이 있는 때에는 그러하지 아니하다.

2) (예외적) 필수적 전치주의
- 필요적 행정심판전치주의가 적용되는 경우 그 요건을 구비하였는지 여부는 <u>법원의 직권조사사항</u>이다.
- 필요적 행정심판전치주의가 적용되는 경우 행정심판전치 요건은 <u>사실심변론종결시까지 충족</u>하면 된다.
- <u>「도로교통법」</u>에 따른 처분에 대해서는 행정심판의 재결을 거치지 아니하면 취소소송을 제기할 수 없다.
- <u>공무원</u>은 징계처분에 대하여 소청심사위원회의 심사·결정을 거치지 아니하고는 행정소송을 바로 제기할 수 없다.
- 징계처분을 받은 별정직공무원이 이에 불복하여 행정소송을 제기하고자 하는 경우에는 「소원법」의 규정에 따라(국가공무원법상의 소청절차 ✘) 소원을 제기하여야 한다.

> ※ 필요적 전치절차로 규정하고 있음에도 불구하고 행정심판을 제기하지 않고 행정소송 제기할 수 있는 경우
> 1. <u>동종사건에 관하여 이미 행정심판의 기각재결이 있은 때</u>
> 2. 서로 내용상 관련되는 처분 또는 같은 목적을 위하여 단계적으로 진행되는 처분중 어느 하나가 이미 행정심판의 재결을 거친 때
> 3. 행정청이 사실심의 변론종결후 소송의 대상인 처분을 변경하여 당해 변경된 처분에 관하여 소를 제기하는 때
> 4. 처분을 행한 행정청이 행정심판을 거칠 필요가 없다고 잘못 알린 때
>
> ※ 행정심판을 제기하되 재결을 받지 않고 행정소송 제기할 수 있는 경우
> 1. 행정심판청구가 있은 날로부터 60일이 지나도 재결이 없는 때
> 2. <u>처분의 집행 또는 절차의 속행으로 생길 중대한 손해를 예방하여야 할 긴급한 필요가 있는 때</u>
> 3. <u>법령의 규정에 의한 행정심판기관이 의결 또는 재결을 하지 못할 사유가 있는 때</u>
> 4. <u>그 밖의 정당한 사유가 있는 때</u>

8. 항고소송의 제소기간

1) 일반론
- 제소기간의 도과 여부는 법원의 직권조사사항이다.
- 행정처분이 있은 날이란 상대방이 있는 행정처분의 경우는 특별한 규정이 없는 한 의사표시의 일반적 법리에 따라 그 행정처분이 상대방에게 고지되어 효력이 발생한 날을 말한다.
- 처분이 있음을 안 날이란 통지, 공고 기타의 방법에 의하여 당해 처분이 있었다는 사실을 현실적으로 안 날을 의미하고 구체적으로 그 행정처분의 위법 여부를 판단한 날을 가리키는 것은 아니다.
- 처분이 있음을 안 날이라 함은 처분에 관한 서류가 당사자의 주소에 송달되는 등 사회통념상 처분이 있음을 당사자가 알 수 있는 상태에 놓인 때에는 반증이 없는 한 그 처분이 있음을 알았다고 추정할 수 있다.
- 처분이 있음을 안 날 기준과 처분이 있은 날 기준 둘 중 하나라도 경과하면 제소기간이 종료된다.
  (처분이 있음을 안 날 기준과 처분이 있은 날 기준이 모두 경과하여야 제소기간이 종료된다. ✗)
- 청구취지를 변경하여 종전의 소가 취하되고 새로운 소가 제기된 것으로 변경되었다면 새로운 소에 대한 제소기간 준수여부는 원칙적으로 소의 변경이 있은 때를 기준으로 한다.
- 어느 하나의 처분의 취소를 구하는 소에 당해 처분과 관련되는 처분의 취소를 구하는 청구를 추가적으로 병합한 경우, 추가적으로 병합된 소의 소제기 기간의 준수 여부는 그 청구취지의 추가신청이 있은 때를 기준으로 한다. [22지7]

2) 처분의 제3자가 제기하는 경우
- 제3자가 어떠한 방법에 의하든지 행정처분이 있었음을 안 경우에는 안날로부터 90일 이내 행정심판이나 행정소송을 제기해야 한다.
- 행정처분의 직접상대방이 아닌 제3자는 「행정심판법」제27조 제3항 소정의 심판청구의 제척기간 내에 처분이 있었음을 알았다는 특별한 사정이 없는 한 그 제척기간의 적용을 배제할 같은 조항 단서 소정의 정당한 사유가 있는 때에 해당한다.

3) 감액처분의 경우
- 「산업재해보상보험법」상 보험급여의 부당이득 징수결정의 하자를 이유로 징수금을 감액하는 경우 감액처분으로도 아직 취소되지 않고 남아 있는 부분이 위법하다 하여 다툴 때에는, 제소기간의 준수 여부는 당초처분(감액처분 ✗)을 기준으로 판단해야 한다.

4) 행정심판을 거친 경우

- 행정처분이 있음을 안 날부터 90일을 넘겨 행정심판을 청구하였다가 각하재결을 받은 후 그 재결서를 송달받은 날부터 90일 내에 원래의 처분에 대하여 취소소송을 제기한 경우, 취소소송의 제소기간을 준수한 것으로 볼 수 없다.
- 이미 제소기간이 지남으로써 불가쟁력이 발생하여 불복청구를 할 수 없었던 경우라면 그 이후에 행정청이 행정심판청구를 할 수 있다고 잘못 알렸다고 하더라도 그 때문에 처분 상대방이 적법한 제소기간 내에 취소소송을 제기할 수 있는 기회를 상실하게 된 것은 아니므로 이러한 경우에 잘못된 안내에 따라 청구된 행정심판 재결서 정본을 송달받은 날부터 다시 취소소송의 제소기간이 기산되는 것은 아니다. 불가쟁력이 발생하여 더 이상 불복청구를 할 수 없는 처분에 대하여 행정청의 잘못된 안내가 있었다고 하여 처분 상대방의 불복청구 권리가 새로이 생겨나거나 부활한다고 볼 수는 없기 때문이다. (2011두27247)
  (처분의 불가쟁력이 발생하였고 그 이후에 행정청이 당해 처분에 대해 행정심판청구를 할 수 있다고 잘못 알렸다면, 그 처분의 취소소송의 제소기간은 행정심판의 재결서를 받은 날부터 기산한다. ✘)
- 개별공시지가의 결정에 이의가 있는 자가 행정심판을 거쳐 취소소송을 제기하는 경우 취소소송의 제소기간은 그 행정심판 재결서 정본을 송달받은 날부터 또는 재결이 있은 날부터 기산한다.
- 甲이 2022. 1. 5. 영업정지처분을 통지받았고, 행정심판을 제기하여 2022. 3. 29. 1월의 영업정지처분으로 변경하는 재결이 있었고 그 재결서 정본을 2022. 4. 2. 송달받은 경우 취소소송의 기산점은 2022. 4. 2. (1.5. ✘)이다. [22지9]
- 납세자의 이의신청에 의한 재조사결정에 따른 행정소송의 제소기간은 이의신청인 등이 재결청으로부터 후속처분의 통지를 받은 날(재조사결정의 통지를 받은 날 ✘)부터 기산한다.

5) 일반처분의 경우

- 구 청소년보호법에 따른 청소년유해매체물 결정 및 고시처분은 당해 유해매체물의 소유자 등 특정인만을 대상으로 한 행정처분이 아니라 일반 불특정 다수인을 상대방으로 하여 일률적으로 표시의무, 포장의무, 청소년에 대한 판매·대여 등의 금지의무 등 각종 의무를 발생시키는 행정처분으로서, 정보통신윤리위원회가 특정 인터넷 웹사이트를 청소년유해매체물로 결정하고 청소년보호위원회가 효력발생시기를 명시하여 고시함으로써 그 명시된 시점에 효력이 발생하였다고 봄이 상당하고, 정보통신윤리위원회와 청소년보호위원회가 위 처분이 있었음을 위 웹사이트 운영자에게 제대로 통지하지 아니하였다고 하여 그 효력 자체가 발생하지 아니한 것으로 볼 수는 없다.
- 통상 고시 또는 공고에 의하여 행정처분을 하는 경우에는 그 처분의 상대방이 불특정 다수인이고 그 처분의 효력이 불특정 다수인에게 일률적으로 적용되는 것이므로, 그 행정처분에 이해관계를 갖는 자가 고시 또는 공고가 있었다는 사실을 현실적으로 알았는지 여부에 관계없이 고시가 효력을 발생하는 날 행정처분이 있음을 알았다고 보아야 한다

- 고시에 의한 행정처분의 상대방이 불특정 다수인인 경우, 그 행정처분에 이해관계를 갖는 자는 고시가 있었다는 사실을 현실적으로 알았는지 여부에 관계없이 고시가 효력을 발생하는 날부터 90일 이내에 취소소송을 제기하여야 한다.

6) 무효확인소송의 경우
- 무효확인소송에는 제소기간이 적용되지 않는다.
- 무효의 하자가 있는 처분에 대해 <u>취소소송을 제기하는 경우에는</u> 취소소송의 제소기간을 준수하여야 한다.
  (「부가가치세법」상 과세처분의 무효선언을 구하는 의미에서 그 취소를 구하는 소송은 전심절차를 거칠 필요가 없다 ✗)

7) 부작위위법확인소송의 경우
- 부작위위법확인소송에는 제소기간 규정이 적용된다.
- 부작위위법확인소송은 원칙적으로 제소기간의 제한을 받지 않지만, 행정심판을 거친 경우에는 「행정소송법」 제20조가 정한 제소기간 내에 부작위위법확인의 소를 제기하여야 한다. [22국7]
  [23국7]
- 행정청의 <u>부작위</u>에 대하여 <u>행정심판을 거치지 않고</u> <u>부작위위법확인소송을 제기하는 경우에는</u> <u>제소기간의 제한을 받지 않는다.</u>

9. 소의 변경

1) 소 종류의 변경

> **행정소송법 제21조(소의 변경)** ① 법원은 취소소송을 당해 처분등에 관계되는 사무가 귀속하는 국가 또는 공공단체에 대한 당사자소송 또는 취소소송외의 항고소송으로 변경하는 것이 상당하다고 인정할 때에는 청구의 기초에 변경이 없는 한 **사실심의 변론종결시까지 원고의 신청**에 의하여 결정으로써 소의 변경을 허가할 수 있다.
> ② 제1항의 규정에 의한 허가를 하는 경우 피고를 달리하게 될 때에는 법원은 새로이 피고로 될 자의 의견을 들어야 한다.
> ③ 제1항의 규정에 의한 허가결정에 대하여는 즉시항고할 수 있다.
> ④ 제1항의 규정에 의한 허가결정에 대하여는 제14조제2항·제4항 및 제5항의 규정을 준용한다.

- 소의 종류의 변경은 소송경제 및 권리보호의 관점에서 인정된다.
- **요 건**: ① <u>취소소송이 계속되고 있을 것</u>, ② <u>사실심변론종결시까지 원고의 신청이 있을 것</u>(1심 법원의 판결시까지 원고의 신청이 있을 것 ✗) (법원이 직권으로 소를 변경할 수 있다. ✗), ③ <u>청구의 기초에 변경이 없을 것</u>, ④ 법원이 상당하다고 인정하여 허가결정을 할 것
- 취소소송과 <u>취소소송 외의 항고소송 간의 소의 변경은 물론</u>, <u>취소소송과 당사자소송 간의 변</u>

- 경도 가능하다.
- 소의 변경은 당사자소송을 항고소송으로 변경하는 경우에도 인정된다.

- 동일한 행정처분에 대하여 무효확인소송을 제기하였다가 그 후 그 처분에 대한 취소소송을 추가적으로 병합한 경우, 무효확인소송이 취소소송의 제소기간 내에 제기되었다면 제소기간 도과 후 병합된 취소소송도 적법하게 제기된 것으로 볼 수 있다.
- 행정처분의 무효확인을 구하는 청구에는 특별한 사정이 없는 한 그 처분의 취소를 구하는 취지까지도 포함되어 있다고 볼 수 있다.

2) 처분변경으로 인한 소의 변경

> 행정소송법 제22조(처분변경으로 인한 소의 변경) ① 법원은 행정청이 소송의 대상인 처분을 소가 제기된 후 변경한 때에는 원고의 신청에 의하여 결정으로써 청구의 취지 또는 원인의 변경을 허가할 수 있다.
> ② 제1항의 규정에 의한 신청은 처분의 변경이 있음을 안 날로부터 60일 이내에 하여야 한다.
> ③ 제1항의 규정에 의하여 변경되는 청구는 제18조제1항 단서의 규정에 의한 요건을 갖춘 것으로 본다.

10. 관 할

1) 피고 소재지 관할 행정법원
- 취소소송의 제1심관할법원은 피고의 소재지를 관할하는 행정법원으로 한다.
- 서울지방국토관리청의 그 효력을 제한한 사용허가로 인하여 사용허가의 일부거부를 취소하는 소송을 제기할 때 그 소송의 제1심 관할법원은 피고의 소재지를 관할하는 행정법원이다.
  (해당 행정재산의 소재지를 관할하는 행정법원 ✗)
- 「식품위생법」에 따른 서울특별시 서초구청장의 음식점영업허가취소처분에 대한 취소소송은 서울행정법원에 제기한다.

2) 대법원 소재지 행정법원(=서울행정법원)에도 추가로 제기할 수 있는 경우
- ① 중앙행정기관, 중앙행정기관의 부속기관과 합의제행정기관 또는 그 장, ② 국가의 사무를 위임 또는 위탁받은 공공단체 또는 그 장을 피고로 하여 취소소송을 제기하는 경우에는 대법원 소재지를 관할하는 행정법원에 제기할 수 있다.
- 세종특별자치시에 위치한 해양수산부의 장관이 한 처분에 대한 취소소송은 서울행정법원에 제기할 수 있다.
- 경상북도 김천시에 위치한 한국도로공사가 국토교통부장관의 국가사무의 위임을 받아 한 처분에 대한 취소소송은 서울행정법원에 제기할 수 있다.

3) 부동산 소재지 행정법원에도 제기할 수 있는 경우
- 경기도토지수용위원회가 <u>수원시 소재 부동산을 수용</u>하는 재결처분을 한 경우 이에 대한 취소소송은 <u>수원지방법원본원에 제기할 수 있다.</u>

4) 당사자소송의 경우
- 국가 또는 공공단체가 <u>당사자소송의 피고</u>인 경우에는 <u>관계행정청의 소재지를 피고의 소재지</u>로 본다.

5) 관할 위반의 경우
- 당사자소송으로 서울행정법원에 제기할 것을 민사소송으로 지방법원에 제기하여 판결이 내려진 경우, 그 판결은 관할위반에 해당한다. [23국9]

- 원고가 고의 또는 중대한 과실 없이 행정소송으로 제기하여야 할 사건을 민사소송으로 잘못 제기한 경우 수소법원으로서는 만약 그 행정소송에 대한 관할도 동시에 가지고 있는 경우라면, 행정소송으로서의 전심절차 및 제소기간을 도과하였거나 행정소송의 대상이 되는 처분 등이 존재하지도 아니한 상태에 있는 등 행정소송으로서의 소송요건을 결하고 있음이 명백하여 행정소송으로 제기되었더라도 어차피 부적법하게 되는 경우가 아닌 이상, 원고로 하여금 항고소송으로 소 변경을 하도록 하여 그 1심법원으로 심리·판단하여야 한다.
(당해 소송이 행정소송으로서의 제소기간을 도과한 것이 명백하더라도 관할법원에 이송하여야 한다. ✕) [22지7]

- 민사소송인 소가 서울행정법원에 제기되었는데도 피고가 제1심법원에서 관할위반이라고 항변하지 않고 본안에서 변론을 한 경우에는 제1심법원에 변론관할이 생긴다. [23국9]

11. 가구제수단 - 집행정지, 가처분

1) 집행부정지의 원칙
- 무효확인소송의 제기는 처분의 효력이나 그 집행 또는 절차의 속행에 영향을 주지 아니한다.

2) 집행정지
- 집행정지결정은 당사자의 <u>신청 또는 직권</u>에 의한다.

- 처분의 효력정지결정을 하려면 그 효력정지를 구하는 당해 행정처분에 대한 <u>본안소송이 법원에 제기되어 계속중임을 요건</u>으로 한다.

- 취소소송을 제기하면서 집행정지신청을 한 경우 법원이 집행정지결정을 하는 데 있어 본안청구의 적법 여부도 집행정지의 요건에 포함된다. (포함되지 않는다 ✕) [22지9]

- 「행정소송법」 제23조 제2항 소정의 행정처분 등의 효력이나 집행을 정지하기 위한 요건으로서

의 '회복하기 어려운 손해'라 함은 특별한 사정이 없는 한 금전보상이 불가능한 경우, 그 밖에 금전보상으로는 사회 관념상 행정처분을 받은 당사자가 참고 견딜 수 없거나 또는 참고 견디기가 현저히 곤란한 경우의 유형, 무형의 손해를 일컫는다. (금전적 보상을 과도하게 요하는 경우는 포함되지 않음 // 중대한 손해 ✗)
- 처분의 효력정지는 처분의 집행 또는 절차의 속행을 정지함으로써 목적을 달성할 수 있는 경우에는 허용되지 아니한다.
- 집행정지의 요건으로 규정하고 있는 '공공복리에 중대한 영향을 미칠 우려'가 없을 것이라고 할 때의 '공공복리'는 그 처분의 집행과 관련된 구체적이고도 개별적인 공익을 말하는 것으로서 이러한 집행정지의 소극적 요건에 대한 주장·소명책임은 행정청에게 있다. [23국9]
- 행정처분의 집행정지를 구하는 신청사건에서는 행정처분 자체의 적법 여부는 원칙적으로 판단의 대상이 아니나, 집행정지사건 자체에 의하여도 신청인의 본안청구가 이유 없음이 명백할 때에는 행정처분의 집행정지를 명할 수 없다. [23지7]
- 거부처분에 대해서는 집행정지가 인정되지 않는다. [23국9]
- 신청에 대한 거부처분의 효력을 정지하더라도 거부처분이 있기 전의 신청 시 상태로 되돌아가는 데에 불과하므로, 신청인에게는 거부처분에 대한 효력정지를 구할 이익이 없다.
- 집행정지의 결정을 신청함에 있어서는 그 이유에 대한 소명을 필요로 한다. (23조 4항)
  (반드시 필요로 하는 것은 아니므로 정당한 사유 등 특별한 사정이 있다면 재판부는 그 소명 없이 직권으로 집행정지에 대한 결정을 하여야 한다. ✗)
- 무효등확인소송에서는 집행정지가 준용되고 「민사집행법」의 가처분은 적용되지 않는다.
- 집행정지결정은 부작위위법확인소송에 준용되지 않는다.
- 보조금 교부결정 취소처분에 대하여 법원이 효력정지결정을 하면서 주문에서 그 법원에 계속 중인 본안소송의 판결 선고 시까지 처분의 효력을 정지한다고 선언하였을 경우, 본안소송의 판결 선고에 의하여 정지결정의 효력은 소멸하고 이와 동시에 당초의 보조금 교부결정 취소처분의 효력이 당연히 되살아난다.
- 일정한 납부기한을 정한 과징금부과처분에 대하여 집행정지결정이 내려졌다면 과징금부과처분에서 정한 과징금의 납부기간은 더 이상 진행되지 아니하고 집행정지결정의 주문에 표시된 종기의 도래로 인하여 집행정지가 실효된 때부터 다시 진행된다. [22지7]
- 집행정지의 결정이 확정된 후 집행정지가 공공복리에 중대한 영향을 미치거나 그 정지사유가 없어진 때에는 당사자의 신청 또는 직권에 의하여 결정으로써 집행정지의 결정을 취소할 수 있다. (24조 1항)
- 집행정지의 결정에 대하여는 즉시항고할 수 있으며, 이 경우 집행정지의 결정에 대한 즉시항고에는 결정의 집행을 정지하는 효력이 없다. (23조 5항)

- 집행정지결정은 기속력이 인정된다. (23조 6항)

- 甲에 대한 건축허가에 의해 법률상 이익을 침해받은 인근주민 乙이 취소소송을 제기한 경우 乙은 소송당사자로서 행정소송법 소정의 요건을 충족하는 한 그가 다투는 행정처분의 집행정지를 신청할 수 있다.

3) 가처분
- 행정소송법은 가처분에 관한 규정을 두고 있지 않다.
- 취소소송을 제기한 경우 법원은 당사자의 신청이나 직권으로 「민사집행법」상 가처분을 내릴 수 없다.

12. 항고소송의 심리

1) 직권심리
- 법원은 필요하다고 인정할 때에는 직권으로 증거조사를 할 수 있고, 당사자가 주장하지 아니한 사실에 대하여도 판단할 수 있다. [23지9]

2) 소송요건은 직권조사사항
- 취소소송에서 쟁송의 대상이 되는 행정처분의 존부는 소송요건으로서 법원의 직권조사사항이고 자백의 대상이 될 수 없다. [23국7]
  (행정소송에서 쟁송의 대상이 되는 행정처분의 존부는 자백의 대상이므로 그 존재를 당사자들이 다투지 아니하는 경우, 의심이 있어도 그 존부에 대해 법원이 직권으로 조사할 권한이 없다. ✕)

3) 처분의 위법성은 본안판단사항
- 처분청의 처분권한 유무는 본안판단 요건에 해당할뿐, 소송요건이 아니므로 직권조사사항이 아니다.
- 어떠한 처분에 법령상 근거가 있는지, 행정절차법에서 정한 처분절차를 준수하였는지는 본안에서 당해 처분이 적법한가를 판단하는 단계에서 고려할 요소이지, 소송요건 심사단계에서 고려할 요소가 아니다. [23국9]
- 행정처분의 이유로 제시한 수개의 처분 사유 중 일부가 위법하더라도, 다른 처분사유로써 그 처분의 정당성이 인정된다면 그 처분은 위법하지 않다.
- 행정청이 문서에 의하여 처분을 한 경우 그 처분서의 문언이 불분명하다는 등의 특별한 사정이 없는 한, 그 문언에 따라 어떤 처분을 하였는지 여부를 확정하여야 할 것이고, 처분서의 문언만으로도 행정청이 어떤 처분을 하였는지가 분명함에도 불구하고 처분경위나 처분 이후의 상대방의 태도 등 다른 사정을 고려하여 처분서의 문언과는 달리 다른 처분까지 포함되어 있는 것으로 확대해석하여서는 아니 된다.

4) 행정심판기록의 제출명령

- 법원은 당사자의 신청이 있는 때에는 결정으로써 재결을 행한 행정청에 대하여 행정심판에 관한 기록의 제출을 명할 수 있고, 제출명령을 받은 행정청은 지체없이 당해 행정심판에 관한 기록을 법원에 제출하여야 한다. [23지9]

13. 처분의 위법성 판단시점

- 행정소송에서 행정처분의 위법여부는 <u>행정처분이 있을때의 법령과 사실상태를 기준으로 판단</u>하여야 하고, 처분 후 법령의 개폐나 사실상태의 변동에 의하여 영향을 받지 않는다.
- 부당해고 구제신청에 관한 중앙노동위원회의 결정에 대하여 취소소송을 제기하는 경우, 법원은 중앙노동위원회의 결정 후에 생긴 사유를 들어 그 결정의 적법 여부를 판단할 수 없다. [23국7]

- 항고소송에 있어서 행정처분의 위법 여부를 판단하는 기준 시점에 대하여 판결시가 아니라 <u>처분시</u>라고 하는 의미는 행정처분이 있을 때의 법령과 사실상태를 기준으로 하여 위법 여부를 판단할 것이며 <u>처분 후 법령의 개폐나 사실상태의 변동에 영향을 받지 않는다는 뜻이고</u> 처분 당시 존재하였던 자료나 행정청에 제출되었던 자료만으로 위법 여부를 판단한다는 의미는 아니므로, 처분 당시의 사실상태 등에 대한 입증은 사실심 변론종결 당시까지 할 수 있고, <u>법원은 행정처분 당시 행정청이 알고 있었던 자료뿐만 아니라 사실심 변론종결 당시까지 제출된 모든 자료를 종합하여 처분 당시 존재하였던 객관적 사실을 확정하고 그 사실에 기초하여 처분의 위법 여부를 판단할 수 있다.</u> [23지9]

- 과세처분취소소송의 소송물은 과세관청이 결정한 세액의 객관적 존부이므로, 과세관청으로서는 소송 도중 사실심 변론종결시까지 당해 처분에서 인정한 과세표준 또는 세액의 정당성을 뒷받침할 수 있는 새로운 자료를 제출하거나 처분의 동일성이 유지되는 범위 내에서 그 사유를 교환·변경할 수 있는 것이고, <u>반드시 처분 당시의 자료만에 의하여 처분의 적법 여부를 판단하여야 하거나 처분 당시의 처분사유만을 주장할 수 있는 것은 아니다.</u>

- 법령위반 행위가 2022년 3월 23일 있은 후 법령이 개정되어 그 위반행위에 대한 제재처분 기준이 감경된 경우, 특별한 규정이 없다면 해당 제재처분에 대해서는 개정된 법령을 적용한다. [22국7]

> **행정기본법 제14조(법 적용의 기준)** ③ 법령등을 위반한 행위의 성립과 이에 대한 제재처분은 법령등에 특별한 규정이 있는 경우를 제외하고는 법령등을 위반한 행위 당시의 법령등에 따른다. 다만, 법령등을 위반한 행위 후 법령등의 변경에 의하여 그 행위가 법령등을 위반한 행위에 해당하지 아니하거나 제재처분 기준이 가벼워진 경우로서 해당 법령등에 특별한 규정이 없는 경우에는 변경된 법령등을 적용한다.

14. 처분사유의 추가 · 변경

- 처분사유의 추가 · 변경은 실체법상의 적법성을 확보하기 위한 것이고 처분이유의 사후제시는 절차적 위법성을 치유하는 것이다.
  (처분사유의 추가 · 변경이 절차적 위법성을 치유하는 것인데 반해, 처분이유의 사후제시는 처분의 실체법상의 적법성을 확보하기 위한 것이다. ✘)

1) 처분사유의 추가 · 변경의 허용여부
- 처분청은 원고의 권리방어가 침해되지 않는 한도 내에서 당해 취소소송의 <u>사실심 변론종결시까지</u>(대법원 확정판결이 있기 전까지 ✘) 처분사유의 추가, 변경을 할 수 있다.
- 처분사유의 추가 · 변경은 소송물이 변경되지 않는 범위내에서만 가능하다.
- 처분사유의 추가 · 변경이 인정되기 위한 요건으로서의 <u>기본적 사실관계의 동일성</u> 유무는 처분사유를 법률적으로 평가하기 이전의 구체적인 사실에 착안하여 <u>그 기초적인 사회적 사실관계가 기본적인 점에서 동일한지 여부</u>에 따라 결정된다.
- 이는 기속행위이든 재량행위이든 마찬가지이다.
- <mark>추가 또는 변경된 사유가 당초의 처분 시 그 사유를 명기하지 않았을 뿐 처분 시에 이미 존재하고 있었고 당사자도 그 사실을 알고 있었다면 당초의 처분사유와 동일성이 인정된다. ✘</mark>
- 법원이 어느 하나의 사유에 의한 과징금부과처분에 대하여 그 사유와 기본적 사실관계의 동일성이 인정되지 아니하는 다른 처분사유가 존재한다는 이유로 적법하다고 판단하는 것은 특별한 사정이 없는 한 직권심사주의의 한계를 넘는 것이다. [22자기]
- 위법판단의 기준시점을 처분 시로 볼 경우, <u>처분 이후에 발생한 새로운 사실적 · 법적 사유를 추가 · 변경하고자 하는 것은 허용될 수 없고</u> 이러한 경우에는 <u>계쟁처분을 직권취소하고 이를 대체하는 새로운 처분을 할 수 있다.</u>

2) 처분사유의 추가 · 변경이 허용되는 경우
- 처분청이 처분 당시에 적시한 <u>구체적 사실을 변경 하지 아니하는 범위 내에서 단지 처분의 근거법령 만을 추가 · 변경하는 것은 새로운 처분사유의 추가라고 볼 수 없다.</u>
  (= 처분청이 처분 당시 적시한 구체적 사실을 변경하지 아니하는 범위 내에서 단지 처분의 근거 법령만을 추가 · 변경하는 경우에 법원은 처분청이 처분 당시 적시한 구체적 사실에 대하여 처분 후 추가 · 변경한 법령을 적용하여 처분의 적법여부를 판단할 수 있다.)
- 주택신축을 위한 산림형질변경허가신청에 대한 거부처분의 근거로 제시된 ① 준농림지역에서의 행위제한이라는 사유와 나중에 거부처분의 근거로 추가한 ② 자연경관 및 생태계의 교란 · 국토 및 자연의 유지와 환경보전 등 중대한 공익상의 필요라는 사유는 기본적 사실관계의 동일성이 인정된다.

3) 처분사유의 추가·변경이 허용되지 않는 경우

- 군사시설보호구역 밖의 토지에 주유소를 설치·경영하도록 하기 위한 석유판매업 허가를 함에 있어서 ① 관할 부대장의 동의를 얻어야 할 법령상의 근거가 없음에도 그 동의가 없다는 이유로 한 불허가처분에 대한 소송에서, ② 당해 토지가 탄약창에 근접한 지점에 위치하고 있다는 사실을 불허가사유로 추가하는 것은 허용되지 않는다.
- A시 시장은 식품접객업주 甲에게 ① 청소년고용금지업소에 청소년을 고용하였다는 사유로 식품위생법령에 근거하여 영업정지 2개월 처분에 갈음하는 과징금부과처분을 하였다가 취소소송 계속 중에 ② 甲이 유통기한이 경과한 식품을 판매한 사실을 처분사유로 추가·변경할 수 없다. [22국9]
- 甲에게 관할 시장이 ① '甲의 건축물은 건축허가를 받지 않은 건축물'이라는 이유로 원상복구명령 및 계고처분을 하였다가 이에 대한 취소소송에서 ② '甲의 건축물은 신고를 하지 않은 가설건축물'이라는 처분사유를 추가한 경우, 이는 위반행위의 내용이 다르고 위법상태를 해소하기 위하여 거쳐야 하는 절차, 건축기준 및 허용가능성이 달라지므로 그 기초인 사회적 사실관계가 동일하다고 볼 수 없어 처분사유의 추가·변경이 허용되지 않는다. [23국7]

15. 관련청구소송의 이송 및 병합

> **행정소송법 제10조(관련청구소송의 이송 및 병합)** ① 취소소송과 다음 각호의 1에 해당하는 소송(이하 "관련청구소송"이라 한다)이 각각 다른 법원에 계속되고 있는 경우에 관련청구소송이 계속된 법원이 상당하다고 인정하는 때에는 당사자의 신청 또는 직권에 의하여 이를 취소소송이 계속된 법원으로 이송할 수 있다.
> 1. 당해 처분등과 관련되는 손해배상·부당이득반환·원상회복등 청구소송
> 2. 당해 처분등과 관련되는 취소소송
> ② 취소소송에는 사실심의 변론종결시까지 관련청구소송을 병합하거나 피고외의 자를 상대로 한 관련청구소송을 취소소송이 계속된 법원에 병합하여 제기할 수 있다.

- 취소소송에 병합할 수 있는 당해 처분과 관련된 부당이득반환소송은 당해 처분의 취소를 선결문제로 하는 부당이득반환청구가 포함된다.
- 원고는 취소소송이 계속된 법원에 당해 행정청에 대한 손해배상청구 등을 병합하여 제기할 수 있다.
  (병합하여 제기할 수 없으므로, 손해배상 청구를 담당하는 민사법원의 판결이 먼저 내려진 경우라 할지라도 이 판결의 내용은 취소소송에 영향을 미치지 아니한다. ✕)
- 甲이 취소소송과 부당이득반환청구소송을 병합하여 제기한 경우 법원은 그 소송절차에서 판결에 의해 당해 처분이 취소되면 충분하고 그 처분의 취소가 확정되어야 하는 것은 아니다.
  (보험료부과처분의 취소가 확정되지 않은 이상, 그 효력을 부정할 수 없으므로 甲의 부당이득반환청구를 인용할 수 없게 된다. ✕)

(= 처분에 대한 취소소송에 당해 처분의 취소를 선결문제로 하는 부당이득반환청구가 병합된 경우, 부당이득반환청구가 인용되기 위해서는 당해 처분이 그 소송절차에서 판결에 의해 취소되면 충분하고 당해 처분의 취소가 확정되어야 하는 것은 아니다. [22지7]

- 행정처분에 대한 무효확인과 취소청구는 서로 양립할 수 없는 청구로서 주위적, 예비적 청구로서만 병합이 가능하고 선택적 청구로서의 병합은 허용되지 않는다

16. 입증책임

- 「민사소송법」규정이 준용되는 행정소송에서 증명책임은 원칙적으로 민사소송 일반원칙에 따라 당사자 사이에 분배되고, 항고소송의 경우에는 그 특성에 따라 처분의 적법성을 주장하는 피고에게 그 적법사유에 대한 증명책임이 있다.
- 결혼이민[F-6 (다)목] 체류자격을 신청한 외국인에 대하여 행정청이 그 요건을 충족하지 못하였다는 이유로 거부처분을 하는 경우 '그 요건을 갖추지 못하였다는 판단', 즉 '혼인파탄의 주된 귀책사유가 국민인 배우자에게 있지 않다는 판단' 자체가 처분사유가 되는바, 결혼이민[F-6 (다)목] 체류자격 거부처분 취소소송에서 그 처분사유에 관한 증명책임은 피고 행정청에 있다. [23지19]

- 행정처분의 당연무효를 주장하여 그 무효확인을 구하는 행정소송에 있어서는 원고에게 그 행정처분이 무효인 사유를 주장·입증할 책임이 있다.

17. 일부취소판결

- 재량행위의 성격을 갖는 과징금부과처분이 법이 정한 한도액을 초과하여 위법한 경우에는 법원으로서는 그 전부를 취소해야 한다.
- 개발부담금부과처분에 대한 취소소송에서 당사자가 제출한 자료에 의하여 정당한 부과금액을 산출할 수 없는 경우에는 그 전부를 취소해야 한다.
- 행정청이 여러 개의 위반행위에 대하여 하나의 제재처분을 하였으나, 위반행위별로 제재처분의 내용을 구분하는 것이 가능하고 여러 개의 위반행위 중 일부의 위반행위에 대한 제재처분 부분만이 위법하다면, 법원은 제재처분 전부를 취소하여서는 아니 된다. [22국7]
- 「독점규제 및 공정거래에 관한 법률」을 위반한 수 개의 행위에 대하여 공정거래위원회가 하나의 과징금부과처분을 하였으나 수 개의 위반행위 중 일부의 위반행위에 대한 과징금부과만이 위법하고, 그 일부의 위반행위를 기초로 한 과징금액을 산정할 수 있는 자료가 있는 경우에는 법원은 일부의 위반행위에 대한 과징금액에 해당하는 부분만을 취소할 수 있다.
- 「독점규제 및 공정거래에 관한 법률」을 위반한 광고행위와 표시행위를 하였다는 이유로 공정거래위원회가 사업자에 대하여 법위반사실공표명령을 행한 경우, 표시행위에 대한 법위반사실

이 인정되지 아니한다면 법원으로서는 그 부분에 대한 공표명령의 효력만을 취소할 수 있을 뿐, 공표명령 전부를 취소할 수 있는 것은 아니다.

18. 법원의 판결

〈소송이 각하되는 경우〉
- 신청권이 없는 신청에 대한 거부행위에 대해 제기된 거부처분 취소소송
- 행정심판의 필요적 전치주의가 적용되는 경우, 부적법한 취소심판의 청구가 있었음에도 행심위가 기각재결을 하자 원처분에 대하여 제기한 취소소송
- 사실심 단계에서는 원고적격을 구비하였으나 상고심에서 원고적격이 흠결된 취소소송
  (비교 : 재결 자체에 고유한 위법이 없음에도 재결에 대해 제기된 재결취소소송: 기각)

- 무효인 처분에 대하여 취소소송이 제기된 경우 소송제기요건이 구비되었다면 법원은 당해 소를 각하하여서는 아니되며, 무효를 선언하는 의미의 취소판결을 하여야 한다.

19. 사정판결

1) 의 의
- 원고의 청구가 이유가 있다고 인정하는 경우에도, 즉 처분 등이 위법한 경우에도 처분 등을 취소하는 것(처분의 무효를 확인하는 것 ✗)이 현저히 공공복리에 적합하지 아니하다고 인정하는 때에는 법원은 원고의 청구를 기각(각하 ✗)할 수 있다. [23지9]
- 원고의 청구가 이유있다고 인정하는 경우에도 이를 인용하는 것이 현저히 공공복리에 적합하지 않다고 판단되면 법원은 피고 행정청의 주장이나 신청이 없더라도 사정판결을 할 수 있다. [22지9]
- 당사자의 명백한 주장이 없는 경우에도 직권으로 사정판결을 할 수 있다.
- 사정판결이 있다고 해서 당해 처분의 위법성이 치유되는 것은 아니다.
- 당연무효의 행정처분을 대상으로 하는 행정소송에서는 사정판결을 할 수 없다.

2) 요 건
- 처분이 위법하여 청구가 이유 있는 경우이어야 한다.
- 청구의 인용판결이 현저히 공공복리에 적합하지 아니하여야 한다.
- 처분의 위법 여부는 처분시를 기준으로, 처분을 취소하는 것이 현저히 공공복리에 적합하지 아니한지 여부는 변론종결시를 기준으로 판단하여야 한다. [23국9]
- 법원은 사정판결을 하기 전에 원고가 그로 인하여 입게 될 손해의 정도와 배상방법, 그 밖의 사정을 조사하여야 한다.

3) 효 과
- 사정판결을 하는 경우 법원은 원고의 청구를 기각하는 판결을 하게 되나, <u>소송비용은 피고의 부담으로 한다.</u>
- 사정판결을 하는 경우 법원은 <u>처분의 위법함을 판결의 주문에 명시하여야 한다.</u> (판결의 내용에서 그 처분 등이 위법함을 명시함으로써 원고에 대한 실질적 구제가 이루어지도록 하여야 한다. ✗)
- 원고는 처분을 한 <u>행정청이 속하는 국가 또는 공공단체를 상대로</u>(처분을 한 행정청을 상대로 ✗) 손해배상, 제해시설의 설치 그 밖에 적당한 구제방법의 청구를 당해 취소소송이 계속된 법원에 병합하여 제기할 수 있다.
- 사정판결이 확정되면 사정판결의 대상이 된 <u>행정처분이 위법하다는 점에 대하여 기판력</u>이 발생 한다.

20. 형성력
- 행정처분을 <u>취소한다는 확정판결이 있으면 그 취소판결의 형성력에 의하여 당해 행정처분의 취소나 취소통지 등의 별도의 절차를 요하지 아니하고 당연히 취소의 효과가 발생한다.</u>
- 형성소송설에 따를 경우 취소판결이 확정되면 당해 처분의 효력은 행정청이 취소하지 않더라도 <u>소급하여 효력을 상실한다.</u>
  (= 영업정지처분에 대한 취소소송에서 취소판결이 확정되면 처분청은 영업정지처분의 효력을 소멸시키기 위하여 영업정지처분을 취소하는 처분을 하여야 할 의무를 진다. ✗ (별도의 절차를 요하지 않고 당연히 취소의 효과가 발생한다.) [22지9])
- 과세처분을 취소하는 판결이 확정되면 그 과세처분은 처분시에 소급하여 소멸하는 것이므로 과세처분을 취소하는 판결이 확정된 뒤에는 그 과세처분을 경정하는 이른바 경정처분을 할 수 없다.
- 甲이 영업허가취소처분이 있은 후 취소판결 이전에 영업행위를 하였더라도 이는 무허가영업에 해당하지 않는다.
  (= 영업허가취소처분이 나중에 행정쟁송절차에 의하여 취소되었더라도, 그 영업허가취소처분 이후의 영업행위는 무허가영업이다. ✗ [22국9])
- 운전면허취소처분에 대한 취소소송에서 취소판결이 확정되었다면 운전면허취소처분 이후의 운전행위를 무면허 운전이라 할 수 없다.
- 영업허가취소처분 이후에 영업을 한 행위에 대하여 무허가영업으로 기소되었으나 형사법원이 판결을 내리기 전에 영업허가취소처분이 행정소송에서 취소되면 형사법원은 무허가영업행위에 대해서 무죄를 선고하여야 한다. [22지9]
- <u>조세부과처분을 취소하는 행정판결이 확정된 경우 부과처분의 효력은 처분 시에 소급하여 효력을 잃게 되므로 확정된 행정판결은 조세포탈에 대한 무죄를 인정할 명백한 증거에 해당</u>

한다. [22국9]

- 취소판결 후에 취소된 처분을 대상으로 하는 처분은 당연히 무효이다.

21. 기판력

- 전소와 후소의 소송물이 동일하지 않다고 하더라도 전소의 기판력 있는 법률관계가 후소의 선결적 법률관계가 되는 때에는 전소의 판결의 기판력이 후소에 미쳐 후소의 법원은 전에 한 판단과 모순되는 판단을 할 수 없다. [23국7]
- 세무서장을 피고로 하는 과세처분취소소송에서 패소하여 그 판결이 확정된 자가 국가를 피고로 하여 과세처분의 무효를 주장하여 과오납금반환청구소송을 제기한다면 이는 취소소송의 기판력에 반한다.
- 행정청이 관련 법령에 근거하여 행한 공사중지명령의 상대방이 명령의 취소를 구한 소송에서 패소함으로써 그 명령이 적법한 것으로 이미 확정되었다면, 이후 이러한 공사중지명령의 상대방은 그 명령의 해제신청을 거부한 처분의 취소를 구하는 소송에서 그 명령의 적법성을 다툴 수 없다. [22지9]

- 기판력의 객관적 범위는 소송물로 주장된 법률관계의 존부에 관한 판단의 결론 그 자체에만 미치는 것이다.

- 기판력은 사실심 변론의 종결시를 기준으로 발생하므로, 처분청은 당해 사건의 사실심 변론종결 이전에 주장할 수 있었던 사유를 내세워 확정판결과 저촉되는 처분을 할 수 없다.

- 종전 확정판결의 행정소송 과정에서 한 주장 중 처분사유가 되지 아니하여 판결의 판단 대상에서 제외된 부분을 행정청이 그 후 새로이 행한 처분의 적법성과 관련하여 새로운 소송에서 다시 주장하는 것은 확정판결의 기판력에 저촉되지 않는다.

- 행정처분을 취소하는 확정판결이 제3자에 대하여도 효력이 있다고 하더라도 일반적으로 판결의 효력은 주문에 포함한 것에 한하여 미치는 것이니 그 취소판결 자체의 효력으로써 그 행정처분을 기초로 하여 새로 형성된 제3자의 권리까지 당연히 그 행정처분 전의 상태로 환원되는 것이라고는 할 수 없다. [23국7]

22. 기속력

1) 기속력의 범위

(1) 주관적 범위
- 기속력의 주관적 범위는 그 사건에 관하여 당사자인 행정청과 그 밖의 관계행정청에 미친다.

(2) 객관적 범위
- 기속력은 취소소송의 인용판결에만 미친다. (인용판결은 물론 기각판결에 대하여서도 인정된다. ✗)
- 처분을 취소하는 판결이 확정되면 당사자인 행정청과 그 밖의 관계행정청은 동일한 사실관계에 대하여 동일한 사유로 취소된 처분과 동일한 처분을 할 수 없다.
- 기속력의 객관적 범위는 판결의 주문과 판결이유 중에 설시된 개개의 위법사유이다.
- 기속력은 판결의 취지에 따라 행정청을 구속하는 바, 여기에는 판결의 주문과 판결이유 중에 설시된 개개의 위법사유가 포함된다. (간접사실 ✗)

2) 기속력의 내용

(1) 반복금지 의무
- 행정청은 취소판결에서 위법하다고 판단된 처분사유와 기본적 사실관계의 동일성이 없는 사유인 경우 처분시에 존재한 사유를 들어 종전의 처분과 같은 처분을 다시 할 수 있다. [22지9] [23지9] [23국7]
- 파면처분에 대한 취소판결이 확정되면 파면되었던 원고를 복직시켜야 한다.
- 법규 위반을 이유로 내린 영업허가취소처분이 비례의 원칙 위반으로 취소된 경우에 동일한 법규 위반을 이유로 영업정지처분을 내리는 것은 기속력에 반하지 않는다.
- 여러 법규 위반을 이유로 한 영업허가취소처분이 처분의 이유로 된 법규 위반 중 일부가 인정되지 않고 나머지 법규 위반으로는 영업허가취소처분이 비례의 원칙에 위반된다고 취소된 경우에, 판결에서 인정되지 않은 법규 위반사실을 포함하여 다시 영업정지처분을 내리는 것은 동일한 행위의 반복은 아니지만 판결의 취지에 반한다.
- 절차상의 하자를 이유로 행정처분을 취소하는 판결이 선고되어 확정된 경우, 그 확정판결의 기속력은 취소사유로 된 절차의 위법에 한하여 미치는 것이므로 행정청은 적법한 절차를 갖추어 동일한 내용의 처분을 다시 할 수 있다. [22지9]
- 과세의 절차 내지 형식에 위법이 있어 과세처분을 취소하는 판결이 확정되었을 경우 과세관청은 그 위법사유를 보완하여 다시 새로운 과세처분을 할 수 있고, 그 새로운 과세처분은 확정판결에 의하여 취소된 종전의 과세처분과는 별개의 처분이다. [23지9]
- 청문절차를 거치지 않았다는 이유로 취소확정판결이 내려졌다면, A시장은 적법한 청문절차를 거쳐 甲에게 연령을 확인하지 않고 청소년을 출입시켰다는 같은 이유로 영업허가취소처분을 할 수 있다.

(2) 거부처분 취소판결의 재처분의무
- 판결에 의하여 취소되는 처분이 당사자의 신청을 거부하는 것을 내용으로 하는 경우에는 그 처분을 행한 행정청은 판결의 취지에 따라 다시 이전의 신청에 대한 처분을 하여야한다. (할 수 있다. ✗)
- 취소소송에서 소송의 대상이 된 거부처분을 실체법상의 위법사유에 기하여 취소하는 판

결이 확정된 경우에는 당해 거부처분을 한 행정청은 원칙적으로 신청을 인용하는 처분을 하여야 한다.

> - 실체적 위법을 이유로 거부처분을 취소하는 판결이 확정된 경우, 해당 행정행위가 기속행위라면 행정청은 원칙적으로 신청을 인용하는 처분을 하여야 하지만, 재량행위인 경우에는 실체적 위법이 없는 처분을 할 의무가 발생한다.

- 원고의 신청을 거부하는 처분에 대해 취소판결이 확정되면 재거부처분을 할 수도 있다. (기속력의 결과 행정청은 원고의 신청을 인용하는 처분을 하여야 한다. ✗)
- 주민 등의 도시관리계획의 입안 제안을 거부하는 처분에 대하여 이익형량의 하자를 이유로 취소판결이 확정된 후에 행정청이 다시 이익형량을 하여 주민 등이 제안한 것과는 다른 내용의 계획을 수립한다면 이는 재처분의무를 이행한 것으로 볼 수 있다. [23국가]
- 거부처분이 있은 후 법령이 개정되어 시행된 경우에는 개정된 법령과 그에 따른 기준을 새로운 사유로 들어 다시 거부처분을 하더라도 기속력에 반하는 것은 아니다.
- 제3자효행정처분에서 절차의 하자를 이유로 원고가 취소확정판결을 받은 경우 당해 처분청은 절차상 하자를 치유하고 원처분과 동일한 처분을 할 수도 있다. (할 수 없다. ✗)

3) 기속력 위반의 효과
- 기속력을 위반한 행정청의 행위는 당연무효이다.

23. 간접강제

- 거부처분에 대한 취소의 확정판결이 있음에도 행정청이 아무런 재처분을 하지 않는 경우뿐만 아니라 재처분을 하였더라도 그 재처분이 취소판결의 기속력에 반하는 경우에는 간접강제의 대상이 된다.
  (= 처분청이 재처분을 하였는데 종전 거부처분에 대한 취소 확정판결의 기속력에 반하는 경우에는 간접강제의 대상이 될 수 있다.)
  (= 乙이 건축허가거부처분에 대해 제기한 취소소송에서 인용판결이 확정되었으나 B 시장이 기속력에 위반하여 다시 거부처분을 한 경우 乙은 간접강제신청을 할 수 있다. [22지9])
- 특별한 사정이 없는 한 간접강제결정에서 정한 의무이행기한이 경과한 후에라도 확정판결의 취지에 따른 재처분의 이행이 있으면 더 이상 배상금의 추심은 허용되지 않는다. [23국가]
- 거부처분에 대하여 무효확인 판결이 확정된 경우, 행정청에 대해 판결의 취지에 따른 재처분의무가 인정될 뿐 그에 대하여 간접강제까지 허용되는 것은 아니다.
- 거부처분취소소송에서 재처분의무의 실효성을 확보하기 위한 간접강제 제도는 부작위위법확인소송에도 준용된다.

Ⅱ 당사자소송

- 당사자소송이란 행정청의 처분 등을 원인으로 하는 법률관계에 관한 소송 그 밖에 공법상의 법률관계에 관한 소송으로서 그 법률관계의 한쪽 당사자를 피고로 하는 소송을 말한다. [23지9]

1. 피고적격

- 당사자소송의 피고는 국가, 공공단체 등 권리의무의 주체가 된다. (원칙적으로 당해 처분을 행한 처분청이 된다. ✖)
- 공법상 당사자소송으로서 납세의무부존재 확인의 소는 과세처분을 한 과세관청이 아니라 「행정소송법」제3조 제2호, 제39조에 의하여 그 법률관계의 한쪽 당사자인 국가, 공공단체, 그 밖의 권리주체가 피고적격을 가진다.
- 국가를 당사자 또는 참가인으로 하는 소송에서는 법무부장관이 국가를 대표하고, 지방자치단체를 당사자로 하는 소송에서는 지방자치단체의 장이 해당 지방자치단체를 대표한다.

2. 준용규정

- 행정청의 소송참가는 당사자소송에서도 허용된다.
- 당사자소송을 본안으로 하는 가처분에 대하여는 「행정소송법」상 집행정지에 관한 규정이 준용되지 않고, 「민사집행법」상 가처분에 관한 규정이 준용 되어야 한다. [23지9]
- 행정소송법 제8조 제2항에 의하면 행정소송에서도 민사소송법의 규정이 일반적으로 준용되므로 법원으로서는 공법상 당사자소송에서 재산권의 청구를 인용하는 판결을 하는 경우 가집행선고를 할 수 있다.
- 「행정절차법」은 행정계약에 관한 규정을 두고 있지 않다.

- 당사자소송은 행정소송법상의 직권증거조사규정이 준용된다.
- 민간투자사업 실시협약을 체결한 당사자가 공법상 당사자소송에 의하여 그 실시협약에 따른 재정지원금의 지급을 구하는 경우에, 수소법원은 주무관청이 재정지원금액을 산정한 절차 등에 위법이 있는지 여부를 심사하는데 그쳐서는 아니되고, 실시협약에 따른 적정한 재정지원금액이 얼마인지를 구체적으로 심리·판단 하여야 한다. (심리·판단할 수 없다. ✖) [22국7]

3. 확인소송의 경우 확인의 이익 필요

- 공법상 계약의 무효확인을 구하는 당사자소송의 청구는 당해 소송에서 추구하는 권리구제를 위한 다른 직접적인 구제방법이 있는 이상 소송요건을 구비하지 못한 위법한 청구이다(=확인의 이익 필요).
- 도시 및 주거환경정비법상 주택재건축정비사업조합이 같은 법 제48조에 따라 수립한 관리처분

계획에 대하여 관할 행정청의 인가·고시까지 있게 되면 관리처분계획은 행정처분으로서 효력이 발생하게 되므로, 총회결의의 하자를 이유로 하여 행정처분의 효력을 다투는 항고소송의 방법으로 관리처분계획의 취소 또는 무효확인을 구하여야 하고, 그와 별도로 행정처분에 이르는 절차적 요건 중 하나에 불과한 총회결의 부분만을 따로 떼어내어 효력 유무를 다투는 확인의 소를 제기하는 것은 특별한 사정이 없는 한 허용되지 않는다.

4. 당사자소송의 대상
- 공법상 계약에 관한 쟁송은 원칙적으로 「행정소송법」 제3조에 규정된 당사자소송에 의한다.
- 공법상 계약의 한쪽 당사자가 다른 당사자를 상대로 효력을 다투거나 이행을 청구하는 소송은 공법상의 법률관계에 관한 분쟁이므로 분쟁의 실질이 공법상 권리·의무의 존부·범위에 관한 다툼이 아니라 손해배상액의 구체적인 산정방법·금액에 국한되는 등의 특별한 사정이 없는 한 당사자소송으로 제기하여야 한다. [23지9]
- 광주광역시문화예술회관장의 시립합창단원 재위촉거부
- 서울특별시립무용단원의 해촉
- 공중보건의사의 채용계약 해지의 의사표시 (징계 처분과 마찬가지로 항고소송으로 다투어야 한다. ✗)
- 공중보건의사 채용계약해제의 의사표시에 대하여는 대등한 당사자간의 소송형식인 공법상의 당사자소송으로 그 의사표시의 무효확인을 청구하여야 한다.
- 국가를 상대로 하는 납세의무자의 부가가치세 환급세액 지급청구소송
- 지방자치단체가 보조금 지급결정을 하면 일정 기한 내에 보조금을 반환하도록 하는 교부조건을 부가한 경우, 보조금을 교부받은 사업자에 대한 지방자치단체의 보조금반환청구소송
- 공무원연금공단의 법령개정사실 및 퇴직연금수급자가 일부금액의 지급정지대상자가 되었음을 통보한 사안에서 미지급 퇴직연금에 대한 지급을 구하는 소송

> - 연금지급 결정 이후 법령의 개정으로 퇴직연금이 삭감된 경우, 삭감된 연금 지급 신청에 대한 공무원연금관리공단의 퇴직연금지급 거부의 의사표시의 처분성 ✗
> - 공무원연금법령상 급여를 받으려고 하는 자는 우선 관계 법령에 따라 공무원연금공단에 급여지급을 신청하여 공무원연금공단이 이를 거부하거나 일부 금액만 인정하는 급여지급결정을 하는 경우 그 결정을 대상으로 항고소송을 제기하는 등으로 구체적 권리를 인정받아야 하고, 구체적인 권리가 발생하지 않은 상태에서 곧바로 공무원연금공단을 상대로 한 당사자소송으로 권리의 확인이나 급여의 지급을 소구하는 것은 허용되지 아니한다.
>   (= 군인연금법령상 급여를 받으려고 하는 사람이 국방부장관에게 급여지급을 청구하였으나 거부된 경우, 곧바로 국가를 상대로 한 당사자소송으로 급여의 지급을 청구할 수 있다. ✗ [22국9])
> - 공무원연금관리공단의 급여에 관한 결정은 국민의 권리에 직접 영향을 미치는 것이어서 행정처분에 해당한다.

- 법관이 이미 수령한 명예퇴직수당액이 구 법관 및 법원공무원 명예퇴직수당 등 지급규칙 제4조 [별표 1]에서 정한 정당한 수당액에 미치지 못한다고 주장하며 차액의 지급을 신청한 것에 대하여 법원행정처장이 거부하는 의사를 표시한 경우, 위 의사표시는 행정처분에 해당하지 않는다.
- 명예퇴직한 법관이 미지급 명예퇴직수당액에 대하여 가지는 권리는 명예퇴직수당 지급대상자 결정 절차를 거쳐 명예퇴직수당규칙에 의하여 확정된 공법상 법률관계에 관한 권리로서, 그 지급을 구하는 소송은 당사자소송에 해당하며, 그 법률관계의 당사자인 국가를 상대로 제기하여야 한다. [23지9]
- 법령의 개정에 따른 국방부장관의 퇴역연금액 감액조치에 대하여 이의가 있는 퇴역연금수급권자는 직접 국가를 상대로 공법상 당사자소송을 제기할 수 있다.
- 국가공무원법 각 규정에 비추어 보면, 공무원의 연가보상비청구권은 공무원이 연가를 실시하지 아니하는 등 법령상 정해진 요건이 충족되면 그 자체만으로 지급기준일 또는 보수지급기관의 장이 정한 지급일에 구체적으로 발생하고 행정청의 지급결정에 의하여 비로소 발생하는 것은 아니라고 할 것이므로, 행정청이 공무원에게 연가보상비를 지급하지 아니한 행위로 인하여 공무원의 연가보상비청구권 등 법률상 지위에 아무런 영향을 미친다고 할 수는 없으므로 행정청의 연가보상비 부지급 행위는 항고소송의 대상이 되는 처분이라고 볼 수 없다.
- 공무원이나 공립학교 학생의 신분확인을 구하는 공법상 신분·지위 확인소송
- 납세의무부존재확인의 소는 공법상의 법률관계 그 자체를 다투는 소송으로서 당사자소송.
- 도시재개발조합 조합원의 자격 인정 여부에 관한 다툼
- 「광주민주화운동관련자 보상 등에 관한 법률」에 의하여 관련자 및 유족들이 갖게 되는 보상 등에 관한 권리

cf. 민주화운동관련자 명예회복 및 보상 등에 관한 법률들의 규정들만으로는 바로 법상의 보상금 등의 지급 대상자가 확정된다고 볼 수 없고, '민주화운동관련자 명예회복 및 보상 심의위원회'에서 심의·결정을 받아야만 비로소 보상금 등의 지급 대상자로 확정될 수 있다. 따라서 그와 같은 심의위원회의 결정은 국민의 권리의무에 직접 영향을 미치는 행정처분에 해당하므로, 관련자 등으로서 보상금 등을 지급받고자 하는 신청에 대하여 심의위원회가 관련자 해당 요건의 전부 또는 일부를 인정하지 아니하여 보상금 등의 지급을 기각하는 결정을 한 경우에는 신청인은 심의위원회를 상대로 그 결정의 취소를 구하는 소송을 제기하여 보상금 등의 지급대상자가 될 수 있다.

- 폐광대책비의 일종으로 폐광된 광산에서 업무상 재해를 입은 근로자에게 지급하는 재해위로금의 지급청구
- 구 「석탄산업법」상의 석탄가격안정지원금 지급청구에 관한 소송
- 구 「공익사업을 위한 토지 등의 취득 및 보상에 관한 법률」에 의한 주거이전비 보상청구
- 공익사업으로 인하여 영업을 폐지하거나 휴업하는 자의 영업손실로 인한 보상에 관한 소송

- 동일한 소유자에게 속하는 일단의 건축물의 일부가 수용됨으로써 발생한 잔여 건축물 가격감소 등으로 인한 손실보상에 관한 소송
- 잔여지 수용청구를 받아들이지 않은 토지수용위원회의 재결에 불복하여 제기하는 소송
- 손실보상청구권이 공법상 권리인 경우 손실보상금의 지급을 구하거나 손실보상청구권의 확인을 구하는 손실보상관계소송
- 구 「방송법」에 근거한 수신료 부과행위의 법적 성질(=공권력 행사) 및 수신료 징수권한 여부를 다투는 소송의 성격(=공법상 당사자소송)
- 「국토의 계획 및 이용에 관한 법률」상 토지소유자 등이 도시, 군계획시설 사업시행자의 토지의 일시 사용에 대하여 정당한 사유 없이 동의를 거부한 경우, 사업시행자가 토지소유자를 상대로 동의의 의사표시를 구하는 소송은 당사자소송으로 보아야 한다.

5. 형식적 당사자소송
- 형식적 당사자소송이란 실질적으로 행정청의 처분 등을 다투는 것이나 형식적으로는 처분 등의 효력을 다투지도 않고, 또한 처분청을 피고로 하지도 않고, 그 대신 처분 등으로 인해 형성된 법률관계를 다투기 위해 관련 법률관계의 일방 당사자를 피고로 하여 제기하는 소송을 말한다.

Ⅲ 객관소송으로서의 기관소송과 민중소송

1. 객관소송
- 우리나라에서 객관소송은 당사자의 구체적인 권리·의무에 관한 분쟁해결이 아니라 행정 감독적 견지에서 행정법규의 정당한 적용을 확보하거나 선거 등의 공정의 확보를 위한 소송으로 이해된다.

2. 기관소송
- 국가기관 상호 간의 권한의 존부에 관한 다툼이 있는 경우 행정소송인 기관소송을 제기할 수 없다.
- 지방교육자치에관한법률 제28조 제3항에 따라 교육감이 시·도의회 또는 교육위원회를 상대로 대법원에 제기하는 소송

> **참고** 권한쟁의심판의 결정은 모든 국가기관과 지방자치단체를 기속한다. 그러나 이미 생긴 효력에는 영향을 미치지 않는다.

3. 민중소송

- 「행정소송법」에서는 민중소송으로써 처분 등의 취소를 구하는 소송에는 그 성질에 반하지 아니하는 한 취소소송에 관한 규정을 준용한다. (46조 1항)
- 행정소송법 제46조는 법률에서 민중소송을 허용하고 있는 경우에 한하여 그 재판절차를 규정한 것에 불과하다.

- 「지방자치법」에 따른 주민소송의 유형으로서 부당이득반환청구소송
- 「지방자치법」에 따른 주민소송의 유형으로서 중지청구소송
- 「공직선거법」상의 당선소송
- 「공직선거법」상의 선거소송
- 「주민투표법」에 따른 주민투표의 효력에 관한 소송

- 공공기관의 정보공개에 관한 법률 제5조에 따른 일반적 정보공개청구권을 다투는 소송도 민중소송이 아닌 주관적 소송이고, 항고소송의 대상이 된다.

제2판
2024년 공무원 시험 대비
시험직전에 보는
행정법총론
필수 기출지문
요약노트

초판발행	2023년 01월 04일
2판발행	2024년 01월 08일
지 은 이	강성민
디 자 인	이나영
발 행 처	주식회사 필통북스
등 록	제2019-000085호
주 소	서울특별시 관악구 신림로59길 23, 1201호(신림동)
전 화	1544-1967
팩 스	02-6499-0839
homepage	http://www.feeltongbooks.com/
ISBN	979-11-6792-138-3 [13360] 정가 16,000

❙이 책은 저자와의 협의 하에 인지를 생략합니다.
❙이 책은 저작권법에 의해 보호를 받는 저작물이므로 주식회사 필통북스의 허락 없는 무단전제 및 복제를 금합니다.